TOP 10
MIAMI
& KEYS

JEFFREY KENNEDY

DORLING KINDERSLEY

Links **Im Art Deco District** Rechts **Dominospieler in Little Havana**

EIN DORLING KINDERSLEY BUCH

www.dk.com

Produktion *Blue Island Publishing*
Text *Jeffrey Kennedy*
Fotografien *Peter Wilson*
Redaktion und Gestaltung
Dorling Kindersley Limited

© 2003 Dorling Kindersley Ltd., London
Zuerst erschienen 2003 bei
Dorling Kindersley Ltd., London
A Penguin Company

Für die deutsche Ausgabe:
© 2003 Dorling Kindersley Verlag GmbH, München

Aktualisierte Neuauflage 2010/2011

Alle Rechte vorbehalten. Reproduktion, Speicherung in Datenverarbeitungsanlagen, Wiedergabe auf elektronischen, fotomechanischen oder ähnlichen Wegen, Funk und Vortrag – auch auszugsweise – nur mit schriftlicher Genehmigung des Copyright-Inhabers.

Programmleitung *Dr. Jörg Theilacker,
Dorling Kindersley Verlag*
Projektleitung *Birgit Walter, Augsburg*
Übersetzung *Dr. Benjamin Schwarz, Berlin*
Redaktion *Birgit Lück, Augsburg*
Schlussredaktion *Philip Anton, Köln*
Satz & Produktion *Dorling Kindersley Verlag*
Lithografie *Colourscan, Singapur*
Druck *South China Printing Co Ltd., China*

ISBN 978-3-8310-1427-9
5 6 7 8 13 12 11 10

Die Top-10-Listen in diesem Buch sind nicht nach Rängen oder Qualität geordnet. Alle zehn Einträge sind in den Augen des Herausgebers von gleicher Bedeutung.

Inhalt

Top 10 Miami

Highlights	6
Leben in SoBe	8
Art Deco District	10
Calle Ocho, Little Havana	14
Villa Vizcaya	16
Merricks Traum von Coral Gables	18
Lowe Art Museum	20
Wolfsonian-FIU Museum	22
Gold Coast Highway A1A	24
Key West	26
Everglades	28
Strände	30
Schnorcheln & Tauchen	32
Sport & Aktivurlaub	34
Parks, Gärten & Zoos	36
Theater & Musik	38
Festivals	40
Museen	42
Historische Stätten & Denkmäler	44
Architekturwunder	46

**Die Informationen in diesem
Top-10-Reiseführer werden regelmäßig überprüft.**

Wir haben uns intensiv bemüht, die Informationen in diesem Buch zum Zeitpunkt der Drucklegung auf den neuesten Stand zu bringen. Angaben wie Telefonnummern, Öffnungszeiten, Preise, Ausstellungen und Fahrpläne unterliegen jedoch Veränderungen. Der Herausgeber kann für eventuell hieraus entstehende Schäden nicht haftbar gemacht werden. Für Hinweise, Verbesserungsvorschläge und Korrekturen ist der Verlag dankbar. Bitte richten Sie Ihr Schreiben an:
Dorling Kindersley Verlag GmbH
Redaktion Reiseführer
Arnulfstraße 124
80636 München
travel@dk-germany.de

Links **Downtown Miami** Rechts **Strand, Fort Lauderdale**

Kuriositäten	48	Keys	114
Sehen & Gesehenwerden	50	Abstecher	126
Schwulen- & Lesbentreffs	52	**Reise-Infos**	
Schicke Shopping-Meilen	54	Reisevorbereitung	134
Malls & Märkte	56	Information	135
Nachtleben	58	Anreise	136
Restaurants	60	In Miami unterwegs	137
Touren & Spaziergänge	62	Zeitungen, TV & Radio	138
Romantische Orte	64	Sicherheit & Gesundheit	139
Attraktionen für Kinder	66	Vorsicht!	140

Regionen von Miami & Keys

		Geld & Kommunikation	141
Miami Beach & Key Biscayne	70	Miami & Keys für wenig Geld	142
Downtown & Little Havana	82	Senioren & behinderte Reisende	143
Nördlich von Downtown	90	Hotlines & Notrufnummern	144
Coral Gables & Coconut Grove	98	Hotel-Tipps	145
Südlich von Coconut Grove	106	Hotels	146
		Textregister	154

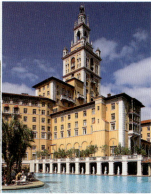

Links **Seitengasse der Worth Avenue, Palm Beach** Rechts **Biltmore Hotel, Coral Gables**

Miami im Internet **www.miamiandbeaches.com**

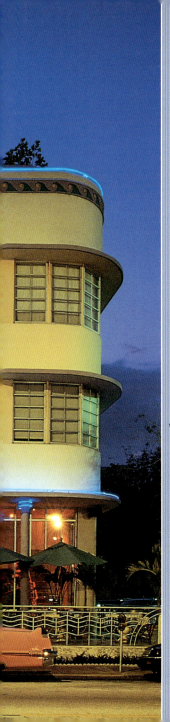

TOP 10 MIAMI

Highlights
6–7

Leben in SoBe
8–9

Art Deco District
10–13

Calle Ocho,
Little Havana
14–15

Villa Vizcaya
16–17

Merricks Traum von
Coral Gables
18–19

Lowe Art Museum
20–21

Wolfsonian-FIU Museum
22–23

Gold Coast
Highway A1A
24–25

Key West
26–27

Everglades
28–29

Top 10 in der Region
30–67

TOP 10 Highlights

Miami ist ein Tropentraum in Pastell – durchweht von warmen, samtweichen Brisen und voller Sinnlichkeit. Karibische Rhythmen und Akzente würzen die Kultur. Aktivitäten im Freien, an den berühmten Stränden wie im türkisblauen Wasser, beherrschen die Region. Das pulsierende Nachtleben zieht die Vergnügungssüchtigen an, doch auch historische Sehenswürdigkeiten gibt es an jeder Ecke.

1 Leben in SoBe
Seit *Miami Vice (siehe S. 72)* pilgern Genießer aus aller Welt zu den Stränden und dem Nachtleben von South Beach *(siehe S. 8f)*.

2 Art Deco District
Die Wurzeln der fantasievollen Architektur in South Beach gehen eigentlich auf das Paris der 1920er Jahre zurück *(siehe S. 13)*. Im Lauf der Zeit sorgten fruchtbare exotische Einflüsse für die Entwicklung eines ganz eigenen Stils: Floridas Tropical Deco *(siehe S. 10–13)*.

3 Calle Ocho, Little Havana
Die Kubanisierung machte den verschlafenen Badeort Miami zu einer dynamischen Megalopolis. Little Havana verstärkt den Eindruck, dass Miami im tiefsten Herzen lateinamerikanisch ist *(siehe S. 14f)*.

4 Villa Vizcaya
Die Vorstellung eines unglaublich reichen Mannes von der Großartigkeit Europas und seine Liebe zur abendländischen Kunst führten zur Erschaffung einer der beeindruckendsten kulturellen Kostbarkeiten Miamis *(siehe S. 16f)*.

5 Merricks Traum von Coral Gables
Der Boom der 1920er Jahre ließ neben neuen Häusern auch neue große Persönlichkeiten aufkommen. George Merrick schuf sich ein Wunderland, das heute noch unsere Fantasie anregt *(siehe S. 18f)*.

Vorhergehende Doppelseite **Marlin Hotel, South Beach**

Top 10 Miami

Lowe Art Museum
Eine Spende George Merricks rief dieses bedeutende Museum ins Leben. Unter den 12 000 Exponaten finden sich Meisterwerke aus allen Kulturen und Regionen der Welt *(siehe S. 20f)*.

Wolfsonian-FIU Museum
Das grandiose Museum (vormals eine Lagerfirma) verdankt sein Bestehen der Leidenschaft seines Gründers für Reklamekunst. Es zeigt Design vom späten 19. Jahrhundert bis in das Jahr 1945 *(siehe S. 22f)*.

Gold Coast Highway A1A
Die Route A1A verläuft entlang den Stränden der Gold Coast und durch die reichsten und schönsten Regionen Floridas *(siehe S. 24f)*.

Key West
Die mythische Insel ist wohl einer der exotischsten Orte der USA: ein unbefangener Mix aus Seefahrertradition und kultiviertem Nichtstun *(siehe S. 26f)*.

Everglades
Die Weite aus Sümpfen, Riedgras und subtropischen Wäldern mit dem reichen Tierbestand nimmt den Großteil Südfloridas ein. Die Everglades sind Heimat der indigenen Volksgruppen der Seminolen und der Miccosukee *(siehe S. 28f)*.

Internet-Seite mit vielen nützlichen Links www.visitflorida.com

Leben in SoBe

Der Spitzname von Miamis schönem Viertel South Beach lehnt sich an Manhattans SoHo an – es ist inzwischen auch durchwegs so fesch und hip wie sein New Yorker Gegenstück. Heute lockt die »Amerikanische Riviera« mit ihrem brodelnden Mix aus Strand- und Clubleben, Insidertreffs und alternativem Chic Anhänger aus aller Welt an. Der moderne Nobelcharakter ist dabei mit dem richtigen Quantum an billigem Kitsch und einer gewissen Schäbigkeit durchsetzt.

1 Ocean Drive

Hier flanieren, skaten oder radeln die Einheimischen. Etwa ab 6th Street Richtung Norden gibt es neben jeder Menge braun gebrannter und wohlgeformter Körper auch viel bonbonfarbene Art-déco-Architektur zu sehen *(siehe S. 10–13)*. Gemütliche Cafés laden zum Leutebeobachten ein.

News Café

Top 10 Lebensgefühl

1. Ocean Drive
2. Lummus Park Beach
3. News Café
4. Casa Casuarina
5. Marlin Hotel Bar
6. Collins Avenue & Washington Avenue
7. Old City Hall
8. Española Way
9. Lincoln Road Mall
10. SoBe Clubs

- Da Parken hier überall ein Problem ist, sollten Sie die erstbeste Lücke nehmen und zu Fuß weitergehen. Falls Sie nicht eines der Parkhäuser nutzen, müssen Sie daran denken, die Parkuhr mit ausreichend Münzen zu füttern.

- Ein Essen im News Café *(siehe S. 78)* gehört zweifellos zum Pflichtprogramm, wenn man SoBe besucht.

• Karte R/S 3–6

2 Lummus Park Beach

Der Streifen aus Park und 90 Meter breitem Strand *(unten)* erstreckt sich von der 5th Street zehn Blocks nach Norden. Ein Großteil des Sands ist importiert.

3 News Café

Das Café-Restaurant in 800 Ocean Drive ist das Zentrum des gesellschaftlichen Lebens in SoBe. Man kann beim Frühstück in den verschiedensprachigen Zeitungen schmökern oder einfach dem Treiben zusehen.

Zentrale der Strandwacht

4 Casa Casuarina

Das Haus 1114 Ocean Drive im mediterranen Stil (nicht allgemein zugänglich) hieß früher Amsterdam Palace. Der Modeschöpfer Gianni Versace erwarb es 1993 für 3,7 Millionen US-Dollar. Er wurde 1997 auf dessen Stufen erschossen.

5 Marlin Hotel Bar

Das Luxushotel in 1200 Collins Avenue *(rechts)* ist einer der besten Orte in SoBe, um sich die Zeit mit Einheimischen zu vertreiben. Das Dekor ist gänzlich der Metall-Ästhetik gewidmet – überall geschwungenes Chrom und Aluminium.

Mehr zum Art déco in Miami siehe S. 10–13

Collins Avenue & Washington Avenue
Die weniger noblen Verwandten des Ocean Drive bieten verrückte Läden und tolle Nightclubs, dazu schöne Art-déco-Gebäude wie etwa das Postamt von Miami Beach.

Old City Hall
Der sandfarbene Turm im Stil des Mediterranean Revival *(links)* ist ein Wahrzeichen von SoBe – von Weitem ist das rote Ziegeldach zu sehen. Heute dient er als Gerichtsgebäude.

Española Way
Zwischen 14th und 15th Street, Washington und Drexel Avenue liegt diese Mediterranean-Revival-Enklave mit lachsfarben verputzten Fassaden, gestreiften Markisen und roten Ziegeldächern. Das Viertel war bei seinem Bau 1922–25 als Künstlerkolonie gedacht, wurde zwischendurch zum berüchtigten Rotlichtbezirk und beheimatet heute Boutiquen und unkonventionelle Galerien.

Top 10 Miami

Lincoln Road Mall
Die noble Shopping-Meile aus den 1920er Jahren wurde in den 1960er Jahren zu einer der ersten Fußgängerzonen des Landes. Die heutigen Ateliers und Galerien entstanden auf Initiative des South Florida Art Center.

SoBe Clubs
Die meisten Top-Clubs liegen an Washington und Collins Avenue zwischen 5th und 16th Street. Dort geht es in der Regel erst nach Mitternacht richtig los. Zur Wahl stehen Hetero-, Schwulen- und gemischte Clubs.

Gay Renaissance
South Beach ist heute als schwules Top-Ferienziel weltberühmt. Angeblich ist beinahe die Hälfte der Apartments im Art Deco District von Schwulen bewohnt. Die allgegenwärtigen Regenbogenfahnen weisen auf schwulenfreundliche Läden hin, Homo-Festivals locken Tausende aus aller Welt zu nächtelangen Feten und Strandpartys. Hier gedeiht eine Schönkörperkultur, die die Gegend mit dem stetigen Strom der Nachtschwärmer zu einem riesigen Tummelplatz der sexuell Andersorientierten macht. Die Schwulen haben heute erheblichen politischen Einfluss – lokal, regional und im ganzen Staat.

Nachtleben in SoBe siehe S.58f

Art Deco District

Das Art-déco-Viertel in SoBe umfasst etwa 800 gut erhaltene Gebäude, die schönsten stehen am Ocean Drive. Sie verkörpern Miamis einzigartige Interpretation des Stils, der in den 1920er und 1930er Jahren die Welt im Sturm eroberte. Floridas unbeschwerte, sonnige Variation des Art déco ist unter dem Namen Tropical Deco bekannt (siehe S. 12f). Hotels nahmen z. B. die Form von Ozeandampfern an (Nautische Moderne) oder verkörperten die Idee der Geschwindigkeit (Stromlinien-Moderne).

Park Central

Top 10 Gebäude
1. Park Central
2. Beacon Hotel
3. Colony Hotel
4. Waldorf Towers
5. Breakwater Hotel
6. Strandwächterhäuschen
7. Clevelander Hotel
8. Leslie Hotel
9. Cardozo Hotel
10. Cavalier Hotel

Die Miami Design Preservation League bietet Führungen durch das Viertel an. Sie starten beim Geschenkeladen des Art Deco Welcome Center, wo bis 17 Uhr auch Audioführer für eine Tour auf eigene Faust erhältlich sind.

Mango's Tropical Café in 900 Ocean Drive hält, was sein Name suggeriert. Hier geht es frisch, sexy und immer turbulent zu.

- Karte R/S 3–4
- Art Deco Gift Shop (Miami Design Preservation League): 1200 Ocean Drive (Eingang 12th Street); 305-531-3484; www.mdpl.org; tägl. 9.30–19 Uhr; Führungen durch das Viertel: Fr–Mi 10.30 Uhr, Do 18.30 Uhr (20 $, ermäßigt 15 $)

Park Central
Henry Hohauser, seinerzeit Miamis berühmtester Architekt, setzte beim Bau im Jahr 1937 äußerst wirkungsvoll nautische Elemente ein.

Beacon Hotel
Der abstrakte Zierrat über dem Erdgeschoss wird durch eine moderne Farbgebung hervorgehoben – ein Beispiel für den »Deco Dazzle«, den der Designer Leonard Horowitz in den 1980er Jahren entwickelte.

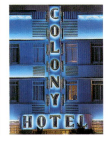

Colony Hotel
Miamis vielleicht berühmtestes Art-déco-Hotel mit der blauen Neonschrift *(links)* hat schon in vielen Filmen und TV-Serien eine Rolle gespielt.

Waldorf Towers
Das Hotel von 1937 ist eines der ersten Beispiele der Nautischen Moderne, die hier mit dem berühmten Leuchtturm auf dem Dach auf die Spitze getrieben wurde. Fantasietürme zählten zum festen Repertoire der Art-déco-Architektur.

Wissenswertes über SoBe & sein Art déco
www.visitsobeonline.com

Breakwater Hotel
Das Hotel entstand 1939 und ist ein Klassiker der Stromlinien-Moderne *(links)*. Die blau-weißen Linien erzeugen den Eindruck von Tempo, der imposante Mittelturm erinnert an den Schornstein eines Dampfers, aber auch an Indianertotems.

Strandwächterhäuschen
Sogar die Stationen der Strandwacht sind hier im Art-déco-Stil gestaltet. Die rosa-gelben Tollheiten, die eher an selbst gemachte fliegende Untertassen erinnern, sind Ausdruck der Lebensfreude, die das Dasein in SoBe erfüllt.

Clevelander Hotel
Albert Anis benutzte klassische Art-déco-Materialien wie etwa die Glasbausteine in der Hotelbar, die heute ein Nachtclub ist. Typische Stilmerkmale sind auch die vertikalen Kanelluren, die geometrischen Schmuckelemente, die »Augenbrauen«-Vorsprünge an den Fenstern und der stromlinienförmige Namenszug *(oben)*.

Leslie Hotel
Das Hotel aus dem Jahr 1937 zeigt sich heute kakadufarben: weiß und gelb mit grauen Akzenten *(unten)* – eine sehr beliebte Farbgebung am Ocean Drive. Die originale Art-déco-Fassade war weiß mit dezenten farbigen Zierleisten gestaltet. Die Rückseite war damals nicht gestrichen, weil das Geld knapp war und nur eine augenfällige Front erlaubte. Innen wurde das Leslie unlängst renoviert.

Cardozo Hotel
Das späte Hohauser-Werk (1939) und Lieblingshotel Barbara Capitmans (siehe S. 13) ist ein Meisterwerk der Stromlinien-Moderne. Abgerundete Seiten, aerodynamische Rennstreifen und andere Ausdrucksmittel der Moderne ersetzten traditionelle Art-déco-Elemente. Terrazzoböden imitieren Marmor und bilden elegante Effekte. Das Hotel wurde 1982 wiedereröffnet und gehört heute der Sängerin Gloria Estefan.

Cavalier Hotel
Das traditionelle Art-déco-Hotel *(links)* bildet einen starken Kontrast zum jüngeren Nachbarn, dem Cardozo. Während dort das Horizontale und vage Nautische dominiert, herrscht hier das Vertikale und Tempelartige vor. Das Tempelmotiv wird betont durch vertikale Stuckfriese, die an die abstrakt-geometrischen Schlangenmuster der Azteken und anderer mittelamerikanischer Kulturen erinnern.

Übernachten in den Art-déco-Hotels von SoBe **siehe S. 147**

Eindrucksvolle Motive an Tropical-Deco-Gebäuden

Elemente des Tropical Deco

1 Tropische Motive
Zu den Motiven zählen Palmen, Pumas, Orchideen und Alligatoren, vor allem aber Vögel wie etwa Flamingos und Kraniche.

2 Bonbonfarben
Die meisten der Art-déco-Gebäude in Miami waren original weiß mit einigen bunten Zierleisten. Die heutige, reiche Pastellpalette des sogenannten »Deco Dazzle« dachte sich der Designer und Capitman-Mitarbeiter Leonard Horowitz in den 1980er Jahren aus.

Sonnenmotiv, Hotel Cardozo

3 Nautische Elemente
Es gibt wohl kaum etwas Besseres als Bullaugen und Schiffsrelings, um an das Meer und seine Freuden zu erinnern. Manche der Gebäude ähneln tatsächlich gestrandeten Dampfern.

4 Kurven & Linien
Die Idee der Geschwindigkeit ist Kernstück der Stromlinien-Moderne – eine Verbeugung vor der Macht der Technik.

5 Putzrelief-Friese
Die plastischen Streifen boten den Designern endlose Möglichkeiten für eine Mischung antiker und moderner Motive und Themen.

6 Geometrische Muster
Die Muster waren sowohl ein Gruß an die extreme Modernität des Kubismus als auch an die Macht und Präzision der Technik, für die die Lehren des Bauhauses eintraten.

7 Fantasietürme
Viele Art-déco-Bauten sollten das Gefühl von etwas Mythischem vermitteln. Türme gemahnen an ferne Ufer oder erhabene Visionen – und verkünden zudem wirkungsvoll den Namen des Hotels.

8 Neon
Die Neonbeleuchtung fand im Tropical Deco ihre Berufung und wurde in allen erdenklichen Farben zur Akzentuierung von Architekturelementen genutzt.

9 Chrom
Was spricht eine »modernere« Sprache als ein kühler Chromstreifen? Das Metall wird als Zierelement an und in vielen Gebäuden eingesetzt.

10 Glasbausteine
In einer Region, in der sich das Leben ganzjährig drinnen wie draußen abspielt, vermitteln Glasbausteine, wie sie sich an vielen Art-déco-Gebäuden finden, ein Gefühl von Helle und Leichtigkeit.

»Aztekischer« Fries, Cavalier

Weitere Architekturwunder in & um Miami siehe S. 46f

Top 10 Miami

Top 10 Architekten

1. **Henry Hohauser** Park Central, Colony, Edison, Cardozo, Governor, Essex, Webster, Century, Taft
2. **Albert Anis** Clevelander, Waldorf, Avalon, Majestic, Abbey, Berkeley Shore, Olympic
3. **Anton Skislewicz** Breakwater, Kenmore
4. **L. Murray Dixon** Tiffany, Palmer House, Fairmont, Tudor, Senator, St. Moritz
5. **Igor B. Polevitsky** Shelborne
6. **Roy F. France** Cavalier
7. **Robert Swartburg** Delano, The Marseilles
8. **Kichnell & Elliot** Carlyle
9. **Henry O. Nelson** Beacon
10. **Russell Pancoast** Bass Museum

Deco Dazzle
Leonard Horowitz sorgte in den 1980er Jahren an etwa 150 Gebäuden für Farbe und entsetzte damit die Puristen.

Über den Tropical Deco

Der Art déco betrat die Weltbühne kurz nach der Exposition des Arts Décoratifs 1925 in Paris. Die verschiedensten Einflüsse – von den floralen Formen des Jugendstils bis zum Bauhaus, von ägyptischen Motiven bis hin zu den geometrischen Mustern des Kubismus – waren zu einem Stil verschmolzen. Im Amerika der 1930er Jahre spiegelten die Art-déco-Gebäude den Glauben an den technischen Fortschritt wider, griffen dabei sowohl Schnelligkeit und Hektik des Maschinenzeitalters als auch Science-Fiction-Fantasien und sogar einen Hauch von antikem Mystizismus auf. Der neue und packende Stil war genau das Richtige, um der Niedergeschlagenheit zur Zeit der Weltwirtschaftskrise entgegenzuwirken und den Amerikanern Hoffnung zu geben. In Miami wurde der Stil überschwänglich begrüßt und zum »Tropical Deco« weiterentwickelt. Sein Ruhm währte jedoch nicht lange. Im Zweiten Weltkrieg wurden viele Hotels zu Kasernen und später abgerissen. Dem vehementen Einsatz von Barbara Baer Capitman ist es zu verdanken, dass die restlichen Gebäude erhalten blieben und das Viertel seit 1979 unter Denkmalschutz steht.

Stromlinien-Moderne

Die Miami Design Preservation League informiert über das Viertel
www.mdpl.org

Calle Ocho, Little Havana

Kubaner leben in ganz Südflorida, aber Little Havana gilt als ihre Ersatzheimat, seit in den 1960er Jahren die große Flucht aus Kuba einsetzte. Große Sehenswürdigkeiten gibt es hier zwar nicht – es lohnt sich aber, die Atmosphäre des Viertels auf sich wirken zu lassen. Sein Herzstück, die SW 8th Street, ist besser unter ihrem spanischen Namen Calle Ocho bekannt. Ihren lebendigsten Teil zwischen 11th und 17th Avenue genießt man am besten zu Fuß, andere interessante Orte sind leichter mit dem Auto zu erreichen.

Ewige Flamme

Wandbild in der Calle Ocho

Top 10 Attraktionen

1. El Crédito
2. Denkmal der Brigade 2506 am Cuban Memorial Blvd
3. Domino Park
4. Plaza de la Cubanidad
5. Little Havana To Go
6. Restaurant Versailles
7. Botánica El Aguila Vidente
8. Calle Ocho Walk of Fame
9. Woodlawn Park Cemetery
10. José Martí Riverfront Park

In diesem Viertel ist es hilfreich, wenn man etwas Spanisch spricht, vor allem in Läden oder bei Anrufen in Einrichtungen.

Das Versailles dürfen Sie sich bei einem Besuch in Little Havana keinesfalls entgehen lassen. Zum Speiseangebot gehören u. a. Kroketten, Schweinebraten und frittierte Kochbananen *(siehe rechts)*.

- Karte J2/J3–M2/M3
- El Crédito Cigar Factory: 1100 SW 8th St Ecke SW 11th Ave; 305-324-0445; www.elcreditocigars.com; Mo–Fr 8.30–17 Uhr, Sa 9–16 Uhr

Schaufenster einer Botánica in Little Havana

1 El Crédito
Die Zigarrenmanufaktur *(oben)* mit Laden führt die berühmte Marke La Gloria Cubana. Der Tabak wächst in der Dominikanischen Republik – angeblich aus kubanischen Samen.

2 Denkmal der Brigade 2506 am Cuban Memorial Blvd
Die Ewige Flamme *(oben)* brennt für Kubaner, die 1961 bei der Invasion in Kubas Schweinebucht umkamen. Weitere Denkmäler ehren Antonio Maceo und José Martí, die im 19. Jahrhundert gegen den spanischen Kolonialismus kämpften.

3 Domino Park
Kubanische Männer treffen sich seit Jahrzehnten an der Ecke SW 15th Ave, um sich spannende Domino-Matches zu liefern *(rechts)*. Pavillon und Patio wurden 1976 eigens für die Spieler gebaut.

Weitere Latino-Kulturstätten, kubanische Läden & Restaurants siehe S. 87–89

Top 10 Miami

4 Plaza de la Cubanidad
Eine Bronzelandkarte von Kuba und wehende Fahnen *(oben)* markieren die Zentrale von Alpha 66, der kämpferischsten Anti-Castro-Gruppe in Miami.

5 Little Havana To Go
Wer wahre kubanische Souvenirs erstehen möchte, ist in diesem Laden richtig. Hier gibt es Zigarren, Musik, Kleidung, Kunst, Poster – und sogar eine Kopie des Telefonbuchs von 1958 samt Gelben Seiten.

6 Restaurant Versailles
Ein Miami-Trip ist nicht komplett ohne den Besuch des legendären Lokals, das – mit Spiegeln und konstantem Trubel – die kubanische Version eines Diners ist *(siehe S. 89)*.

7 Botánica El Aguila Vidente
Die kubanische Religion *Santería* kombiniert Katholizismus, die Yoruba-Kultur Nigerias und indianische Riten. Diese *botánica* ist eine von mehreren Einrichtungen, die Devotionalien und geistigen Rat anbieten.

8 Calle Ocho Walk of Fame
Diese Ruhmesmeile ist eine der wenigen echten Sehenswürdigkeiten Little Havanas. So wie in Hollywood ehren in den Gehweg eingelassene Marmorsterne *(oben)* sowohl kubanische Persönlichkeiten wie die Salsasängerin Celia Cruz als auch andere berühmte Hispanos, die in irgendeiner Weise mit Südflorida verbunden sind.

9 Woodlawn Park Cemetery
Auf dem Friedhof ruhen zwei kubanische Präsidenten, der Diktator Gerardo Machado und der nicaraguanische Diktator Anastasio Somoza. Auch der Gründer der kubanisch-amerikanischen Nationalstiftung ist hier begraben.

10 José Martí Riverfront Park
Der hübsche kleine Park wurde 1985 eingeweiht, um an den kubanischen Freiheitskampf zu erinnern. 1980 stand hier eine Zeltstadt für viele der 125 000 Flüchtlinge, die in Booten aus Mariel gekommen waren.

Top 10 Kubanische Kulturimporte
1. Zigarren
2. Salsa, Mambo, Bolero, Merengue
3. Santería (mystisches Glaubenssystem)
4. Spanische Sprache
5. Cafecito (Kaffee)
6. Schwarze Bohnen & Kochbananen
7. Guayabera-Hemden
8. Gloria Estefan (Sängerin)
9. Buena Vista Social Club (Film)
10. Before Night Falls (Film)

Hispanic Heritage Tours finden Sie unter www.miamidade.gov/transit/hispanicher.asp

15

Villa Vizcaya

Die Villa mag eine erdichtete Nachahmung sein, aber sie ist fraglos imposant und wirkt tatsächlich wie ein italienischer Palazzo aus dem 16. Jahrhundert. Genau das war es, was ihre Väter – der Industrielle James Deering, der Designer Paul Chalfin und der Architekt F. Burrall Hoffman – Anfang des 20. Jahrhunderts im Sinn hatten. 400 Jahre Stilgeschichte sind gekonnt versammelt, um eine andere Kultur, einen anderen Erdteil, ein anderes Zeitalter heraufzubeschwören.

Villa und Park

Teehaus im venezianischen Baustil

🛈 Bei der Führung erfahren Sie einigen pikanten Klatsch über Mr. Deerings piekfeine Art sowie über Sagen, Aberglauben und Eigenheiten des Mobiliars.

🍽 Das Museumscafé am linken Ende der Villa ist kulinarisch eine erfreuliche Überraschung.

- Karte L6
- 3251 South Miami Ave
- 305-250-9133
- www.vizcayamuseum.com
- tägl. 9.30–16.30 Uhr (das Haus schließt um 17 Uhr, der Park um 17.30 Uhr)
- 25. Dez geschlossen
- Eintritt 15 $ (ermäßigt 10 $), Kinder 6–12 Jahre 6 $, unter 6 Jahren frei

Top 10 Details

1. Park
2. Östliche Loggia
3. Renaissance-Salon
4. Rokoko-Musikzimmer
5. Frühstückszimmer
6. Empire-Badezimmer
7. Esszimmer, italienische Renaissance
8. Empfangszimmer, französisches Rokoko
9. Klassizistische Eingangshalle & Bibliothek
10. Swimmingpool mit Grotte

1 Park

Die Gärten der Villa Vizcaya werden zwar nicht besonders gehegt, bereiten Besuchern aber durchaus Vergnügen. Die zahlreichen anmutig plätschernden Brunnen und hübschen Statuen (rechts) sowie die geschickt angelegten Pflanzungen bieten unzählige und immer wieder neue harmonische Ansichten. Am kunstvollsten präsentiert sich der bezaubernde Secret Garden.

2 Östliche Loggia

Der Portikus umrahmt einen herrlichen Blick auf das Meer und die malerische Mole, die »Barge« genannt wird. Sie ist wie ein großes Schiff geformt und bildet den perfekten Vordergrund für Key Biscayne.

3 Renaissance-Salon

Im Salon finden sich ein römischer Dreifuß aus Marmor, ein spanisch-maurischer Teppich (15. Jh.), ein Gobelin mit den Aufgaben des Herkules und ein neapolitanisches Retabel.

Weitere historische Sehenswürdigkeiten siehe S. 44f

Rokoko-Musikzimmer
Diesen Traum aus Blumen und Schnörkeln *(links)* zieren ein erlesenes italienisches Cembalo von 1619, ein Hackbrett und eine Harfe.

Frühstückszimmer
Vier gewaltige chinesische Keramikhunde bewachen die Treppe, die zum prunkvollsten Zimmer des Hauses führt.

Empire-Badezimmer
Wenige Bäder sind pompöser als diese Vision aus Marmor, Silber und Gold *(unten)*. In die Wanne fließt wahlweise Süßwasser oder Meerwasser aus der Bay of Biscayne.

Empfangszimmer, französisches Rokoko
Der Gesamteindruck des Raumes ist – trotz der Vielzahl an Stilrichtungen – der eines Louis-XV-Salons. Die getönte Stuckdecke stammt aus dem Palazzo Rossi in Venedig.

Esszimmer, italienische Renaissance
Ein römischer Tisch, zwei Gobelins aus dem 16. Jahrhundert und Stühle aus dem 17. Jahrhundert verleihen dem Raum das Flair eines italienischen Bankettsaals.

Legende
- Erdgeschoss
- Obergeschoss
- Park

Deerings Traum
Für den Industriellen James Deering spielte Geld keine Rolle. Sein Winterdomizil sollte das Gefühl von Familientradition und Luxus verströmen. An diesem idealen Ort am Meer versammelte er all die edlen Stücke, die er in Europa aufgekauft hatte.

Klassizistische Eingangshalle & Bibliothek
Diese Räume zeigen sich deutlich nüchterner als der Rest der Villa. Inspiriert durch das Werk Robert Adams sind sie im englischen Klassizismus des 18. Jahrhunderts gestaltet.

Swimmingpool mit Grotte
Nach dem Vorbild italienischer Renaissance- und Barockarchitektur, die wiederum altrömische Stile imitierte, erstreckt sich dieser Pool *(oben)* in einer Grotte unter dem Haus.

Nützliches für den Besuch unter www.vizcayamuseum.com

Merricks Traum von Coral Gables

Coral Gables, auch City Beautiful genannt, ist eine eigene Stadt im Großraum Miami und eine der reichsten Gemeinden des Landes. Elegante Villen vor versteckten Kanälen säumen hier Alleen aus Banyanbäumen und Eichen. Jeder Neubau muss sich dem architektonischen Kanon beugen, den George Merrick vorschrieb, als er die Siedlung in den 1920er Jahren plante. Auch wenn sein Geschmack etwas »disneyhaft« war, schuf Merrick zweifellos ein Wunderland, das bis heute nichts von seinem Reiz verloren hat.

Chinese Village

George Merrick

🚗 Autofahren in Coral Gables kann knifflig sein. Viele Straßen haben zwei Namen, die auf ebenerdigen Steintafeln angeschrieben und somit schwer zu lesen sind, vor allem nachts.

🍽 Probieren Sie die köstlichen Salate und Suppen im Café von Books & Books *(siehe S. 104)*, wo Sie auch tief in die Ortsgeschichte eintauchen können.

• Karte F/G 3–4

Top 10 Architektur-Juwele

1. Biltmore Hotel
2. Venetian Pool
3. Chinese Village
4. Congregational Church
5. Dutch South African Village
6. French Normandy Village
7. French Country Village
8. French City Village
9. Italian Village
10. Florida Pioneer Village

Biltmore Hotel
Merricks Meisterwerk *(unten)* wurde für mehr als 55 Millionen US-Dollar in seinen ursprünglichen Glanz zurückversetzt. Das 1926 erbaute Hotel zählt nach wie vor zu den umwerfendsten des Landes. Es diente im Zweiten Weltkrieg als Militärhospital und war bis 1968 Veteranenkrankenhaus. Der 96 Meter hohe Turm, wie der Freedom Tower *(siehe S. 83)* in Downtown eine Kopie von Sevillas Giralda, ist ein Wahrzeichen von Coral Gables.

Venetian Pool
Die Behauptung, dies sei der schönste Swimmingpool der Welt *(oben)*, ist nicht unberechtigt. 1923 schufen Merricks Mitarbeiter Denman Fink und Phineas Paist das Bad aus einem ehemaligen Korallensteinbruch *(siehe S. 99)*.

Chinese Village
Ein ganzer Block wurde als ummauerte chinesische Enklave gestaltet. Über den Bäumen leuchten geschwungene Ziegeldächer. Chinesisches Rot und Gelb sowie Bambusmotive bestimmen das Bild.

Mehr über Coral Gables siehe S. 98–105

4 Congregational Church
Coral Gables' erste Kirche *(oben)* errichtete George Merrick nach dem Vorbild einer Kirche in Costa Rica im spanischen Barock.

5 Dutch South African Village
Die zauberhaften Häuser vereinen barocke Leichtigkeit des Nordens mit Heißwetter-Tauglichkeit, indem typisch holländische Spitzgiebel und Voluten mit mediterranen weißen Putzwänden und roten Dächern kombiniert sind. Der Stil entwickelte sich zu der Zeit, als sich die Buren an das afrikanische Klima anpassten.

6 French Normandy Village
Das homogenste aller Dörfer in Coral Gables besteht gänzlich aus Häuschen mit offenem Fachwerk, weißem Putz und Zedernholzdächern. Hier und dort vervollständigen kleine Lauben und Gärten die Postkartenwirkung.

7 French Country Village
Sieben Landhäuser sind in verschiedenen, typisch französischen Stilen aus Feld- und Backstein mit Fachwerk und Dächern aus Zeder erbaut. Manche ähneln klassischen Gutshäusern, eines ziert ein hübsches Türmchen.

8 French City Village
Die neun prachtvollen, anmutig eleganten *petits palais* vermitteln den Eindruck, als hätte man einen kompletten Straßenzug von Paris hierher transportiert. Das kunstvollste Gebäude steht an der nördlichen Ecke von Cellini und Hardee Street.

9 Italian Village
Hier stehen typisch italienische Villen mit roten Ziegeldächern und farbigen Putzwänden. Spätere Bauten griffen das Thema auf, sodass Merricks Originalkreationen in dem Mix fast untergehen.

10 Florida Pioneer Village
Die Nachbildungen von frühen Plantagen- und Kolonialhäusern der ersten Aristokraten Floridas besitzen klassizistische Säulenveranden und die geputzten Mauern in tropischer Tradition.

Top 10 Miami

George Merrick, der Visionär
Merricks Traum war ein amerikanisches Venedig. Das Projekt wurde mit 100 Millionen US-Dollar zum größten Bauvorhaben der 1920er Jahre. Der Hurrikan im Jahr 1926 und der große Börsenkrach von 1929 sorgten dafür, dass die Stadt unvollendet blieb und der Bauherr mittellos war. Was von dessen Vision jedoch überdauert hat, ist ein bleibendes Zeugnis seiner Fantasie.

Das Biltmore – zum Besichtigen oder zum Übernachten siehe S. 99 & S. 146

Lowe Art Museum

Das Lowe Art Museum wurde 1925 mit einer Stiftung von George Merrick gegründet und 1950 bis 1952 dank einer Schenkung von Joe und Emily Lowe umgestaltet. Mittlerweile hat es sich zu Miamis bedeutendstem Kunstmuseum entwickelt. Über 13 000 Exponate präsentieren die wichtigsten und einflussreichsten Kunsttraditionen der Welt. Der stete Eingang neuer Stiftungen macht mittlerweile eine Erweiterung der Ausstellungsräume nötig, doch noch sind die wichtigsten Werke ständig zu sehen – es sei denn, sie sind gerade an andere Museen ausgeliehen.

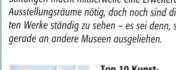

Lowe Art Museum

- Im Museumsladen finden Sie eine große Auswahl hübsch illustrierter Bücher über die Sammlungen.

- Die beliebte Titanic Brewing Company *(siehe S. 105)* bietet Meeresfrüchte, Live-Musik und dazu sechs Sorten selbst gebrautes Bier.

- Karte F3
- 1301 Stanford Drive
- 305-284-3535
- www.lowemuseum.org
- Di–Sa 10–16 Uhr, So 12–16 Uhr
- Mo & während der Universitätsferien geschlossen
- Eintritt 10 $ (ermäßigt 5 $), Kinder bis 12 Jahre frei

Top 10 Kunstsammlungen

1. Ägyptisch
2. Griechisch-Römisch
3. Asiatisch
4. Präkolumbisch
5. Indianisch
6. Renaissance
7. Barock
8. Lateinamerika
9. Afrikanisch
10. 17. Jahrhundert bis zur Gegenwart

Griechisch-Römisch
Die klassische Bildhauerei ist mit mehreren Marmorplastiken vertreten, u. a. einer römischen Matronenbüste. Besonders sehenswert ist ein schwarzes Gefäß aus dem 6. Jahrhundert *(oben)*, das Apollo, Artemis und Leto zieren.

Ägyptisch
Die ägyptische Sammlung ist zwar klein, aber sehr faszinierend. Beeindruckend sind vor allem die Fragmente koptischer Textilien, die in Rahmen an der Wand hängen, aber auch eine sehr schöne Sarkophagmaske, die die Gesichtszüge des Verstorbenen trägt.

Asiatisch
Eine der besten Abteilungen des Hauses zeigt chinesische Keramiken aus dem Neolithikum *(links)*, Bronze- und Jade-Objekte und andere Stücke von der Jungsteinzeit bis zum 20. Jahrhundert. Auch Volks- und Stammeskunst aus Indien ist hier zu sehen.

Weitere Museen in Miami & auf den Keys **siehe S. 42f**

Präkolumbisch
Die Sammlung umspannt sämtliche Gebiete und Epochen (1500 v. Chr. bis 16. Jh.). Sie birgt u. a. einen Maya-Topf mit dem Bild eines Jaguars mit Menschenknochen und eine sehr seltene Silberscheibe (14. Jh) aus Peru *(unten)*.

Indianisch
Ein seminolischer Schulterbeutel *(links)*, aus Tausenden farbiger Glasperlen gefertigt, ist der Stolz der indianischen Sammlung. Die Kunstfertigkeit der Najavo, Apachen und Hopi belegen Textilien, Körbe, Keramiken und *kachinas* (kleine Holzpuppen).

Top 10 Miami

Renaissance
Die exquisite kleine Sammlung vorwiegend italienischer Gemälde enthält Werke von Tintoretto, Dosso Dossi, Palma Vecchio, Bicci di Lorenzo und Cozzarelli *(rechts)*, aber auch zwei Terrakotten Andrea della Robbias.

Barock
Die europäische Kunstepoche ist durch die Maler verschiedener Länder vertreten, darunter Jacob Jordaens, Lucas Cranach d. Ä., Jusepe de Ribera und Francesco Guardi.

Lateinamerika
Diese Sammlung zeitgenössischer Kunst zeigt Werke hispanischer Künstler wie Fernando Botero aus Kolumbien und Carlos Alfonzo aus Kuba.

Afrikanisch
Verschiedene Stücke wie der Yoruba-Bronzering (16. Jh.) mit der Darstellung einer rituellen Enthauptung, eine Terrakottafigur der Nok *(rechts)* und Stammesembleme der Elpe oder Ngbe zeugen von unbestreitbarer Kraft.

17. Jahrhundert bis zur Gegenwart
Zu den Highlights der Dauerausstellung europäischer und amerikanischer Kunst gehören *Americanoom* von Chryssa, Roy Lichtensteins *Modular Painting in Four Panels*, Duane Hansons *Football Player (links)* sowie *Rex* von Deborah Butterfield.

Kurzführer
Das Lowe Art Museum liegt mitten auf dem Campus der University of Miami im südlichen Coral Gables. Es ist mit der Miami Metrorail gut zu erreichen – folgen Sie einfach den Schildern. Die Sammlungen können in beliebiger Reihenfolge besichtigt werden. Vergessen Sie nicht, dass in einigen Abteilungen des Hauses wechselnde Sonderausstellungen untergebracht sind.

Informieren Sie sich unter www.lowemuseum.org

🔟 Wolfsonian-FIU Museum

Das Wolfsonian erwuchs aus der Washington Storage Company der 1920er Jahre – einer Lagerfirma, bei der die wohlhabenden Winterbewohner Miamis für die Zeit ihrer Abwesenheit ihre Wertsachen unterbrachten. Mitchell Wolfson Jr. erwarb das Gebäude 1984, um seine umfassende Sammlung an »Bruchstücken der Moderne« unterzubringen. Das Museum für Design und Reklamekunst wurde 1986 gegründet, Besuchern aber erst ab 1993 zugänglich. Es birgt über 70 000 Kunstobjekte, Möbel und mehr.

Fassade im Stil des Mediterranean Revival

🌀 **Auf Nachfrage werden Führungen geboten. Der Museumsladen Dynamo führt hervorragende Kataloge für die Besichtigung auf eigene Faust.**

🍽 **Das 11th Street Diner (305-534-6373) an der Ecke Washington Ave. hat Malzmilchshakes und Hamburger im Angebot, aber auch einige raffiniertere Gerichte.**

- Karte R4
- 1001 Washington Ave, Miami Beach
- 305-531-1001
- www.wolfsonian.org
- Mo, Di, Sa & So 12–18 Uhr, Do & Fr 12–21 Uhr
- Mi & Feiertage geschl.
- Eintritt 7 $ (ermäßigt 5 $), Kinder unter 6 Jahren frei; freier Eintritt freitags ab 18 Uhr

Top 10 Blickfänge

1. Bridge Tender's House
2. Mediterranes Gebäude
3. Eingangshalle
4. Brunnen
5. The Wrestler
6. Art-déco-Briefkasten
7. Decke, Leuchter & Wandkonsolen
8. Holztreppe
9. Clarke-Fenster
10. Wechselausstellungen

1 Bridge Tender's House

Nördlich vom Museumseingang steht dieses bemerkenswerte sechseckige Bauwerk aus Stahl. Es wurde 1939 im sogenannten Art-Moderne-Stil errichtet.

2 Mediterranes Gebäude

Besonders eindrucksvoll ist das Relief im spanischen Barock rund um den Haupteingang. Die bronzenen Fahnenhalter und Kreuzblumen sind von 1914.

The Wrestler

3 Eingangshalle

Die massiven Deckenbalken *(unten)* nehmen den Mediterranean-Revival-Stil der Fassade auf und sind original, wie auch die Terrakottaböden, die Holzsimse über den Türen zum Aufzugsbereich und der grobe Putz der Wände. Das unfertig wirkende Mauerwerk entspricht ganz dem mediterranen Stil.

Mitchell Wolfson Jr. stiftete das Museum samt seiner Sammlung 1997 der Florida International University, die es heute führt.

Brunnen

4 Der unter einem Oberlicht platzierte Brunnen ist aus einem Art-déco-Fenstergitter des Norris Theater in Pennsylvania gestaltet. Das florale Gebilde besteht aus über 200 vergoldeten Terrakotta-Kacheln und täuscht über die sorgsam geometrische Konstruktion des Brunnens hinweg.

Legende

- Erdgeschoss
- Fünfte Etage
- Sechste Etage
- Siebte Etage

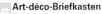

The Wrestler

5 Das Symbol des Wolfsonian *(links)* tritt Besuchern auf dem Weg zum Aufzug entgegen. Die kräftige, lebensgroße Gestalt besteht gänzlich aus Aluminium, dem vielleicht typischsten Metall des modernen 20. Jahrhunderts.

Art-déco-Briefkasten

6 Der bronzene Art-déco-Briefkasten *(links)* neben dem Aufzug stammt von 1929 und stand ursprünglich im Hauptbahnhof von Buffalo, N.Y.

Decke, Leuchter & Wandkonsolen

7 Diese Prachtstücke sind aus einem Autosalon der 1920er Jahre in Miami und einem Restaurant in Missouri.

Holztreppe

8 Das edle Stück moderner Schreinerkunst *(rechts)* ist aus Pinie und Stahl gefertigt. Wharton Esherick schuf es 1935 für das Haus von Curtis Bok in Gulph Mills, Pennsylvania.

Clarke-Fenster

9 Dieses äußerst eindrucksvolle Buntglasfenster *(unten)* wurde 1926–30 für das Internationale Arbeitsamt des Völkerbundes in Genf angefertigt.

Wechselausstellungen

10 Das ganze Jahr über werden große Teile der Ausstellungsfläche für Sonderausstellungen genutzt, die sich meist an spannenden Forschungsthemen der Universität orientieren. Anhand von Werbekunst wird gezeigt, wie clever Designer psychologische Erkenntnisse genutzt haben, um für Firmen und Regierungen äußerst überzeugende Embleme zu schaffen.

Kurzführer

Das Wolfsonian-FIU ist sowohl Museum als auch Forschungsinstitut für Design der Florida International University. Drei Etagen des Hauses sind Büros, Magazinen und einer Bibliothek vorbehalten und nicht öffentlich zugänglich. Beginnen Sie die Tour im Außenbereich, bevor Sie sich Eingangshalle und obere Stockwerke vornehmen.

Erfahren Sie mehr über das Museum unter www.wolfsonian.org

Gold Coast Highway A1A

Die beste Art, einen Eindruck vom Leben an der Gold Coast zu bekommen, ist eine gemütliche Fahrt auf der A1A nach Norden. Die Straße verläuft fast den ganzen Weg direkt an der Küste und führt dabei durch einige der schönsten Naturgebiete und reichsten Orte der USA. Die 80 Kilometer lange Strecke ist an einem Tag zu bewältigen, doch mit etwas mehr Muße lässt sich ihr Reiz besser genießen: tropische Naturschutzgebiete, märchenhafte Herrenhäuser – und der ständige Blick auf weiße Strände und den blauen Atlantik.

John U. Lloyd Park

The Broadwalk

Top 10 Zwischenstopps
1. The Broadwalk
2. John U. Lloyd Beach State Park
3. IGFA Fishing Hall of Fame & Museum
4. Las Olas Boulevard, Fort Lauderdale
5. Bonnet House
6. Gumbo Limbo Nature Center
7. Worth Ave, Palm Beach
8. Flagler Museum
9. The Breakers
10. Norton Museum of Art

🔭 **Erkunden Sie Fort Lauderdale auf der dreistündigen Jungle Queen Riverboat Tour (tägl. 9.30 & 13.30 Uhr; 954-462-5596).**

🍽 **Für ein Mittagessen in Fort Lauderdale eignet sich Noodles Panini (821 East Las Olas Blvd, 954-462-1514). Am Abend bietet sich das Las Olas Café (922 East Las Olas Blvd, 954-524-4300) oder auch das Bistro Mezzaluna (741 SE 17th St, 954-522-9191) an.**

- Karte D2/D3
- *IGFA Fishing Hall of Fame & Museum: 300 Gulf Stream Way, Dania Beach, 954-922-4212*
- *Flagler Museum: 1 Whitehall Way, Palm Beach, 561-655-2833*
- *Norton Museum of Art: 1451 S Olive Ave, West Palm Beach, 561-832-5196*

Flagler Museum, Palm Beach

1 The Broadwalk
Der berühmte Teil von Hollywood Beach *(oben)* liegt zwischen South Sunset Road und Sheridan Street. Hier locken auf einer Länge von vier Kilometern zahlreiche Läden, Bars und Restaurants. Das beste Lokal ist das französisch-karibische Sugar Reef.

2 John U. Lloyd Beach State Park
Diese lange Barriere-Insel mit Gärten und Wäldern bietet Aussicht auf das geschäftige Port Everglades und einen Strand, der während der Rassentrennung für Schwarze bestimmt war. Heute tummeln sich hier die Schwulen *(siehe S. 52)*.

3 IGFA Fishing Hall of Fame & Museum
Besucher jeden Alters können hier etwas über die Bewohner des Meeres lernen. Es gibt sieben verschiedene Ausstellungen, einen unterhaltsamen Forschungsraum für Kinder, eine virtuelle Angelgelegenheit und einen großen Bereich über Feuchtgebiete.

Fort Lauderdale für Schwule & Lesben **siehe S. 52f & S. 153**

4 Las Olas Boulevard, Fort Lauderdale
Fort Lauderdales Hauptstraße *(oben)* hat Luxusläden und exzellente Lokale zu bieten. Sie endet an der Las Olas Riverfront, wo die Boote der Jungle Queen Riverboat Tour ablegen *(siehe Randspalte links)*.

5 Bonnet House
In dem Haus von 1920 steckt viel vom Charakter des Paares, das es gestaltete: Evelyn und Frederic Bartletts Künstlertum wird an den originellen Wandbildern und dem exzentrischen tropischen Garten offenkundig.

Top 10 Miami

6 Gumbo Limbo Nature Center
Ein Lehrpfad führt durch Hammocks (baumbestandene Erhebungen) und Mangroven im Red Reef Park. Gumbo Limbo ist ein Baum mit abblätternder roter Rinde.

9 The Breakers
Das Hotel *(unten)* ist schon das dritte an dieser Stelle – die ersten beiden sind abgebrannt. Trotzdem haftet jedem Detail die Aura des Goldenen Zeitalters in Amerika (1880–1910) an – von den italienisierten Deckenfresken bis zu den unzähligen Kristallkronleuchtern.

8 Flagler Museum
»Amerikas Taj Mahal« war einst das Hochzeitsgeschenk von Henry M. Flagler *(siehe S. 45)* an seine dritte Frau – halb so alt wie er und selbst reiche Erbin. Die augenscheinliche Noblesse reicht bis zum Porzellan, das einst einem französischen König gehörte.

7 Worth Avenue, Palm Beach
In dieser Straße *(oben)* kleiden sich VIPs für die Woche ein und erstehen vielleicht noch das eine oder andere Kunstobjekt.

Was für ein Glanz!
Vermutlich ist hier ausnahmsweise doch alles Gold, was glänzt! Obwohl der Name der Gold Coast eigentlich von den Golddublonen herrührt, die spanische Galeonen an der Küste entlang transportierten, bezieht er sich heute doch eher auf den goldenen Lebensstil der zahlreichen Millionäre und Milliardäre, die hier ihre Winterresidenzen haben.

10 Norton Museum of Art
Das vielleicht beste Kunstmuseum Floridas präsentiert Impressionisten, moderne Amerikaner und einiges mehr *(siehe S. 42)*.

Die A1A weiter nach Norden **siehe S. 128**

TOP 10 Key West

Die von spanischen Forschern 1513 entdeckte, 3,2 mal 6,4 Kilometer große Insel (key) mauserte sich vom Piratennest zur Stadt mit dem höchsten Pro-Kopf-Einkommen der USA. Schon immer zog sie Freidenker und Exzentriker an. Trotz des Nobel-Fremdenverkehrs, der sich hier ab den 1990er Jahren entwickelte, ist noch eine gewisse Verschrobenheit spürbar. Zu den Bewohnern der selbst ernannten »Conch« zählen viele Schwule, Künstler, Schriftsteller und New-Age-Anhänger.

Lighthouse Museum

Sonnenuntergang am Mallory Square

Top 10 Sehenswert
1. Duval Street
2. Mallory Square
3. Bahama Village
4. Mel Fisher Maritime Museum
5. Hemingway House
6. Audubon House & Tropical Gardens
7. Key West Cemetery
8. Key West Museum of Art & History
9. Lighthouse Museum
10. Fort Zachary Taylor Historic State Park

Dank der unzähligen Brücken kann man mit dem Auto vom Festland über alle Keys bis nach Key West fahren.

Der Conch Tour Train startet am Mallory Square eine Rundfahrt durch die Old Town.

Das Blue Heaven Restaurant *(siehe S. 125)* ist der Inbegriff des alten Key West: karibische Küche und ein Garten mit den ortstypischen Hühnern und Katzen.

• Karte A6
• Key West Information Center: 201 Front St, Suite 108; 1-888-222-5590; www.keywestinfo.com
• Museen: tägl. 9.30–16.30 Uhr; Eintritt; www.kwahs.com
• Friedhof: tägl. Sonnenaufgang bis 18 Uhr
• Fort Zachary Taylor: tägl. 8 Uhr bis Sonnenuntergang; Eintritt

1 Duval Street
Die Hauptstraße der Old Town reicht vom Golf von Mexiko im Norden bis zum Atlantischen Ozean im Süden. Sie ist der Ort, an dem der »Duval Crawl« absolviert wird: Diese Tour durch die rund 100 Bars, Kneipen und Clubs der Duval Street und all ihrer Nebenstraßen ist eine echte Herausforderung.

2 Mallory Square
Jeden Abend treffen sich die lebenslustigen Einwohner der »Conch-Republik« zum Sonnenuntergang auf diesem Platz am Meer und feiern bei Unterhaltungen aller Art.

Duval Street

3 Bahama Village
Durch einen Torbogen an der Duval Street, Höhe Petronia Street, betritt man das große karibische Viertel, das einen Hauch von Inselkultur verbreitet *(links)*. Auf dem Bahama Market findet man Kunsthandwerk, nicht weit davon das Blue Heaven Restaurant *(siehe Randspalte)*.

Zur Architektur der Old Town von Key West siehe S. 47

Mel Fisher Maritime Museum

Das Museum widmet sich ganz dem Zauber versunkener Schätze und der Ausrüstung, mit der diese gehoben wurden *(links)*. Beeindruckend ist das Gold von den spanischen Galeonen.

Hemingway House

Ernest Hemingway lebte 1931–40 in diesem Haus im spanischen Kolonialstil. Viele seiner Werke entstanden hier. An ihn erinnern u. a. seine Boxhandschuhe *(rechts)* und angebliche Nachkommen seiner sechszehigen Katzen.

Audubon House & Tropical Gardens

Ein Besuch lässt erahnen, wie das Leben auf der Insel im 19. Jahrhundert war. Bei der hervorragenden Audiotour führen die »Geister« der einstigen Bewohner durch die Räume.

Key West Cemetery

Die Gräber sind hier wegen des harten Korallenfelsbodens erhöht angelegt, um Überflutungen zu vermeiden. Zu den skurrilsten Grabinschriften zählt die eines Hypochonders: »Ich habe euch gesagt, ich sei krank«.

Lighthouse Museum

Der 1848 erbaute Turm konnte 40 Kilometer weit auf das Meer hinaus leuchten. Das Erklimmen der 88 Stufen wird mit einem hinreißenden Ausblick auf Meer und Stadt belohnt.

Key West Museum of Art & History

In einem eindrucksvollen alten Zollhaus sehen Sie Bilder einiger berühmter Inselexzentriker und erfahren viel über das hiesige Leben in den vergangenen Epochen.

Fort Zachary Taylor Historic State Park

Das Fort *(links)* von 1866 zeigt nun als Militärmuseum Objekte aus dem Bürgerkrieg. Der beste Strand der Insel liegt ganz nahe.

Top 10 Einwohner

1. **Henry Flagler** Ölmagnat
2. **José Martí** Kubanischer Freiheitskämpfer
3. **John James Audubon** Zoologe
4. **Ernest Hemingway** Schriftsteller
5. **Harry S. Truman** US-Präsident
6. **Tennessee Williams** Dramatiker
7. **Robert Frost** Dichter
8. **John Dewey** Pädagoge & Philosoph
9. **Jimmy Buffett** Sänger & Songschreiber
10. **Tallulah Bankhead** Schauspielerin

Tagestour durch die »Conch-Republik« Key West siehe S. 117; die besten Conch-Restaurants siehe S. 125

TOP 10 Everglades

Ein weites, flaches Netz aus Flüssen, Sümpfen und Feuchtgebieten, dessen Wasser ein Jahr braucht, um vom Kissimmee River nordwestlich von Miami bis in die Florida Bay zu fließen, bildet eines der faszinierendsten Ökosysteme der Erde: die Everglades. 45 Pflanzenarten wachsen nur hier. 350 Vogelarten, 500 Fischarten und Dutzende von Reptilien- und Säugetierarten sind hier zu Hause.

Alligator im Billie Swamp Safari Wildlife Park

Pinienwälder im Herzen der Everglades

- Besuchen Sie die Everglades morgens, wenn viele Tiere aktiv sind. Schützen Sie sich gegen Insekten, Sonne und Hitze und bleiben Sie auf den Plankenwegen.

- Im Swamp Water Café in der Big Cypress Reservation gibt es neben den üblichen Burgern auch recht ausgefallene Gerichte *(siehe S. 130)*.

- Karte B/C 3–5
- Everglades National Park: 305-242-7700
- Gulf Coast Visitor Center: Everglades City; 239-695-3311
- Big Cypress (Oasis Visitor Center): 239-695-1201
- Shark Valley Visitor Center: 305-221-8776
- Flamingo Visitor Center: 239-695-2945
- Fakahatchee Strand: 239-695-4593
- Corkscrew Swamp Sanctuary: 375 Sanctuary Road, West Naples; 239-348-9151

Top 10 Naturschönheiten

1. Tamiami Trail (US 41)
2. Everglades National Park
3. Big Cypress Swamp
4. Shark Valley
5. Billie Swamp Park & Ah-Tah-Thi-Ki Museum
6. Anhinga Trail & Gumbo Limbo Trail
7. Mahogany Hammock
8. Flamingo
9. Fakahatchee Strand
10. Corkscrew Swamp Sanctuary

1 Tamiami Trail (US 41)
Die Straße vom Atlantik bis zur Golfküste erschloss als erste das Gebiet. Sie führt vorbei an Pionierlagern wie Everglades City und Chokoloskee, die sich seit 1900 scheinbar kaum verändert haben und den westlichen Zugang zum Everglades National Park markieren.

2 Everglades National Park
Der Park nimmt etwa ein Fünftel der Everglades ein und bietet Plankenwege, Führungen, Boote, Campingplätze und Unterkunft in Hotels oder in *Chikees* (Hütten der Seminolen).

3 Big Cypress Swamp
Das Feuchtgebiet ist kein echter Sumpf, hier wechseln sich feuchte Habitate mit höhergelegenen, trockenen Bereichen ab. Zu den vielen beheimateten Tierarten gehört auch der Florida-Panther.

4 Shark Valley
Das Tal, knapp 30 Kilometer von Miami entfernt, durchzieht ein 24 Kilometer langer Rundweg, den man per Rad oder Bahn zurücklegen kann. Der Turm *(links)* am Ende bietet fantastische Aussicht.

Weitere Informationen unter **www.nps.gov/ever/**

5 Billie Swamp Park & Ah-Tah-Thi-Ki Museum

Das Museum *(siehe S. 43)* widmet sich der Kultur der Seminolen *(links)*. Das indianische *ah-tah-thi-ki* bedeutet »Ort zum Lernen«. Der Park bietet unterhaltsame Bootsfahrten und informative Buggy-Eco-Touren, auf denen man hie und da Alligatoren zu Gesicht bekommt.

6 Anhinga Trail & Gumbo Limbo Trail

Die beliebten Pfade beginnen beide am Royal Palm Visitor Center auf dem Gebiet des ersten Nationalparks in Florida.

7 Mahogany Hammock

Richtung Flamingo gelangt man zu einem der größten Hammocks (Erhebung mit Bäumen), wo sich ein Pfad durch dichten tropischen Bewuchs windet. Hier gibt es den größten Mahagonibaum des Landes und äußerst farbenprächtige Baumschlangen.

9 Fakahatchee Strand

Das 32 Kilometer lange, sumpfige Ufer zählt zu Floridas wildesten Gegenden. Es besitzt den größten Bestand alter Königspalmen in den USA, einzigartige Luftpflanzen und seltene Orchideen. Plankenwege führen hindurch *(rechts)*.

10 Corkscrew Swamp Sanctuary

Ein Plankenweg führt Sie durch verschiedene Habitate, darunter auch eine Gruppe alter Zypressen voller nistender Vögel. Der gefährdete Waldibis wurde hier schon gesichtet.

8 Flamingo

Heute leben hier nur noch einige Parkwächter, doch Flamingo – früher nur vom Meer aus zu erreichen – war einst ein Vorposten für Jäger, Fischer und Schmuggler. Im Park kann man wandern, Vögel beobachten, Boot fahren und angeln.

Erhaltung der Everglades

Die Everglades sind rund sechs Millionen Jahre alt, doch der Mensch hat es in weniger als 100 Jahren fertiggebracht, ihr Gleichgewicht fast völlig zu zerstören. Der Herbert Hoover Dike riegelte in den 1930er Jahren den Lake Okeechobee und damit die Hauptwasserader der Everglades ab. Der Bau des Highway 41 engte den natürlichen Zustrom weiter ein. Die Umweltschützerin Marjory Stoneman Douglas konnte den Untergang aufhalten. Es gibt Pläne für Deichbauten, um die natürlichen Feuchtgebiete der Everglades zu erhalten.

Routen durch die Everglades **siehe S. 127**,
Restaurants **siehe S. 130**

Links **South Pointe Park Beach** Mitte **Matheson Hammock Park Beach** Rechts **Key West**

Strände

Lummus Park Beach
Dieser breite, lange und gepflegte Sandstrand zwischen 5th und 11th Street ist für viele der Inbegriff von South Beach. Hier liegen reihenweise gebräunte Körper in der Sonne, dazwischen dudelt so manches Radio. Die Aktiveren spielen Volleyball, machen Gymnastik und stürzen sich natürlich in die Wellen – Frauen auch »oben ohne«. ⊗ *Karte S3*

Haulover Park Beach
Haulover ist bisher von Hochhäusern verschont geblieben. Der von Dünen gesäumte Strand liegt am Ostrand des Parks; im Nordteil liegt der einzige und zum Teil schwule Nacktstrand im County.
⊗ *nördlich von Bal Harbour • Karte H1*

South Pointe Park Beach
Der Nordteil des Parks ist als Badestrand kaum bekannt, aber bei Surfern sehr beliebt. Hier kann man Kreuzfahrtschiffe auf dem Weg zum Hafen von Miami beobachten, aber auch herrlich spazieren gehen. Es gibt einen Trimmpfad, einen Aussichtsturm, Grill- und Picknickgelegenheiten sowie Spielplätze. ⊗ *Karte R6*

Sunny Isles Beach
Es ist weniger der steinige Strand als vielmehr der 1950er-Jahre-Kitsch, der diesen Ferienort bemerkenswert macht. Er ist beliebt bei Senioren, Surfern und Seglern. An der Collins Avenue (A1A) zwischen 160th und 185th Street reihen sich Souvenirläden und Hotels in kitschiger Architektur mit vorzugsweise exotischen Themen aneinander. ⊗ *Karte H1*

Hobie Island Beach & Virginia Key Beach
Hobie Island ist bei Windsurfern beliebt, während Virginia Key – Key Biscayne benachbart und ähnlich zwischen australischen Kiefern versteckt – keine Bewohner und nur wenige Besucher hat. Zur Zeit der Rassentrennung war dieser schöne, drei Kilometer lange Strand der einzige Miamis,

Haulover Park Beach

Mehr zu South Beach, Miamis bekanntestem Viertel **siehe S. 8f**

Typischer Strand in Miami

an dem Schwarze baden durften. Wegen des warmen Wassers sind beide Strände für Kinder geeignet, aber vor Virginia Key gibt es tiefe Stellen und gelegentlich Unterströmungen. ◊ *Karte H3*

Crandon Beach
Wie mehrere Strände Südfloridas gehört auch dieser im Norden von Key Biscayne zu den Top Ten der gesamten USA *(siehe S. 72)*. ◊ *Karte H3/H4*

Bill Baggs Cape Florida State Park
Der Strand an der urtümlichen Südspitze von Key Biscayne zählt ebenfalls zu den zehn besten der USA *(siehe S. 72f)*. ◊ *Karte H4*

Matheson Hammock Park Beach
Der 40 Hektar große Park wurde 1992 vom Hurrikan Andrew verwüstet, erholt sich jedoch langsam wieder. Er wurde in den 1930er Jahren von Commodore J. W. Matheson angelegt. Hauptattraktion ist der künstliche Atoll-Pool, ein Meerwasserschwimmbecken inmitten von Sand und Palmen direkt an der Biscayne Bay. Der von tropischen Hartholzwäldern gesäumte, ruhige Strand ist bei Familien sehr beliebt, da er warmes, gefahrloses Wasser bietet. Wanderwege führen durch den Mangrovensumpf des Parks.
◊ *nördlich des Fairchild Tropical Garden • Karte G4*

Bahia Honda State Park
Dieser Strand ist berühmt für die exotische Tropenwaldkulisse, den perfekten Sand sowie tollen Wassersport. Er gilt für viele als der beste der USA *(siehe S. 116f)*.
◊ *Karte B6*

Strände in Key West
Die relativ bescheidenen Strände der Insel liegen allesamt an der Südseite. Der östlichste Strand, Smathers Beach, ist der größte und beliebteste. Einheimische bevorzugen den westlichsten im Fort Zachary Taylor State Park, da er nicht so voll ist. Am bequemsten zu erreichen ist der nette Strand am Ende der Duval Street, dem südlichsten Punkt der USA. ◊ *Karte A6*

Mehr zu Floridas Stränden **www.beachdirectory.com**

Links **Schwimmen mit Schildkröten** Mitte **Strand in Fort Lauderdale** Rechts **Tauchladen**

Schnorcheln & Tauchen

1 John Pennekamp Coral Reef State Park
Dieser Park soll mit die besten Schnorchelmöglichkeiten der Welt bieten. Man kann hier auch Boote mieten oder die Unterwasserwelt von einem Glasbodenboot aus genießen *(siehe S. 115)*.

2 Biscayne National Underwater Park
Beinahe so gute Schnorchelgelegenheiten wie John Pennekamp bietet dieser Park etwas näher bei Miami. Umtauchen Sie bunte Korallenriffe oder erkunden Sie die Mangrovensümpfe mit einem Kanu *(siehe S. 108)*.

3 Looe Key National Marine Sanctuary
Vom Bahia Honda State Park aus *(siehe S. 116f)* erreichen Sie diese Tauchgründe mit Korallenriffs. In der Nähe von Key West ist dies der beste Platz zum Schnorcheln.

4 Dry Tortugas National Park
Die 110 Kilometer westlich von Key West gelegenen sieben Inseln und die umliegenden Gewässer sind ein fantastischer Naturpark. Das Schnorcheln hier ist wegen des flachen Wassers und des enormen Fischreichtums außergewöhnlich. Man stürzt sich gleich am Strand von Fort Jefferson ins Wasser oder fährt hinaus zum Wrack der *Windjammer*, die 1907 am Loggerhead Reef sank. Tropenfische, Hummer und sogar Riesenzackenbarsche sind hier zu sehen *(siehe S. 129)*.

Werbetafel

5 Parks in Key Biscayne
Sowohl Crandon Park als auch Bill Baggs Cape Florida State Park haben hervorragende Schnorchelareale im klaren Wasser Miamis *(siehe S. 72f)*.

6 Gewässer bei Fort Lauderdale
Fort Lauderdale erhielt das »Blue Wave Beaches«-Zertifikat für makellose Sandstrände und kristallklares Wasser, was auch klare Sicht unter Wasser verspricht. Viele interessante Teile des dreischichtigen natürlichen Riffsystems liegen nahe am Strand, die meisten erfordern jedoch eine kurze Bootsfahrt. Zusätzlich wurden hier mehr als 80 künstliche Riffe angelegt, um das Wachstum der Meeresflora und -fauna zu steigern. Sea Experience ist nur eines der Unternehmen, die hier

Diadem-Kaiserfisch

Sicherheit im Wasser **siehe S. 139**

Top 10 Miami

Tauchen vor den Florida Keys

Schnorchel- und Tauchausflüge organisieren. ◊ *Karte D3 • Sea Experience: 954-627-4631; www.seaxp.com*

Red Reef Park
Boca Raton ist berühmt für schön gewartete, weitläufige Parks. Der Red Reef Park bietet einige der besten Strände und Schnorchelgelegenheiten in der Gegend. An einem künstlichen, auch für Kinder geeigneten Riff kann man sich an der reichen Unterwasserwelt erfreuen. Das Gumbo Limbo Nature Center liegt über der Straße. ◊ *1400 N Ocean Blvd, Boca Raton • Karte D3 • 561-393-7974 • Gumbo Limbo Nature Center: 1801 N Ocean Blvd; Mo–Sa 9–16 Uhr, So 12–16 Uhr; 561-338-1473; www.gumbolimbo.org*

Palm Beach
Sowohl das Hotel Four Seasons als auch The Breakers *(siehe S. 146)* bieten Schnorchelmöglichkeiten an der Küste von Palm Beach. ◊ *Karte D2*

Gewässer am Bahia Honda State Park
Der herrliche Sandstrand von Bahia Honda auf den Keys – gern als einer der besten Strände der USA gepriesen – bietet beste Möglichkeiten zum Schwimmen und Schnorcheln. Die Ausrüstung kann man leihen *(siehe S. 116f)*.

Gewässer um Key West
Tauchen Sie direkt am Strand des Fort Zachary Taylor State Park ins Wasser oder fahren Sie hinaus zu den Riffen, die rund um die Insel liegen *(siehe S. 26f)*. Es gibt viele Anbieter von drei- bis vierstündigen Bootstouren, die mindestens anderthalb Stunden Zeit zum Riff-Schnorcheln lassen. In der Regel starten die Touren zweimal am Tag, etwa um 9 Uhr und erneut um 13 Uhr. ◊ *Karte A6*

Strand in Key West

Links zu Veranstaltern unter www.florida-verzeichnis.de/Freizeit_und_Hobbies/Tauchen_und_Schnorcheln

Links **Inlineskaten** Mitte **Radfahren** Rechts **Tennis**

Sport & Aktivurlaub

Beachvolleyball

1 Volleyball
An jedem Strand in Südflorida findet man Netze vor und stets auch genügend Mitspieler. Dies ist der typische Strandsport, bei dem es einfach dazugehört, sich im Sand zu wälzen!

2 Inlineskating
Auf kleinen Rollen dahinzugleiten ist für die braun gebrannten Bewegungshungrigen in Südflorida der größte Spaß. In South Beach kann man sich Skates ausleihen, bis man für die eigenen bereit ist.

3 Surfen & Windsurfen
Miami bietet stete Winde und ruhiges wie auch brandendes Meer – beste Bedingungen also für gutes Surfen. Die Keys eignen sich dagegen eher zum Windsurfen, weil sich die großen Wellen an den davorliegenden Riffen brechen.

4 Jet-Ski & Parasailing
Es ist gar nicht so schwer, wie es aussieht, und natürlich ein Riesenspaß. Miamis ruhige Binnengewässer eignen sich gut für diese Sportarten, doch die besten Möglichkeiten bieten die Keys, vor allem Key West.
◊ *Karte A6 • Sunset Watersports: 305-296-2554 • Sebago Watersports: 305-292-2411 • Island Watersports: 305-296-1754*

5 Boot- & Kajakfahren
Sie können die farbenprächtigen Gewässer um die Keys oder das Mangrovenlabyrinth vor der Florida Bay auf eigene Faust in einem Kajak erkunden oder sich einer Eco Tour anschließen, bei der man viel über das Meeresleben lernen kann. ◊ *Blue Planet Kayak: 305-294-8087; www.blue-planet-kayak.com*

Surfen

6 Schwimmen mit Delfinen
Dieses unvergessliche Erlebnis ist in Miamis Seaquarium und auf den Keys zu genießen *(siehe S. 115f)*. Leider muss man sich meist mindestens einen Monat vorher anmelden, aber auch eine Dolphin Watch Tour ist überaus reizvoll. ◊ *Karte A6 • Sunny Days Catamarans: 305-293-5144*

Die besten sportlichen Aktivitäten in Miami Beach & Key Biscayne siehe S. 74

Segeln

Radfahren
Es ist ganz herrlich, South Beach, Key Biscayne oder Key West mit dem Rad zu erkunden. Verleiher finden sich überall. In den Everglades gibt es einige hervorragende Fahrradrouten.

Fischen
Eine Reihe von Veranstaltern bringt Sie zum Hochseefischen aufs Meer hinaus. Zum Angeln in Süßwasser bieten sich Lake Okeechobee und der Amelia Earhart Park an. ◉ *The Reward Fleet, Miami Beach Marina: 305-372-9470; www.the rewardfleet.com* ◉ *A.W.S. Charters, Key West: 305-304-2483* ◉ *Big Game Sport Fishing, Fort Lauderdale: 954-527-3460*

Fischen an der Miami Beach Marina

Golf
In Südflorida gibt es überall zahllose Möglichkeiten, Golf zu spielen. Viele Ferienanlagen verfügen über eigene Plätze. Einer der besten Golfplätze im Raum Miami ist vielleicht der des Jacaranda Golf Club in Plantation.
◉ *Jacaranda Golf Club: 954-472-5836*
◉ *Sunrise Country Club: 954-742-4333*

Tennis
Die Menschen hier lieben diesen Sport, private oder auch öffentliche Plätze gibt es überall. Key Biscayne ist natürlich die beste Wahl, schließlich finden hier jeden März die Sony Ericsson Open statt *(siehe rechts)*.

Top 10 Sportarten

Football
Die Miami Dolphins vertreten Miami in der National Football League. ◉ *Dolphin Stadium, 2269 NW 199th St*

Jai Alai
Das Ballspiel gilt als das schnellste der Welt. ◉ *Miami Fronton, 3500 NW 37th Ave*

Pferderennen
Zu den besten Rennstrecken zählen Gulfstream Park und Calder Race Course.
◉ *Gulfstream Park, 901 S Federal Hwy, Hallandale; Jan–Apr*
◉ *Calder Race Course, 21001 NW 27th Ave, Miami; Mai–Dez*

Hunderennen
Flagler bietet regelmäßig Windhundrennen auf eigener Bahn und Live-Übertragungen anderer Hunde- und Pferderennen. ◉ *Flagler Dog Track, 401 NW 37th Ave, Ecke NW 7th St*

Stockcar-Rennen
Homestead Miami Speedway bietet mehrere große Rennen. ◉ *1 Speedway Blvd*

Tennis
Die Sony Ericsson Open sind eines der größten Nicht-Grand-Slam-Turniere der Welt. ◉ *Crandon Park, Key Biscayne*

Polo
Polo ist im schicken Palm Beach County gut vertreten. ◉ *3667 120th Ave S, Wellington*

Basketball
Das Team Miami Heat ist in der American Airlines Arena zu Hause. ◉ *601 Biscayne Blvd*

Eishockey
Die Florida Panthers spielen im Bank Atlantic. ◉ *1 Panther Parkway, Sunrise*

Baseball
Die zweimaligen Meister Florida Marlins zeigen ihr Können im Dolphin Stadium.
◉ *2269 NW 199th St*

Sport auf den Keys siehe S. 120

Links **Lion Country Safari** Rechts **Morikami Museum**

TOP 10 Parks, Gärten & Zoos

1 Fairchild Tropical Garden
Dieser tropische Garten zählt zu den schönsten in Südflorida *(siehe S. 107).*

2 Jungle Island
Die durch und durch reizvolle Einrichtung an der Biscayne Bay bietet neben vielen anderen Attraktionen auch einen Streichelzoo für Kinder *(siehe S. 71).*

Miami Metrozoo

3 Miami Metrozoo
Der gut durchdachte, schöne und gepflegte Tierpark ist in nachgeahmte pazifische, asiatische und afrikanische Habitate gegliedert. Ein Rundgang dauert mindestens drei Stunden und ist bestimmt keine Zeitverschwendung, im Eintrittspreis ist aber auch die 45-minütige Fahrt mit der Zoofari-Einschienenbahn bereits enthalten *(siehe S. 107).*

4 Monkey Jungle
Im Affendschungel befindet sich der Besucher im Käfig und nicht die Tiere *(siehe S. 107).*

5 Lion Country Safari
Neben eindrucksvollen Nachbildungen von Habitaten in Kenia, Simbabwe, Mosambik, der Kalahari und der Serengeti gibt es hier auch Bereiche, die an den indischen Regenwald oder die Prärien Nordamerikas erinnern. Besucher können den 200 Hektar großen Park mit Auto oder Bus durchfahren. ⓢ *2003 Lion Country Safari Rd, Loxahatchee • Karte C2–D3 • 561-793-1084 • www.lioncountrysafari.com • Eintritt*

6 Fruit & Spice Park
Dieser Tropengarten ist in seiner Art einzig in den USA. Die Pflanzen sind nach Herkunftsland

Fairchild Tropical Garden

Viele Luxus- & Ferienhotels in Miami bieten ihren Gästen fantastische Tropengärten **siehe S. 146 & S. 148**

angeordnet, das Klima lässt hier mehr als 100 Zitrus-, 65 Bananen- und 40 Rebsorten gedeihen. Der Park besitzt zudem die größte Bambus-Sammlung in den USA. Im Laden gibt es importierte Obstprodukte – getrocknet oder in Konserven, als Saft oder Marmelade –, dazu Tees und ungewöhnliche Samen *(siehe S. 109)*.

7 Red Reef Park
In diesem wundervollen Park in Boca Raton liegt das Gumbo Limbo Center, das Spaziergänge durch einen Küstenhammock (erhöhtes Gelände) und ein künstliches Riff bietet *(siehe S. 33)*.

Flamingo Gardens

8 Morikami Museum & Japanese Gardens
Die Yamato-kan-Villa, Rest einer 1905 gegründeten Kolonie, ist umgeben von japanischen Gärten im Stil verschiedener Epochen: einem Heian-Garten (9.–12. Jh.) im *Shinden*-Stil, einem Paradiesgarten im Stil des 13./14. Jahrhunderts, Steingärten, einem Flachgarten und einem modernen romantischen Garten. Inmitten der tropischen Überfülle Südfloridas findet man hier heitere Ruhe und Zurückhaltung vor.
◈ *4000 Morikami Park Rd, Delray Beach* • *Karte D3* • *561-495-0233* • *www.morikami.org* • *Eintritt*

9 Flamingo Gardens
Der herrliche Park entstand 1927 als Wochenendoase der Farmerfamilie Wray und ist heute botanischer Garten und Vogelschutzgebiet. In einem »Freiflug-Gehege« leben zahllose Vögel aus Florida, etwa die rosafarbenen Löffelreiher und natürlich Flamingos. Auch der seltene Weißkopfseeadler ist hier zu Hause.
◈ *3750 South Flamingo Rd, Davie/Fort Lauderdale* • *Karte D3* • *954-473-2955* • *www.flamingogardens.org* • *Eintritt*

10 Nancy's Secret Garden, Key West
Verlieren oder finden Sie sich in diesem üppigen Garten, der nur einen Block abseits der Duval Street liegt. Seine Schönheit verströmt friedvolle Behaglichkeit. Die hinreißende Pflanzenvielfalt – Orchideen, Bromeliaceen, seltene Palmen – und die beliebten Papageien entspannen jeden Besucher. ◈ *1 Free-School Lane, nahe Simonton, zwischen Fleming & Southard St* • *Karte A6* • *305-294-0015* • *Eintritt*

Veranstaltungen in den Parks in & um Miami
www.co.miami-dade.fl.us/parks

Links **Aufführung im Colony Theater** Mitte **Lincoln Theater** Rechts **Florida Grand Opera**

Theater & Musik

1 Colony Theater
Die moderne Bühne bietet einige der besten Sinfoniekonzerte, Theater-, Tanz- und Experimentalfilm-Aufführungen der Stadt. ⌖ *1040 Lincoln Rd, Ecke Lenox Ave, South Beach • Karte Q2 • 305-674-1040*

2 Adrienne Arsht Center for the Performing Arts
Dieser aufregende neue Komplex beherbergt drei Theaterbühnen, das Ziff Ballet Opera House, die Knight Concert Hall und einen restaurierten Art-déco-Turm von 1929. ⌖ *1300 Biscayne Blvd • Karte G3 • 305-949-6722 • www.arshtcenter.org*

3 The Fillmore Miami Beach at the Jackie Gleason Theater of the Performing Arts
Das alte Jackie Gleason Theater wurde 2007 für mehrere Millionen Dollar modernisiert und umgestaltet. Heute gastieren in dem Haus mit 2600 Plätzen die unterschiedlichsten Künstler und Gruppen. ⌖ *1700 Washington Ave, South Beach • Karte R2 • 305-673-7300*

Ballerina, Miami City Ballet

4 Miracle Theater
Das Art-déco-Kino aus den 1940er Jahren wurde 1995 zum Theater umgebaut und erhielt rasch höchstes Lob für die Inszenierung von Musicals wie *West Side Story*. ⌖ *280 Miracle Mile, Coral Gables • Karte G3 • 305-444-9293 • www.actorsplayhouse.org*

5 Miami Symphony Orchestra
Miamis berühmtestes Orchester gibt pro Saison 16 Konzerte in der UM/Gusman Hall in Coral Gables und im Lincoln Theater in Miami Beach und tritt auch bei vielen kostenlosen Veranstaltungen auf. ⌖ *10300 SW 72nd St • Karte R2 • 305-275-5666 • www.miamisymphony.org*

6 Miami City Ballet
Das Tanzensemble von Weltformat – eines der größten der USA – unter der Leitung von Edward Villella hat fast 100 Ballette im Repertoire. ⌖ *2200 Liberty Ave, Miami Beach • Karte S2 • 305-929-7010 • www.miamicityballet.org*

The Fillmore Miami Beach at the Jackie Gleason Theater of the Performing Arts

Aktuelles über verschiedenste Veranstaltungen liefert die Website der Tageszeitung The Miami Herald **www.miami.com**

Spielort des Miami City Ballet

Florida Grand Opera
Das Opernhaus holt von Zeit zu Zeit Weltstars nach Miami, zu seinem Programm gehören aber auch immer wieder neue Werke wie etwa *Balseros*, eine Oper von Robert Ashley über Flüchtlinge aus Kuba, die im Floß nach Florida gelangen wollen.
◉ *1200 Coral Way • Karte L4 • 1-800-741-1010 • www.fgo.org*

Gusman Center for the Performing Arts
Das Gusman Center in Downtown Miami ist ein wichtiger Veranstaltungsort für Theater, Musik, Tanz und Film *(siehe S. 84)*.

Lincoln Theater
Dieses Theater ist Spielort der New World Symphony, einer Gruppe, die aus Absolventen der besten US-Konservatorien besteht. Die jungen Virtuosen spielen nahezu alles – von Gospels über Piazzolla-Tangos bis hin zu Sinfonien und Kammermusik.
◉ *555 Lincoln Rd, South Beach • Karte R2 • 305-673-3330 • www.nws.org*

Miami-Dade County Auditorium
Das 1951 im Art-déco-Stil erbaute Theater hatte als eine der ersten Bühnen des Landes Luciano Pavarotti zu Gast, als dieser praktisch noch unbekannt war. Hier aufgeführte Opern, Konzerte und Tourneeproduktionen profitieren stets von der großartigen Akustik des Saales. ◉ *2901 W Flagler St • Karte G3 • 305-547-5414*

Top 10 Entertainer

1 Jackie Gleason
»Jackie der Große«, der quasi das amerikanische Fernsehen erfunden hat, brachte seine *Jackie Gleason Show* 1964 für immer nach Miami.

2 Don Johnson
Der *Miami-Vice*-König, Idol der 1980er Jahre, machte das angesagte »neue« South Beach bekannt *(siehe S. 72)*.

3 Cher
Die ewig junge Diva lebte früher mit ihrem Mann Sonny in Fort Lauderdale und South Beach auf dem Wasser.

4 Madonna
Ein Palast neben der Villa Vizcaya war einst ihrer, ein Anteil des Delano-Hotelrestaurants gehört ihr noch immer.

5 Dave Barry
Der Zeitungshumorist und Autor trug viel zu Miamis Image als zügellosem Tummelplatz bei.

6 Gloria Estefan
Die Sängerin gilt als Symbol für ungebremste kubanische Power. Sie schaffte es, ein beeindruckendes Kultur- und Immobilienimperium aufzubauen.

7 Rosie O'Donnell
Die lokalpolitisch engagierte Talkshow-Moderatorin ist hier zu Hause *(siehe S. 49)*.

8 Jennifer Lopez
Die Latino-Schauspielerin und -Sängerin nennt seit 2002 ein Anwesen in Miami Beach ihr Eigen.

9 Ricky Martin
Auch dieser Latino-Superstar besitzt hier Immobilien.

10 Tito Puente, Jr.
Der Musiker, Sohn des Latin-Jazz-Bandleaders, wohnt in Südflorida und unterstützt hier schwule Interessen.

Die besten Latino-Musik- & -Theater-Spielstätten **siehe S. 87**

Links **Coconut Grove Arts Festival** Mitte **Dade County Fair** Rechts **International Mango Festival**

TOP 10 Festivals

1 Key West Fantasy Fest

Die letzten zwei Oktoberwochen werden in Key West durchgefeiert. Am Samstag vor Halloween zieht eine Parade mit geschmückten Festwagen und Teilnehmern in exotischen Kostümen vom Mallory Square die Duval Street hinunter. Viele der ausgelassen Feiernden sind – abgesehen von etwas Körperbemalung und ein paar Federn hier und dort – einfach nackt. ✪ *Karte A6*

Winter Party

viert. Ein riesiges Feuerwerk beschließt die Festlichkeiten.
✪ *8th St zwischen 4th & 27th Ave • Karte K3 • zehn Tage Anfang März*

2 Carnaval Miami

Im Kubanerviertel ist der März die Zeit, um auf den Straßen zu singen und zu tanzen – es liegen Latin Jazz, Pop, Tango und Flamenco in der Luft. Höhepunkt ist der zweite Sonntag mit der angeblich größten Party der Welt. 23 Blocks von Little Havana sind dann für Darbietungen und kubanische Spezialitätenbuden reser-

3 Winter Party & White Party

Auf diesen alljährlichen Schwulen-Strandpartys versuchen aufgestylte Möchtegerns, in den Kreis internationaler Models vorzudringen. Manche bezeichnen die Feten auch wohlwollend als »ein Meer schöner nackter Männer« – na gut, nahezu nackt. Die ganze Nacht toben Raves in den angesagtesten Clubs in South Beach. ✪ *Karte R4 • Winter Party: zehn Tage Anfang März; White Party: eine Woche Ende Nov*

4 Coconut Grove Arts Festival

Coconut Grove gerät bei einem der größten Kunstfestivals des Landes voll in Schwung – mit Wettbewerben, Konzerten, Straßenständen voller Köstlichkeiten und Massen begeisterter Kunstliebhaber *(siehe S. 102)*.

5 Miami-Dade County Fair & Exposition

Der traditionelle amerikanische Jahrmarkt bietet Rodeos, Straßenkünstler, Zuckerwatte, Live-Shows und die verschiedensten Landwirtschafts- und Handwerksausstellungen. ✪ *Tamiami Park, Coral Way & SW 112th Ave, West Dade • Karte E3 • 18 Tage ab dem 3. Do im März*

Carnaval Miami

Auf Key West gibt es vergnügliche, mitunter obskure Events wie z. B. Muschel-Blasen oder die Hemingway Days **siehe S. 121**

Key West Fantasy Fest

Top 10 Ethnische Attraktionen

1 Little Havana
Das Viertel ist ein kleines Stück Kuba *(siehe S. 14f)*.

2 Little Managua
Westlich der Calle Ocho drängen sich nicaraguanische Läden in »Sweetwater«.

3 Little Haiti
Besuchen Sie eine der vielen *botánicas (siehe S. 91)*.

4 Billie Swamp Safari
»Lache & lerne« – das ist das Motto der seminolischen Didaktik *(siehe S. 29)*.

5 Ah-Tah-Thi-Ki Museum
Exponate erläutern Leben, Wirtschaft und Feste der Seminolen *(siehe S. 43)*.

6 Miccosukee Indian Village
Sehen Sie beim Korbflechten, Perlenknüpfen, Kanuschnitzen oder Alligator-Ringen zu.
✆ 40 km westl. des Florida Turnpike • tägl. 9–17 Uhr • Eintritt

7 Overtown Historic Village
In der Schwarzensiedlung wurden einige historische Gebäude restauriert, z. B. das Dorsey House, 250 NW 9th St.

8 Lyric Theater
Das historische Theater dient heute für afroamerikanische Kulturveranstaltungen.
✆ 819 NW 2nd Ave, Overtown

9 Liberty City
Die afroamerikanische Siedlung, 1980 Ort tödlicher Rassenkrawalle, besitzt viele interessante Wandbilder und Kunst im Graffiti-Stil.

10 Historic Homestead Museum & Umgebung
Das historische Downtown-Viertel ist größtenteils restauriert. Das Museum hält Umgebungspläne bereit.
✆ 41–43 North Krome Ave

6 Miami-Bahamas Goombay Festival
Coconut Groves Bahama-Erbe wird kräftig gefeiert – mit Musik, Tanz und jeder Menge Spaß *(siehe S. 102)*.

7 King Mango Strut
Der Coconut-Grove-Ulk zielt auf die frühere Orange Bowl Parade ab *(siehe S. 102)*.

8 Hispanic Heritage Festival
Diese Latino-Party mit Straßenfesten, Musik und Tanz, Filmvorführungen und Schönheitswettbewerben dauert einen ganzen Monat an. ✆ *Miami-Dade County • Karte G3 • Okt*

9 South Beach Wine & Food Festival
Hier werden die heimischen Winzer und Küchenchefs gefeiert.
✆ *Karte R2 • www.sobewineandfoodfest.com • Ende Feb*

10 International Mango Festival
Ein wahrlich »geschmackvolles« Fest lässt die Mango hochleben. Es gibt eine Vielfalt an fruchtigen Gerichten zu probieren. ✆ *Fairchild Tropical Gardens • Karte G4 • 2. Wochenende im Juli*

Aktuelle Informationen zum Hispanic Heritage Festival
www.hispanicfestival.com

Links **Lowe Art Museum** Mitte **Wolfsonian-FIU Museum** Rechts **Historical Museum**

Museen

1 Lowe Art Museum
Miamis zweifellos bestes Kunstmuseum präsentiert außergewöhnliche Werke aus Europa, China und Amerika, darunter auch präkolumbische und indianische Stücke *(siehe S. 20f)*.

2 Wolfsonian-FIU Museum
Das Museum für Design mit seinen rund 70 000 Exponaten ergänzt den einzigartigen Art Deco District perfekt *(siehe S. 22f)*.

3 Bass Museum of Art
Neben Kunst und Design aus Europa finden sich historische Bilder von Miami Beach *(siehe S. 71)*.

4 Norton Museum of Art
Das großartige Museum präsentiert europäische Werke von Rembrandt, Goya, Renoir, Picasso u. a., amerikanische Werke z. B. von O'Keeffe und Pollock, besitzt aber auch altchinesische und präkolumbische Kunst. ◊ *1451 S Olive Ave, West Palm Beach • Karte D2 • 561-832-5196 • www.norton.org • Di–Sa 10–17 Uhr, So 13–17 Uhr • Eintritt*

5 Miami Art Museum
Das MAM konzentriert sich mit Werken von Frankenthaler, Gottlieb, Rauschenberg und Stella auf die Kunst nach 1940, zeigt jedoch stets auch eindrucksvolle Wechselausstellungen. ◊ *101 W Flagler St • Karte M2 • 305-375-3000 • www.miamiartmuseum.org • Di–Fr 10–17 Uhr, Sa & So 12–17 Uhr • Eintritt*

6 World Erotic Art Museum
Die Sammlung an erotischer Kunst aus aller Welt ist bemerkenswert. ◊ *1205 Washington Ave • Karte R4 • 305-532-9336 • www.weam.com • tägl. 11–24 Uhr • Eintritt*

7 Historical Museum of Southern Florida
Die Ausstellungen reichen von der Urgeschichte vor 10 000 Jahren über die spanische Kolonisation und die Seminolenkultur bis

Links **Bass Museum of Art** Rechts **Norton Museum of Art**

Informationen bietet auch die Florida Association of Museums
www.flamuseums.org

Miami Art Museum

zu den »Roaring Twenties« und der kubanischen Einwanderung in jüngerer Zeit. ◊ *101 W Flagler St • Karte N2 • 305-375-1492 • Di–Fr 10–17 Uhr, Sa & So 12–17 Uhr • www.hmsf.org • Eintritt*

Jewish Museum of Florida
Mit ihren Buntglasfenstern (eines gedenkt des Gangsters Meyer Lansky) und Art-déco-Details ist die ehemalige Synagoge selbst so faszinierend wie ihre Ausstellung über 230 Jahre jüdischer Geschichte in Florida.
◊ *301 Washington Ave, South Beach • Karte R5 • 305-672-5044 • www.jewishmuseum.com • Di–So 10–17 Uhr • Eintritt*

Ah-Tah-Thi-Ki Museum
In dem tollen Museum werden Kunsthandwerk der Seminolen wie Keramik und Textilien gezeigt und die Green-Corn-Zeremonie samt ihrer Spiele, Tänze, Kostüme und Musik erläutert. Ein Naturpfad führt durch einen Zypressenhain, in dem Schilder die Verwendung bestimmter Pflanzen in der Seminolenkultur erklären *(siehe S. 29)*. ◊ *West Boundary Road, Big Cypress Reservation, Clewiston • Karte C3 • 877-902-1113 • www.ahtahthiki.com • tägl. 9–17 Uhr • Eintritt*

Mel Fisher Maritime Museum
Geben Sie sich der Romantik gesunkener, mit Schätzen beladener Schiffe hin *(siehe S. 117)*.

Top 10 Moderne Kunstsammlungen

Rubell Family Collection
Zu den über 1000 Werken zählen Arbeiten von Haring, Basquiat, Koons und dem Kubaner José Bedia. ◊ *95 NW 29th St*

Margulies Collection
Der Schwerpunkt dieser bedeutenden Fotosammlung liegt auf geradliniger Porträtkunst. ◊ *591 NW 27th St*

Ambrosino Gallery
Die Galerie zeigt Arbeiten von Pablo Soria, William Cordova und Barbara Strasen.
◊ *771 NE 125th St*

Kevin Bruk Gallery, Miami
Hier ist Kunst der New Yorker Max Gimblett und John Yau zu sehen. ◊ *2249 NW 1st Place*

Bernice Steinbaum Gallery, Miami
Bewundern Sie Werke Edouard Duval Carries und Wendy Wischers. ◊ *3550 N Miami Ave*

Artspace / Virginia Miller Galleries
Die Ausstellungen präsentieren Fotografen und bildende Künstler aus ganz Amerika.
◊ *169 Madeira Ave, Coral Gables*

Locust Projects
Hier sind Computer- und Videoarbeiten lokaler Künstler zu sehen. ◊ *105 NW 23rd St*

Barbara Gillman Gallery
Die Werke stammen alle von jungen Künstlern der Region.
◊ *2320 N Miami Ave*

Cernuda Arte
Die kubanische Kunst umfasst alle Epochen. ◊ *3155 Ponce de Leon Blvd, Coral Gables*

Fredric Snitzer Gallery
Sehen Sie neue Collagenkunst, vor allem von Sandy Winters. ◊ *2247 NW 1st Place*

Links zu weiteren Museen
www.florida-verzeichnis.de/Kunst_und_Kultur/Museen

Links **Coral Castle** Mitte **Spanisches Kloster** Rechts **Opa-Locka**

Historische Stätten & Denkmäler

Villa Vizcaya
James Deerings Prachtbau feiert die reichen europäischen Kunsttraditionen und ist heute das höchstgeschätzte Kulturzentrum Miamis *(siehe S. 16f)*.

Spanisches Kloster
Das 1133–41 im spanischen Segovia erbaute Kloster wurde 1925 von William Randolph Hearst gekauft, Stein um Stein abgetragen und nach New York verschifft. 1952 setzte man das Gebäude in Miami wieder zusammen, einige Stücke blieben dabei jedoch übrig *(siehe S. 91)*.

The Barnacle
Beim Bau des ältesten Hauses (1891) in Dade County nutzte man Schiffbautechniken, um es sturmsicher zu machen und trotz des feuchtheißen Klimas in Florida angenehm kühl zu halten *(siehe S. 100)*.

Coral Gables Merrick House
In diesem Haus wohnte Ende des 19. Jahrhunderts die Familie Merrick. Hier wuchs George Merrick, der Baumeister von Coral Gables, auf. Der starke Kontrast zwischen der Bescheidenheit seines Elternhauses und der pompösen Gestalt seiner Träume und späteren Entwürfe ist äußerst faszinierend *(siehe S. 18f)*.

Coral Castle
Dieses Denkmal einer unerwiderten Liebe sagt einiges über die Rolle des frühen Florida als Zufluchtsstätte für Außenseiter, Exzentriker und Visionäre. Land war billig (der Schöpfer von Coral Castle kaufte den Grund 1920 für 12 Dollar) und die Gegend dünn besiedelt – so konnte man ungestört tun, was man wollte. Wie dieser wahnwitzige Bau tatsächlich zustande kam, wird wohl ein Rätsel bleiben *(siehe S. 107)*.

Denkmal der Brigade 2506
Die Ewige Flamme am Cuban Memorial Boulevard in Little Havana erinnert an all jene, die 1961 in der Schweinebucht beim Versuch, Fidel Castro zu stürzen, ums Leben kamen *(siehe S. 14)*.

Holocaust Memorial
In Miami haben sich außergewöhnlich viele Überlebende des Holocaust niedergelassen, was diesem 1990 von Kenneth Treister geschaffenen Denkmal eine besondere Intensität verleiht. Auf dem riesigen Bronzearm mit einer Häftlingsnummer aus Auschwitz drängen sich fast 100 lebensgroße Figuren in verschiedenen Leidenshaltungen. Auf der umgebenden Plaza findet man die Geschichte des Holocaust in drastischen Bildern und eine Granitwand mit den Namen von

Holocaust Memorial

Zum historischen Art Deco District in Miami siehe S. 10–13

Tausenden Menschen, die in den KZs starben. ◎ 1933–1945 Meridian Ave, South Beach • Karte R2 • 305-538-1663 • www.holocaustmmb.org

Opa-Locka
Das »Bagdad von Dade County« liegt zwar in einer düsteren Gegend, aber die etwa 90 maurischen Gebäude lohnen den Besuch. Glenn Curtiss baute sie während des 1920er-Jahre-Booms *(siehe S. 91)*.

Charles Deering Estate
James Deerings Halbbruder baute sich diese Winterresidenz an der Biscayne Bay. Ein Gästehaus aus dem 19. Jahrhundert, Richmond Cottage, fiel 1992 Hurrikan Andrew zum Opfer, wurde aber inzwischen – wie das ganze Anwesen samt der Villa im mediterranen Stil – vollständig wiederhergestellt *(siehe S. 107)*.

Stranahan House

Stranahan House
Fort Lauderdales ältestes Gebäude wurde 1901 als Handelsposten für die Seminolen errichtet. Das hübsche einstöckige Haus am Fluss ist mit Möbeln aus jener Zeit eingerichtet, doch am deutlichsten wird die Vergangenheit durch die Fotos heraufbeschworen, die Stranahan mit Seminolen aus den Everglades beim Handel mit Alligatorhäuten, Otterpelzen und Reiherfedern zeigen. ◎ 335 SE 6th Ave, nahe Las Olas • Karte D3 • 954-524-4736 • Eintritt

Top 10 Historische Persönlichkeiten

1 William Brickell
Brickell war einer der Ersten, die das Siedlungsgesetz von 1862 in Anspruch nahmen.

2 Henry M. Flagler
Der geniale Jurist (1830–1913) erschloss Florida mit Eisenbahnen und Luxusbauten.

3 Gouverneur Napoleon Bonaparte Broward
Der Gouverneur sorgte ab 1905 für Floridas erste Naturschutzgesetze sowie für ein Programm zur Entwässerung der Everglades.

4 Carl Fisher
Der rührige Bauunternehmer war Anfang des 20. Jahrhunderts der erste visionäre Bauherr von Miami Beach.

5 George Merrick
Merricks Fantasie fand Ausdruck in der Errichtung von Coral Gables *(siehe S. 18f)*.

6 Die Gebrüder Deering
Die Häuser von James und Charles Deering zählen heute zu den Sehenswürdigkeiten Miamis *(siehe S. 16f & S. 107)*.

7 Marjory Stoneman Douglas
Die erste Umweltschützerin Floridas rettete im Alleingang die Everglades. Sie starb 1998 im Alter von 108 Jahren.

8 Barbara Capitman
Diese Frau war treibende Kraft bei der Rettung der Art-déco-Hotels *(siehe S. 13)*.

9 Julia Tuttle
Die dynamische Pionierin überredete Henry Flagler im Jahr 1896 dazu, seine Eisenbahn bis nach Miami zu bauen.

10 Chief Jim Billie
Der Seminolen-Häuptling machte seinen Stamm in den 1980er Jahren mit Casinos in den Reservaten reich.

Infos & Fotos zur Geschichte Floridas www.floridahistory.org

Links **Art-déco-Detail** Mitte **Wandgemälde, Buick Building** Rechts **Fresko, Society of the Four Arts**

Architekturwunder

1 Art-déco-Viertel
Mit der Restaurierung dieses nationalen Kulturgutes hat sich South Beach nicht nur selbst verändert, es löste auch eine landesweite Bewegung zum Erhalt historischer Bauten aus *(siehe S. 10–13)*.

Ingraham-Emblem

2 Biltmore Hotel & Congregational Church in Coral Gables
Die beiden Gebäude blicken sich über einen schönen Park hinweg an und bilden das Herzstück von George Merricks »City Beautiful« *(siehe S. 18f, S. 99 & S. 103)*.

3 Freedom Tower
Der Turm von Sevillas Kathedrale (einst Minarett einer großen Moschee) inspirierte zu diesem Bau. In der Lobby befindet sich ein Museum *(siehe S. 83)*.

4 Granada Gate
Diese George-Merrick-Schöpfung zeigt Anklänge an die spanisch-maurische Architektur, genauer an die Alhambra in Granada.
Granada Blvd an der Nordzufahrt von Coral Gables • Karte G3

5 Ingraham Building
Dieses Schmuckstück der Neorenaissance ist ein Wahrzeichen von Downtown Miami und ruft den Glamour der 1920er Jahre wach *(siehe S. 85)*.

6 Bank of America Tower, International Place
I. M. Peis eindrucksvolle Aufnahme des im Art déco so beliebten Zikkurat-Themas wirkt wie ein Stapel von CDs in verschiedenen Größen. Besonderen Reiz zeigt der Bau nachts, wenn er bunt beleuchtet wird *(siehe S. 84)*.

7 Atlantis Condominium
Das »Haus mit dem Loch« wurde 1982 von dem Architekturbüro Arquitectonica entworfen und war bald darauf einer der Stars in der Serie *Miami Vice*. Heute läuft es Gefahr, von der gewaltigen Bauwelle überrollt zu werden, die die gesamte Gegend um die Brickell Avenue erfasst hat. Das »Loch« ist ein raffinierter, etwa elf Meter großer würfelförmiger Ausschnitt auf Höhe der zwölften Etage. Mit einer roten Wendeltreppe und einer Palme zieht er die Blicke auf sich.
2025 Brickell Ave • Karte M5

Biltmore Hotel

Fotos der Hochhäuser & viele Infos **www.skyscrapers.com**

Freedom Tower

Top 10 Miami

Top 10 Wandbilder & Mosaiken

1 Buick Building
Gemälde zieren Ost- und Westmauer des Gebäudes. Im Design District findet sich auch noch mehr öffentliche Kunst. ☎ *3841 NE 2nd Ave*

2 The Netherland
Das schöne Fresko zeigt träge Sonnenanbeter. ☎ *1330 Ocean Drive, South Beach*

3 Bacardi-Gebäude
Das Laubmosaik fällt ins Auge, achten Sie aber auch auf das niedrige Gebäude daneben. ☎ *2100 Biscayne Blvd*

4 Miami Beach Post Office
Ein Freskentriptychon am Art-déco-Eingang zeigt Ponce de Leons Kampf mit den Indianern. ☎ *1300 Washington Ave, South Beach*

5 Coral Gables City Hall
Denman Fink malte die Bilder im Glockenturm, John St. John die über der Treppe. ☎ *405 Biltmore Way*

6 Calle Ocho 1507–1513
Sonderbare Bilder zieren sieben Häuser. ☎ *Little Havana*

7 Bürogebäude
Ein Fresko aus den 1940er Jahren stellt Arbeit, Künste und das Universum dar. ☎ *1617 Drexel Ave, South Beach*

8 Society of the Four Arts
Die allegorischen Fresken stammen aus dem Jahr 1939. ☎ *Four Arts Plaza, Palm Beach*

9 Wyland Whaling Walls
Wale und Delfine tummeln sich in ihrer Unterwasserwelt. ☎ *201 William St, Key West*

10 Bahama Village
Das reizvolle Fresko behandelt Schlichtheit und Schönheit des karibischen Lebens. ☎ *Thomas St, Ecke Petronia St*

8 Estefan Enterprises
Dieser verspielte Bau, von Arquitectonica entworfen, treibt die Unbeschwertheit des Art déco auf die Spitze: Ein Freiform-Turm durchstößt als grüne Welle einen kühlblauen Würfel, gleichzeitig Meer und Himmel evozierend, während buntes Treibgut darauf zu tanzen scheint. Das Dach ist eine Oase mit sprießenden Bäumen. ☎ *420 Jefferson Ave, Miami Beach • Karte R5*

9 Plymouth Congregational Church
Die Kirche im Missionsstil wurde 1916 errichtet, die massive Tür stammt aber von einem Kloster aus dem 17. Jahrhundert in den Pyrenäen. ☎ *3400 Devon Road am Main Highway, Coconut Grove • Karte G3*

10 Key West Old Town
In Key West *(siehe S. 26f)* stehen die meisten 19.-Jahrhundert-Bauten der USA. Ungefähr 4000 Gebäude zeigen den ortstypischen Stil. Wie die Dachluken, die für die Luftzirkulation sorgen, leiten sich viele Architekturelemente vom Schiffbau her. Eine einzigartige Erfindung ist das »Augenbrauen«-Haus, bei dem die Fenster der ersten Etage unter einem Schatten spendenden Vordach verborgen sind.

Miami aus der Luft & auf Karten www.miamigis.com

Links **Coral Castle** Mitte **Botánica-Schild** Rechts **Perky's Bat Tower**

Kuriositäten

1 Coral Castle
Diese bizarren Monolithen – Gruß eines liebeskranken Letten an ein Mädchen, das ihn einst abwies – gehören wohl zu den sonderbarsten Monumenten der Gegend *(siehe S. 44)*.

Alhambra Water Tower

2 Alhambra Water Tower, Coral Gables
Der imposante, einem Leuchtturm ähnelnde Bau (1924) ist das Werk von Denman Fink, George Merricks Onkel. Er wurde jahrzehntelang vernachlässigt, 1993 jedoch restauriert. Der elegante maurische Touch macht den nicht mehr benutzten Turm zu einem faszinierenden Stück Industriearchitektur.
◎ *Alhambra Circle, nahe Ferdinand St & Greenway Ct • Karte F3*

3 Ermita de la Caridad, Coconut Grove
Die 1966 am Rande der Biscayne Bay erbaute kegelförmige Kirche ist Miamis Exil-Kubanern heilig. Der Altar blickt nach Kuba, ein Fresko darüber stellt die Geschichte der katholischen Kirche auf Kuba dar. Das Gotteshaus ist der heiligen Jungfrau der Nächstenliebe geweiht, der Schutzpatronin Kubas. ◎ *3609 S Miami Ave, Coconut Grove • Karte M5*

4 Opa-Locka
Die Häuser hier sind ein weiteres reizvolles Beispiel für die verträumte Fantasiearchitektur der 1920er Jahre. Leider ist die verlotterte Umgebung alles andere als traumhaft *(siehe S. 45)*.

5 Strandwächterhäuschen in South Beach
Nirgendwo auf der Welt findet man so ansprechende Bademeisterhäuschen wie diese Art-déco-Schmuckstücke *(siehe S. 11)*.

6 Santería & Vodou Botánicas
Die dunkle Exotik Südfloridas ist in den *botánicas* zu erahnen. Die Läden führen all die Zaubertränke und magischen Objekte, die in der Religion Santería und beim Voodoo Verwendung finden. Hier mischt sich der Katholizismus mit uralten westafrikanischen Riten und Überzeugungen *(siehe S. 15)*.

Ermita de la Caridad

➔ *Merricks Traum von Coral Gables* **siehe S. 18f**

Strandwächterhäuschen in South Beach

Stiltsville, Key Biscayne
Wenn man an der Südspitze von Key Biscayne aufs Meer hinaus blickt, sieht man sechs einsame Bauten auf Stelzen *(stilts)*. Diese Häuschen sind die letzten Überreste einer einstigen Fischergemeinde. Hurrikans und Rechtsstreitigkeiten haben ihre Zahl im Lauf der Zeit dezimiert. ❂ *Karte H4*

Perky's Bat Tower, Sugarloaf Key
Der Immobilienspekulant Richter C. Perky ließ diesen seltsamen Turm 1929 als Domizil für Fledermäuse errichten, die die Gegend von den blutgierigen Moskitos befreien sollten. Während sich die importierten Tiere sofort aus dem Staub machten, gediehen die Moskitos prächtig weiter.
❂ *MM 17, nahe Sugarloaf Lodge • Karte B6*

Nancy's Secret Garden, Key West
Der Garten ist eine ganz eigene Welt: zeitlos, heiter, friedvoll und mit einer schrägen, undefinierbaren Key-West-Aura *(siehe S. 37)*.

The Garden of Eden, Key West
Begeisterte Nudisten finden in dieser Bar ein aufgeschlossenes Milieu *(siehe S. 124)* – das bieten hier übrigens auch viele Gästehäuser. ❂ *The Bull, 3. Etage, 224 Duval St, Key West • Karte A6*

Top 10 Skandale

1 Mord an Barbara Meller-Jensen
Die deutsche Urlauberin wurde 1993 ermordet, was Miamis Ferien-Image sehr schadete.

2 Der Orchideendieb
John Laroche erhielt 1997 eine Geldstrafe für Wilderei, da er sich geschützte Orchideen von Seminolen pflücken ließ, für die dies nicht verboten ist.

3 Versace-Mord
Am 15. Juli 1997 erschoss Andrew Cunanan den Modeschöpfer vor dessen Haustür.

4 Mrs. Jeb Bush
Die Frau des Gouverneurs wollte 1999 Schmuck im Wert von 19 000 Dollar an Zoll und Steuer vorbeischmuggeln.

5 Der Fall Elián González
Die gewaltsame Rückführung des kubanischen Jungen durch die US-Justiz bewegte 2000 die Welt und spaltete die kubanische Gemeinde Miamis.

6 Wahldebakel
Florida wurde 2000 zum Epizentrum der Präsidentenwahl, der Ausgang ist bekannt.

7 Estefan-Prozesse
Sängerin Gloria Estefans Gatte Emilio wurde 2001 beschuldigt, einen Mann sexuell belästigt zu haben.

8 TV-Spiritistin Miss Cleo
2002 brach die Hellseher-Hotline zusammen, weil sie keine »echten« Medien beschäftigte.

9 Bischof O'Connells Fall
Seine Pädophilie kostete den Bischof 2002 das Amt.

10 Rosie O'Donnells Coming Out
2002 outete sich die Talkshow-Moderatorin und Schauspielerin als Lesbe und trat für die homosexuelle Adoption in Florida ein.

 Romantische Orte **siehe S. 64f**

Links **Lincoln Road Mall** Mitte **Hollywood Broadwalk** Rechts **News Café**

Sehen & Gesehenwerden

1 Ocean Drive
Diese Straße ist der Inbegriff der »amerikanischen Riviera«. Setzen Sie sich in ein Café oder flanieren Sie den Strip entlang – zu Fuß, auf Skates oder auch im Cabrio. Wer einen schönen, braun gebrannten Körper besitzt, stellt ihn hier zur Schau *(siehe S. 8)*.

Ocean Drive

2 CocoWalk
Für Unterhaltung sorgen edle Läden, Restaurants, Straßencafés und ein Multiplex-Kino. Aber hier, mitten im Grove, kann man sich auch herrlich treiben lassen und einfach nur der Band lauschen, die oben auf der Galerie spielt *(siehe S. 100)*.

3 Bayside Marketplace
An diesem Ort in Downtown Miami ist tagsüber immer etwas los. Der Platz mit Boutiquen, Live-Musik, Straßenkünstlern und ausländischen Spezialitäten liegt direkt an der Marina *(siehe S. 83)*.

4 Lincoln Road Mall
Die von Brunnen und Pflanzen gesäumte Fußgängerzone mit ihren Straßenrestaurants ist stets voller Leben und steht dem Ocean Drive in puncto Reiz nur wenig nach. Das Score in Nr. 727 bietet sich für den Abend an *(siehe S. 57)*.

5 Terrace at the Tides
Nippen Sie doch, während Sie die Passanten beobachten, an einem Tropical Popside Martini. Hier sieht man oft Prominente – vielleicht sitzt ja gerade einer am Nebentisch *(siehe S. 78)*.

6 Clevelander
Was dem Hotel am Tag als Strandcafé dient, wird abends zu einer der heißesten Poolbars in South Beach. Durch die Strandnähe ist alles ein wenig lässiger als in den üblichen Clubs. Happy Hour und Live-Musik tragen zusätzlich zur Stimmung bei *(siehe S. 78)*.

7 The Forge
Diese 70-jährige Institution ist auch bei Prominenten wie Madonna oder Michael Jordan beliebt. Es gibt Themenräume voller Atmosphäre wie etwa die Bibliothek. Die

CocoWalk

Straßencafés in Miami Beach **siehe S. 78**

Clevelander

Stimmung ist allgemein behaglich und romantisch. Auf der Karte stehen Klassiker wie Steak und Schokoladensoufflé, der Weinkeller ist durchaus beachtlich. ● *432 Arthur Godfrey Rd, Höhe 41st St, Miami Beach • Karte H3 • 305-538-8533 • $$$$$*

8 Commodore Plaza
Wer sich in Coconut Grove nicht am CocoWalk aufhält, ist vermutlich hier zu finden, wo jede Ecke gute Sicht auf den Strom der Flanierer bietet – so auch das Green Street Café *(siehe rechts)*.

9 Hollywood Broadwalk
Gleich nördlich von Miami Beach liegt dieses außergewöhnliche Strandstück, wo sich eine vier Kilometer lange Fußgängerzone direkt am Ufer entlangzieht. Massen von Tages- und Nachtschwärmern aller Art schlendern den Broadwalk in diesem Surferparadies hinauf und hinunter *(siehe S. 24)*.

10 Mallory Square, Key West
Zum Sonnenuntergang ist dieser große Platz am Ende der Duval Street Treffpunkt von Einheimischen und Besuchern. Straßenkünstler und Händler aller Art sorgen für Schwung und Leben *(siehe S. 26)*.

Sonnenuntergang am Mallory Square

Top 10 Cafés

1 News Café
Ganz zu Recht ist dieses Café das berühmteste in ganz South Beach *(siehe S. 78)*.

2 Van Dyke Café
Tag und Nacht zieht das Café mit Jazzclub in der Lincoln Road die Scharen an. Ein Balkon geht rund um das Haus *(siehe S. 78)*.

3 Green Street Café
Coconut Groves Nr. 1 zum Leutebeobachten bietet fantasievolle Gerichte und Happy Hours *(siehe S. 102)*.

4 Café Tu Tu Tango
Das beliebte Café in Coconut Grove liegt im 2. Stock des CocoWalk und bietet Blick auf die City *(siehe S. 105)*.

5 Paninoteca
Dies ist ein prima Ort für einen Drink oder für köstliche Pizzen und Salate, die selbst kreiert werden können. ● *809 Lincoln Rd, South Beach & 264 Miracle Mile, Coral Gables*

6 Mango's Tropical Café
Der heiße Treff in South Beach bietet Live-Musik, Tanz, exotische Speisen und tolle Cocktails *(siehe S. 78)*.

7 Clay Hotel
Das schöne Gebäude dient nun als Jugendherberge – entsprechend jung und international ist die Gästeschar des einfachen Cafés *(siehe S. 152)*.

8 Books & Books
Die Stille trügt – hier spielt sich eine ganze Menge ab *(siehe S. 75 & S. 104)*.

9 Arnie's & Richie's Deli
Die Tische vor dem beliebten Laden eignen sich toll zum Leutebeobachten *(siehe S. 78)*.

10 Mangoes, Key West
Das Bar-Restaurant mit Straßencafé liegt an einer lebhaften Ecke *(siehe S. 125)*.

Top 10 Miami

Preiskategorien **siehe S. 79**

Links **Georgie's Alibi** Rechts **Strand an der 12th Street, SoBe**

🔟 Schwulen- & Lesbentreffs

1 Strand an der 12th Street, SoBe
Ganz South Beach ist eine Schwulenbastion, aber an diesem Strand treffen sich Jungs in knappen Tangas besonders gern. ⓢ *Karte S3/S4*

2 Haulover Park Beach, Miami Beach
Nach Norden, vorbei am Hetero-Nacktstrand, kommt man bald zum Schwulen-Abschnitt, wo man Wert auf sittliches Verhalten legt. ⓢ *Karte H1*

3 Schwulenstrände in Fort Lauderdale
Hier gibt es zwei große Strände, »where the boys are«: Sebastian Beach, wo die gleichnamige Straße auf die A1A stößt, und Dania Beach im John U. Lloyd State Park. Man merkt, dass man da ist, wenn man muskelbepackte Kerle in winzigen Badehosen sieht. ⓢ *Karte D3*

4 Gay and Lesbian Community Center of South Florida
Dieses große, gut geführte Zentrum in Fort Lauderdale verfügt über eine umfangreiche Bibliothek mit schwuler Literatur und Nachschlagewerken, freundliches Personal, einen brechend vollen Veranstaltungskalender und reichlich Gelegenheiten zum Geselligsein. ⓢ *1717 N Andrews Ave • 954-463-9005 • Karte G3 • www.glccftl.org*

Transvestiten

5 Torpedo, Fort Lauderdale
Das Torpedo ist eine Schwulenbar für späte Stunden, bis 4 Uhr früh bekommt man hier seine Drinks, bis 1 Uhr ist der Eintritt frei. Zu den häufigen Events zählen Autritte von schwulen Prominenten, Dragqueens, Go-go-Boys und Strippern. Die Freitage gehören den muskulösen Männern in engen Shirts, donnerstags sind Hip-Hop, Rock und Blues zu hören. In einem Nebenzimmer kann man heiße Jungs treffen. ⓢ *2829 West Broward Blvd, Fort Lauderdale • Karte D3 • 954-587-2500 • www.torpedobar.com*

6 Shoppes of Wilton Manors
Die Läden dieser gänzlich schwulen Shopping-Meile in der ebenso gänzlich schwulen Stadt Wilton Manors tragen Namen wie Gay Mart, In the Pink Books, Inside Out Boutique oder Wicked Leather. Dazu gibt es viele Bars, Sportstudios, Clubs und Restaurants wie Around the World Pizza, Chardees oder Simply Delish. ⓢ *Block 2200 Wilton Drive, Wilton Manors (nahe Fort Lauderdale) • Karte D3*

7 Georgie's Alibi, Wilton Manors
Das Alibi ist Café, Video- und Sportbar und liegt in der Shopping Mall von Wilton Manors. Bei seiner Eröffnung 1997 war dies noch eine heruntergekommene Ge-

Die besten Schwulen- & Lesbenclubs in SoBe siehe S. 76

Wilton Manors

gend, doch inzwischen hat sich Wilton Manors zu einer blühenden Homosexuellenstadt gemausert. Die Bar zählt heute zu den beliebtesten Schwulentreffs Südfloridas. ◎ *2266 Wilton Drive, Wilton Manors • Karte D3 • 954-565-2526 • www.georgiesalibi.com*

Ramrod, Fort Lauderdale

Die »Levi/Leather/Uniform Bar« ist ein toller Ort, um bei einem kühlen Bier die lässigsten Kerle der Stadt zu treffen. Vor allem am Wochenende drängen sich hier die schönsten Männer. Für gewöhnlich muss man etwas anstehen, um hereinzukommen, doch das ist es in jedem Fall wert. Großartige DJs sorgen für tolle Partystimmung mit heißen Fetisch-Wettbewerben.
◎ *1508 NE 4th Avenue, Wilton Manors • Karte D3 • 954-763-8219*

Boardwalk, Fort Lauderdale

Der riesige Nachtclub zieht täglich Scharen von Schwulen aller Altersstufen an. Jede Nacht treten Tänzer auf, mittwochs gibt es Amateur-Tanzwettbewerbe und donnerstags ist Handtuch-Nacht. An Wochenenden finden Dragshows statt. Happy Hour ist täglich von 15 bis 21 Uhr. Am Sonntagnachmittag trifft man sich um fünf zum gemeinsamen Barbecue. ◎ *1721 North Andrews Ave • Karte D3 • 954-463-6969*

Gay and Lesbian Community Center of Key West

Das Zentrum bietet eine Bibliothek, eine Lounge und sämtliche Informationen, die man braucht. Ein Monatskalender informiert über Veranstaltungen wie Wein- und-Käse-Partys, Diskussionsrunden und Filmabende. Man kann sich anonym und kostenlos auf HIV testen lassen oder auch einfach nur auf einen Plausch vorbeikommen *(siehe S. 123)*.

Top 10 Miami

Strand in Fort Lauderdale

Hotels nur für Schwule & Lesben **siehe S. 153**

Links **Worth Avenue** Rechts **Collins Avenue**

TOP 10 Schicke Shopping-Meilen

1 Bal Harbour Shops
Der ganze Ort zeigt sich gern mondän *(siehe S. 92)*, das reicht bis zum englischen »Harbour« im Namen. Entsprechend finden sich hier die Läden von Hermès, Gucci, Armani, Dior, Bulgari, Tiffany, Versace und Louis Vuitton, dazu Chanel, Dolce & Gabbana, Prada und Lalique. Jemanden vergessen? Ja, Neiman Marcus und Saks Fifth Avenue. ◎ *9700 Collins Ave, Bal Harbour • Karte H2 • 954-760-4005 • www.balharbourshops.com*

Gucci-Emblem

2 Village of Merrick Park
Die Shopping-Oase bietet Luxusläden inmitten eines Stadtparks, der sich ideal für Konzerte eignet. Neiman Marcus und die erste Nordstrom-Filiale Miamis finden sich hier neben anderen feinen Läden und Restaurants wie dem eleganten Palm. Der mediterrane Stil mit den von Landschaftsarchitekten gestalteten Promenaden und Brunnen entspricht ganz den Maßstäben von Coral Gables, wie sie der Gründer George Merrick *(siehe S. 18f)* vorgegeben hat. ◎ *Miracle Mile, Coral Gables • Karte G3*

3 Collins Avenue zwischen 6th & 9th Street, SoBe
Dieses Gebiet ist ideal für einen Einkaufsbummel. Zwischen edlen Boutique-Hotels, Zigarrenläden und Cafés liegen auch einige günstigere Läden wie Chicos oder Payless Shoes. Wegen der Vielfalt an Preisklassen findet hier wohl jeder etwas nach seinem Geschmack *(siehe S. 75)*.

4 The Falls
Die zum Teil offenen Arkaden mit Wasserfällen und tropischer Vegetation beheimaten mehr als 100 meist gehobene Läden wie Bloomingdale's, Macy's, Banana Republic, Pottery Barn und den Discovery Channel Store für Kinder. Dazu gibt es zwölf Kinos sowie 13 Restaurants und Cafés, darunter die unumgänglichen Häagen Dazs und Mrs. Field's Cookies. ◎ *8888 SW 136th St • Karte F4 • 305-255-4570 • www.simon.com*

5 Aventura Mall
Zu Luxuskaufhäusern wie Bloomingdale's und Macy's gesellen sich hier Fachgeschäfte wie Abercrombie & Fitch, Ann

The Falls

→ *Die besten Läden in & um Miami siehe S. 75, S. 88, S. 94, S. 104 & S. 110*

Taylor und Clinique. Galerien, exquisite Restaurants, ein internationaler Imbissbereich und ein Cineplex mit 24 Sälen runden das Bild ab. ◎ *19501 Biscayne Blvd, Höhe 196th St, Aventura • Karte H1 • 305-935-1110 • www.aventuramall.com*

Boca Raton

Dadeland Mall
Auch in South Miami gibt es Saks Fifth Avenue – dazu kommen rund 170 gehobene Fachgeschäfte und einige andere bekannte Läden, so etwa Floridas größtes Macy's-Kaufhaus. Wer nicht gerade das Billigste sucht, kann einfach über Läden wie JC Penney, Radio Shack und Best Buy hinwegsehen. Das Dekor ist nicht sehr originell, aber gefällig: Palmensäulen und eine Deckenbemalung, die den Himmel imitiert. ◎ *7535 N Kendall Drive • Karte F4 • 305-665-6226 • www.simon.com*

Worth Avenue, Palm Beach
Hier finden sich fabelhaft teure, ultraexklusive Dinge, die man nur braucht, wenn man sonst schon alles hat *(siehe S. 25)*.

Las Olas Boulevard & Galleria, Fort Lauderdale
In Fort Lauderdale gibt es zwei gehobene Einkaufsmöglichkeiten: Die etwa 100 Boutiquen am zentralen Las Olas Boulevard sind von guten Restaurants umgeben, die strandnahe Mall Galleria am East Sunrise Boulevard nahe der A1A bietet Neiman Marcus und Saks Fifth Avenue. ◎ *Karte D3*

Towncenter, Boca Raton
Die beste Shopping-Meile der Stadt wurde vor wenigen Jahren erweitert und hat dabei in Sachen Luxus einen Quantensprung vollführt. Jetzt gibt es hier Saks, Cartier, Tiffany, Nordstrom, Bloomie's und Williams-Sonoma. Zwischen exotischen Grün, Oberlichtern und bildhauerischen Akzenten lockt eine Feinschmeckermeile ganz ohne Fast Food. Im rosafarbenen Mizner Park in der Downtown gibt es noch mehr schicke Läden. ◎ *6000 W Glades Rd, Boca Raton • Karte D3 • 561-368-6000 • www.simon.com*

Duval Street, Key West
Neben billigen T-Shirt-Läden bietet Key Wests Hauptstraße *(siehe S. 26)* auch einige äußerst edle Geschäfte: für Mode z.B. Fast Buck Freddie's (Nr. 500), dazu Sunlion Jewelry (Nr. 513), Island Furniture & Accessories (Nr. 1024) sowie die Gingerbread Square Gallery (Nr. 1207), die außer Glaskunst von Weltformat auch regionale Künstler präsentiert, und Archeo Ancient Art (Nr. 1208), das auf afrikanische Kunst und Perserteppiche spezialisiert ist. ◎ *Karte A6*

Die besten Läden auf den Keys **siehe S. 122**

Links **Art-déco-Miniaturen aus Keramik** Mitte **Boutique in SoBe** Rechts **Española Way**

Malls & Märkte

Bayside Marketplace

Bayside Marketplace
Filialen großer Ladenketten säumen den riesigen Platz. Die eine oder andere Boutique peppt das Ganze auf *(siehe S. 83)*.

Sawgrass Mills Mall
Diese Mall erhebt den Anspruch, das weltgrößte Shopping-Center zu sein – was man sofort glaubt, wenn man es umkreist und nach dem Eingang sucht. In dem 30 000 Quadratmeter großen Komplex bieten mehr als 300 Outlets alles vom Luxusartikel bis zur Ausschussware. ✆ *12801 W Sunrise Blvd, Höhe Flamingo Rd • Karte D3 • 954-846-2350*

Seybold Building
Gleich hinter der Flagler Street, wo man um billige Elektronik feilschen kann, steht dieses Haus, das auf Gold und Diamanten en gros und en détail spezialisiert ist. Hier tätigen Juweliere ihre Einkäufe, aber auch Normalsterbliche können in der Glitzerware wühlen und einzelne Steine oder ein hübsches Schmuckstück erstehen *(siehe S. 88)*.

Dolphin Mall
Mehr als 200 Läden füllen die neueste Shopping Mall im Raum Miami. Zum Teil dient sie als Outlet Store für große Namen wie Saks Fifth Avenue, Brooks Brothers und Giorgio's, es gibt aber auch einige nette Boutiquen. Ein Cineplex mit 19 Kinos findet sich auf den »Ramblas«, wo es auch die lebhaftesten Restaurants gibt. ✆ *11401 NW 12th Street • Karte E3 • 305-365-7446 • www.shopdolphinmall.com*

Art and Antique District, Dania Beach
Nirgendwo sonst in Südflorida liegen so viele Antiquitätenläden beieinander wie hier. Über 100 Händler verkaufen Kunst, Möbel, Glaswaren, Porzellan, Schmuck und andere Sammlerstücke. Da die Preise stark variieren, sollte man sich vor dem Kauf etwas umsehen. ✆ *Federal Highway 1, zwei Blocks nördlich des Dania Beach Blvd • Karte D3*

Dolphin Mall

Exklusive Shopping-Meilen siehe S. 54f

Antiquitätenviertel in Dania Beach

6 Española Way Market
Samstags und sonntags gibt es hier einen kleinen, esoterisch angehauchten Markt mit Blumen, Kunsthandwerk, Bioprodukten sowie vage an Hippiezeiten erinnernden Dingen wie Duftkerzen, Amuletten, Steinen, exotischer Kleidung und orientalischem Krimskrams – selbstverständlich alles naturbelassen. Man kann sich aus der Hand lesen oder ein Henna-Tattoo machen lassen.
◎ *15th St, South Beach • Karte R3*

7 Los Pinareños Fruteria
Auf Little Havanas bestem Obst- und Gemüsemarkt gibt es auch frische Säfte, Snacks und Blumen *(siehe S. 88)*.

8 Opa-Locka / Hialeah-Flohmarkt
Bis zu 1200 Händler bieten hier an sieben Tagen der Woche von 7 bis 19 Uhr alles an, was ein Käuferherz erfreuen könnte. Kommen Sie am Wochenende, dann ist die Zahl der Händler, Bummler und Schnäppchenjäger am größten. ◎ *12705 NW 47th Ave • Karte G2*

9 Lincoln-Road-Märkte
Die lebhafte Fußgängerzone, die sowohl hübsche Brunnen als auch edle Restaurants und Läden zieren, bietet auch verschiedene Märkte. Sonntags werden hier Früchte, Blumen, regionale Produkte und Spezialitäten angeboten, von Oktober bis Mai findet zudem jeden zweiten Sonntag ein Sammlermarkt statt. An jedem zweiten Dienstag im Monat bietet »Arts on the Road« alle möglichen Kunsthandwerksartikel an. ◎ *Lincoln Road, zwischen Washington Ave & Alton Rd • Karte Q2/R2*

10 Swap Shop
Das 350 000 Quadratmeter große Gelände verzeichnet jährlich etwa 12 Millionen Schnäppchenjäger. Der riesige Freiluft-Flohmarkt bietet Antiquitäten, Sammlerstücke, Kleidung, Pflanzen und einen Bauernmarkt – insgesamt 2000 Stände. Im Inneren des Komplexes gibt es eine internationale Imbissmeile und eine Videopassage. Dazu kommt das angeblich größte Autokino der Welt mit 14 Leinwänden. ◎ *3291 W Sunrise Blvd, zwischen I-95 & Florida's Turnpike, Fort Lauderdale • Karte D3*

Markt an der Lincoln Road

Aktuelle Infos zu den Veranstaltungen im Swap Shop www.floridaswapshop.com

Links **Mynt** Mitte **Jazid** Rechts **Pearl Champagne Lounge im Penrod's Complex**

Nachtleben

Cameo

Cameo
Die Bar im hübschen ehemaligen Cameo Theater verheißt Hightech-Spaß der innovativsten Art. Der schrille Laden stellt gewisse Ansprüche: Um Eindruck zu machen, sollte man mindestens Bowling-Schuhe von Prada tragen – oder eben etwas, das in ähnlicher Weise von Modebewusstsein zeugt *(siehe S. 77)*.

Jazid
Jazzliebhaber zieht es in dieses Lokal in Miami Beach, wo allabendlich Südfloridas Top-Musiker auftreten. Da kein Eintritt oder Gedeckpreis verlangt wird, bestellen Sie ein paar Drinks, um die herrlich »unglamouröse« Oase zu unterstützen. Hier geht es um die Musik, nicht um den für SoBe so typischen Glitzertrubel *(siehe S. 77)*.

Mansion
Einer der heißesten Clubs in South Beach präsentiert sich mit breiten Treppenaufgängen, Kaminfeuer, Ziegelwänden und Gewölben. Es gibt lauschige Sitzecken und eigene Räume für Gruppen *(siehe S. 77)*.

B.E.D.
Schwule und Heteros tummeln sich auf der Tanzfläche, genießen das prima Essen und lümmeln auf den Betten, die hier die einzigen Sitzgelegenheiten sind. Diese Masche sorgt wohl für den »genau richtigen Mix aus schräg und wunderbar«, den die Gäste hier so lieben *(siehe S. 77)*.

Opium Garden
Da dieser elegante Club bei der Prominenz gerade sehr angesagt ist, hat man es schwer, überhaupt hineinzukommen. Seine Beliebtheit bei den großen Stars wird wohl auch wieder verblassen – doch sein Charme ist unbestritten *(siehe S. 77)*.

Bongos Cuban Café
Der Tanzpalast in Miamis American Airlines Arena lebt von Rhythmus und Musik, bietet aber auch authentisch kubanische Küche. Profitänzer animieren die Gäste zum Mitmachen. Gloria und Emilio Estefan riefen den Club ins Leben *(siehe S. 77)*.

Mansion

South Beach ist das Zentrum des Nachtlebens in Miami. Zu Bars & Clubs auf den Keys **siehe S. 124**

Strandparty im Penrod's Complex

7 Penrod's Complex
Dieser Komplex am Strand ist die Spielwiese der trendigen, europabegeisterten Bewohner von South Beach und birgt neben Pearl Restaurant & Champagne Lounge auch den Nikki Beach Club. Jede Woche gibt es neue Mottos, dazu Modenschauen und interaktives Entertainment. Das Parken ist kostenlos *(siehe S. 77)*.

8 Mynt
Probieren Sie sich durch die lange Cocktailkarte des heißen SoBe-Clubs. Die hippe Gästeschar versteht sich auf stilvolles Partymachen *(siehe S. 77)*.

9 Twist
In SoBes riesigem Schwulenclub Nr. 1 ist schwer was los. Die richtige Party beginnt erst spät, geht dann aber bis in den frühen Morgen. Wer also nicht als verzweifeltes Mauerblümchen gelten will, sollte erst nach Mitternacht aufkreuzen. Der Laden ist so beliebt, dass mittlerweile auch Heteros hingehen *(siehe S. 76)*.

10 Tantra Restaurant & Lounge
Begrüßt von einer Wasserwand umwehen Sie sogleich der Duft von Jasminkerzen und New-Age-Klänge. Draußen wartet immer eine Schlange auf Einlass, aber kommen Sie nicht zu früh – auch hier geht es erst nach Mitternacht richtig los *(siehe S. 77)*.

Top 10 Cocktails

1 Mojito
Die Mischung aus weißem Rum, Minzblättern, Zucker und Limetten war das Lieblingsgetränk von Ernest Hemingway.

2 Hurricane
Brauner und weißer Rum, Blue Curaçao und Limettensaft ergeben dieses Getränk.

3 Piña Colada
Der Drink aus Kokosmilch, Ananassaft und bestem Rum ist unschlagbar.

4 Rum Runner
Eine Aura von Prohibition und karibischen Schmugglern umweht den Klassiker, den es in vielen Geschmacksvarianten gibt: Melone, Grenadine u.v.m.

5 Sangria
Die Variationen von Obst in Rotwein erscheinen endlos.

6 Cosmopolitan
Der auf Wodka und Cointreau basierende Drink wird oft mit Preiselbeer- und/oder Orangensaft verfeinert.

7 Daiquiri
Den zeitlosen karibischen Rum-Mix gibt es mit Mango, Erdbeere, Limette, Pfirsich, Guave – oder was immer Sie wünschen.

8 Margarita
Diese Köstlichkeit von südlich der Grenze ist einfach so oder geeist ein Genuss – mit jeder Art Frucht oder mit Likör.

9 Mai Tai
Der polynesische Drink besteht in der Regel aus Rum, Crème de noyaux, Grenadine und tropischen Fruchtsäften.

10 Martini
Das altbekannte Getränk zeigt sich klassisch oder auch in tausend kreativen Formen: z. B. mit unerwarteten Fruchtlikören oder gar mit weißer oder dunkler Schokolade!

Schwulen- & Lesbenclubs siehe auch S. 52f, S. 76 & S. 123

Links **Steinkrebsscheren** Rechts **Wandbild im Tap Tap**

Restaurants

Le Bouchon du Grove, Coconut Grove

Miamis obere Zehntausend in dieses Restaurant. Der Ort zum Sehen und Gesehenwerden bietet sechs unterschiedlich gestaltete Speiseräume und eine schier endlose Weinkarte. ◊ *432 41st St, Miami Beach • Karte H3 • 305-538-8533 • $$$$$*

1 Café Abbraci, Coral Gables
Einheimische lieben die echt italienische Küche des Abbraci. Das förmliche Ambiente ist perfekt für ein romantisches Dinner oder für besondere Anlässe. Probieren Sie Hummerravioli oder Gnocchi in Pesto mit getrockneten Tomaten. ◊ *318 Aragon Ave, Coral Gables • Karte G3 • 305-441-0700 • $$$*

2 Mark's South Beach, South Beach
Im Restaurant des Hotel Nash, nahe dem angesagtesten Strand der USA, ist das Ambiente so traumhaft wie die kunstvoll präsentierten Speisen *(siehe S. 79)*.

3 The Forge, Miami Beach
Die ausgezeichneten Steaks und Lammgerichte locken auch

4 Escopazzo, South Beach
Das italienische Essen ist so authentisch, wie man es außerhalb Italiens nie erwarten würde. Dank der familiären Atmospäre fühlt man sich in diesem schlichten kleinen Lokal schnell wie ein Stammgast *(siehe S. 79)*.

5 Tap Tap, South Beach
Wohin man hier blickt, trifft das Auge auf schreiend bunte Bilder, oft Darstellungen mildtätiger Voodoo-Götter und -Göttinnen. Die einfachen, herzhaften Speisen kitzeln den Gaumen mit haitianischen Aromen *(siehe S. 79)*.

6 Versailles, Little Havana
Ein Besuch dieses äußerst quirligen Lokals – des kubanischen Restaurants schlechthin –

Links **Mark's South Beach** Rechts **Tap Tap**

Mehr Restaurants in & um Miami siehe S. 79, S. 89, S. 95, S. 105 & S. 111

Joe's Stone Crab

gehört in Little Havana zum Pflichtprogramm. Für empfindliche Mägen stellt das kubanische Essen eine Herausforderung dar, aber es ist zweifellos authentisch *(siehe S. 15 & S. 89)*.

Joe's Stone Crab, South Beach
Die SoBe-Institution ist riesig und trotzdem immer voll. Das liegt sowohl an den exzellenten Speisen als auch am Spaß, für den die Strandlage sorgt *(siehe S. 79)*.

Café Tu Tu Tango, Coconut Grove
Das nette Themenrestaurant – echte Künstler malen, während man hier speist – serviert junge, leichte floribische (florida-karibische) Küche. Dank der Lage im schicken CocoWalk *(siehe S. 50)* ist es stets voller junger, gut aussehender Leute *(siehe S. 105)*.

Le Bouchon du Grove, Coconut Grove
Vor allem mittags ist das französische Bistro immer gut besucht. Bunte Poster, frische Croissants und feine Desserts machen das gemütliche Lokal zu einem beliebten Ort für ein zwangloses Essen. Die Tische im Freien bieten Blick auf geschäftiges Treiben. ⓧ *3240 Main Highway, Coconut Grove • Karte G3 • 305-448-6060 • $$$*

Cancun Grill, Miami Lakes
Dieses unprätentiöse Restaurant bietet außergewöhnliche mexikanische Küche zu vernünftigen Preisen und reichlich Lokalkolorit *(siehe S. 89)*.

Top 10 Floribische Speisen & Getränke

Café Cubano (Cafecito)
Eine winzige Tasse des süßen starken Kaffees gilt für viele hier als Lebenselixier. Mit ein paar Tropfen Milch wird er zum *cortadito*.

Conch Chowder / Fritters
Das schneckenartige Meerestier mit den rosa Schalen dient für ein traditionelles, wenn auch etwas zähes Gericht.

Moros y Christianos
Das pikante Gericht aus schwarzen Bohnen und Reis ist eine Säule der kubanischen Küche und passt zu fast allem.

Yucca / Plantain Chips
Bananen-Kartoffel-Variationen – süß und aromatisch – werden meist frittiert serviert.

Blackened Grouper
Diese Zubereitungsart von Zackenbarsch entstammt der Cajun-Küche und ist hier in Restaurants sehr verbreitet.

Ceviche
Meeresfrüchte werden in Limettensaft mit Zwiebeln, grünem Pfeffer und Koriander mariniert.

Lechon Asado
Zu den vielen Schweinefleischgerichten der kubanischen Küche gehört auch leckerer Spanferkelbraten.

Chimichurri
Die Sauce enthält Olivenöl, Knoblauch, Zitronensaft oder Essig, Petersilie und Jalapeño-Pfeffer nach Belieben.

Key Lime Pie
Die Key-Limette sieht eher wie eine Zitrone aus und aromatisiert eine köstliche Torte.

Alfajores
Das typisch kubanische Gebäck wird aus Schokolade, Vanille und Kokos gemacht.

➤ *Restaurants auf den Keys & in Südflorida* **siehe S. 125 & S. 130**

Links **Strandwächterhäuschen an der Gold Coast** Mitte **Art Deco District** Rechts **Little Haiti**

TOP 10 Touren & Spaziergänge

Downtown Miami

1 Von Miami Beach zur Spitze von Key Biscayne

Fahren Sie von South Beach auf der 5th Street nach Westen, sie wird zum MacArthur Causeway, I-395, und bietet herrliche Blicke auf das Wasser und die schicken künstlichen Inseln wie Star, Palm und Hibiscus. Über Downtown hinweg führt die Hochstraße zur I-95 und erlaubt dabei einen Blick auf die vielen Wolkenkratzer, der nachts besonders reizvoll ist. Kurz vor dem Ende der I-95 nehmen Sie die Ausfahrt nach Key Biscayne. An der Mautstelle Rickenbacker Causeway ist ein Dollar Gebühr fällig. Die Hochstraße bietet weitere schöne Blicke auf die Skyline und führt zum unbewohnten Virginia Key, dann zum stillen Key Biscayne. ◊ Karte H3/H4

2 Routen nach Norden

Es gibt drei Möglichkeiten, von Miami aus mit dem Auto nach Norden zu fahren: Die I-95 ist die schnellste Route (außer während der Rushhour), man sollte sie aber nur nehmen, wenn man zu einem ganz bestimmten Ziel will. Der Highway 1 liegt dichter am Meer, ist praktisch durchweg von Läden gesäumt und der Stop-and-go-Verkehr kann nerven. Die Fahrt auf der A1A lohnt sich dagegen wegen der Naturschönheiten und eleganten Orte an Gold und Treasure Coast immer *(siehe S. 24f & S. 128)*.

3 Von Miami nach Key West

Man kann die Strecke zwar in dreieinhalb Stunden schaffen, verpasst dann aber Sehenswürdigkeiten wie z. B. den fantastischen Riesenhummer in der Künstlerkolonie Treasure Village. Auch ein Fischessen am Wasser ist immer einen Halt wert. Weitere Attraktionen am Weg sind Naturparks und Gärten *(siehe S. 36f)* sowie Perky's Bat Tower *(siehe S. 49)*. ◊ Karte D4–A6

Everglades

In Miami unterwegs siehe S. 137

Hotels in SoBe

Everglades-Straßen
Zur Erkundung der Everglades bieten sich mehrere Straßen an: I-75 (Alligator Alley), Hwy 41 (Tamiami Trail) und die weniger gut ausgebaute Nr. 9336 von Florida City. An all diesen Strecken gibt es Exkursionsmöglichkeiten in die Wildnis *(siehe S. 28f & S. 127)*.

Art Deco District
Einen Streifzug durch die 800 erhaltenen Wunderwerke des Tropical Deco darf man nicht versäumen. Bummeln oder radeln Sie Ocean Drive, Collins Avenue und Washington Avenue zwischen 5th und 22nd Street entlang *(siehe S. 10–13)*.

Straßenleben in SoBe
Das bunte Treiben in SoBe deckt sich weitgehend mit dem Art Deco District. Es konzentriert sich auf Ocean Drive mit Collins und Washington Avenue, wo es die meisten Clubs gibt, und die reizvollen Fußgängerzonen von Lincoln Road und Española Way *(siehe S. 8f & S. 57)*.

Calle Ocho
Für den Spaziergang in Little Havana bietet sich die SW 8th Street zwischen 11th und 17th Avenue an. Auch abseits dieses Teils der Calle Ocho liegen viele interessante Punkte, die man jedoch besser mit dem Auto als zu Fuß erreicht *(siehe S. 14f)*.

Coco Village
Das Zentrum von Coconut Grove mit dem CocoWalk und seinen Läden, Straßencafés und Livebands steckt voller Leben und junger, munterer Leute *(siehe S. 98–105)*.

Key West Old Town
Die einzig vernünftige Art, sich in Key West fortzubewegen, ist zu Fuß oder mit dem Fahrrad. Zum einen gibt es viel zu sehen, zum anderen ist das Parken hier meist ein Problem. Nehmen Sie an einer Tour teil *(siehe S. 121)* oder lassen Sie sich einfach treiben *(siehe S. 26f)*.

Palm Beach
Um das Wesentliche dieses reichen Ortes zu erkunden, spazieren Sie die Worth Avenue vom Ocean Boulevard nach Westen und sehen sich so viele Läden an wie möglich. Besuchen Sie auch Addison Mizners rosa Palast und die Casa de Leoni (Nr. 450). Der Lake Drive führt zum Royal Palm Way und der Society of the Four Arts, weiter nördlich liegt das Flagler Museum. Über den Royal Poinciana Way und dann nach Süden gelangen Sie zum Hotel The Breakers *(siehe S. 25)*.

Mallory Square, Key West

Miami & Keys für wenig Geld **siehe S. 142**

Links **Fairchild Tropical Garden** Rechts **Hotel Place St. Michel**

Romantische Orte

1 Villa Vizcaya
Die Villa ahmt Stile aus rund 500 Jahren europäischer Architekturgeschichte nach und birgt zahllose Sammlerstücke, die ein Landmaschinen-Magnat Anfang des 20. Jahrhunderts zum größten Teil in Europa zusammengetragen hatte. Am romantischsten sind die Gärten *(siehe S. 16f).*

Spanisches Kloster

2 Venetian Pool
Dieser Traum aus Wasser, üppigem Grün und Skulpturen entsprang der Fantasie des Unternehmers George Merrick. Esther Williams, die Badediva der 1940er Jahre, glänzte hier bereits in Filmen *(siehe S. 99).*

3 Spanisches Kloster, Kreuzgang & Garten
Der prachtvolle Kreuzgang und der umliegende Park sind ein sehr beliebter Ort für Hochzeiten. Der Bau stammt aus dem Spanien des 12. Jahrhunderts und fand zu Beginn des 20. Jahrhunderts den Weg nach Florida. Dort begann man erst 1952, die Teile – nachdem sie Jahrzehnte in Kisten geschlummert hatten – wieder zusammenzusetzen *(siehe S. 91).*

4 Fairchild Tropical Garden
Die friedlichen silbernen Seen, weiten Ausblicke und lauschigen Ecken erzeugen wohl bei jedem romantische Gefühle. Die Anlage wurde im Jahr 1992 vom Hurrikan Andrew schwer verwüstet, hat sich jedoch wieder völlig erholt. Nach einem romantischen Spaziergang durch die schattigen Laubengänge lädt der nahe Red Fish Grill zu einem Dinner ein *(siehe S. 107).*

Venetian Pool

Veranstaltungen im Fairchild Tropical Garden
www.fairchildgarden.org

Top 10 Miami

5 Coral Castle
20 Jahre meißelte Edward Leedskalnin an diesem riesigen Herz aus Korallenfels, um seine launische Geliebte zurückzugewinnen. Sie ließ sich nicht erweichen und Edward starb hier 1951 allein *(siehe S. 107)*.

Morikami Japanese Gardens

6 Morikami Japanese Gardens
Teile dieser friedvollen Anlage sind jenen Gärten nachempfunden, wie sie vor 1000 Jahren für japanische Adlige gestaltet wurden – als Orte der Inspiration, wo man einander Gedichte vorlas oder Trost in schwierigen Zeiten suchte. Nur wenige Orte vermitteln solch eine heitere Ruhe und geistige Tiefe, wie man sie hier zwischen stummen Felsen und murmelnden Wasserfällen verspürt *(siehe S. 37)*.

7 Tantra
Die aphrodisische Küche dieses Schauplatzes der Sinne hat etwas von indopersischer Kultur. Echte Grasteppiche und erotische Gemälde und Skulpturen bestimmen das Bild. Unter sich sacht drehenden Palmblättern genießt man in von Kerzen erleuchtetem Ambiente ausgesuchte Gerichte mit nahöstlicher und indischer Note. ◎ *1445 Pennsylvania Ave • Karte R3 • 305-672-4765 • $$$$$*

8 Red Fish Grill
Mit dem Blick auf die schimmernde Biscayne Bay und dem sanft beleuchteten Blattwerk ist dies vielleicht der romantischste Ort Miamis. Die Kulisse aus Fairchild Tropical Gardens, Matheson Hammock Park und Atoll-Pool tut das Übrige. Das Essen ist so toll wie der Service *(siehe S. 111)*.

9 Hotel Place St. Michel
Das Boutique-Hotel im französischen Stil verfügt über ein ausgezeichnetes Restaurant. Bleiben Sie eine Nacht und Sie wähnen sich in einer edlen Pariser Pension – und das unweit von Downtown Coral Gables. Das schummrige Bistro ist perfekt für ein intimes Tête-à-Tête *(siehe S. 105 & S. 150)*.

10 Mallory Square bei Sonnenuntergang
Sie sind voraussichtlich nicht allein auf dieser Strandpromenade, aber die Schönheit des Augenblicks und die allgemein fröhliche Stimmung machen den Abend zu einem unvergesslichen Erlebnis. Wahre Romantiker sollten nach dem betörenden grünen Blitz Ausschau halten, der sich angeblich kurz zeigt, bevor die gleißend orangerote Sonne hinter dem Horizont verschwindet – wenn man ihn erspäht, soll das Glück in der Liebe verheißen *(siehe S. 51)*.

Preiskategorien der Restaurants **siehe S. 79**

Links **Museum of Science** Rechts **Historical Museum of Southern Florida**

Top 10 Attraktionen für Kinder

1. Jungle Island
Dieser neue, 47 Millionen Dollar teure Themenpark liegt mitten in Miami *(siehe S. 71)*.

2. Hobie Beach
Der herrliche Strand ist nicht nur bei Windsurfern beliebt, auch Familien schätzen das ruhige flache Wasser *(siehe S. 30f)*.

Papageien, Metrozoo

3. Miami Seaquarium
Der Killerwal Lolita, der Fernseh-Delfin Flipper und der Seelöwe Salty sind hier, um Kinder zu begeistern *(siehe S. 72)*.

4. Amelia Earhart Park
Der Park verspricht einen ganzen Tag gesunden Spaß im Freien. Im Streichelzoo mit vielen Tierkindern darf man an Wochenenden auf Ponys reiten. Es gibt Inseln, Strände, Spielplätze und Seen voller Fische. Zudem zeigen Schmiede und andere Handwerker ihre Kunst. Da der Park recht weit von den Urlauberzentren entfernt liegt, ist hier erfreulich wenig los. ◎ *401 E 65th St, Ecke NW 42nd Ave • Karte G3 • 305-685-8389 • tägl. 9 Uhr bis Sonnenuntergang • Eintritt*

5. Miami Metrozoo
Dieser Zoo bereitet Familien viel Vergnügen. Im Streichelzoo finden regelmäßig Vorführungen statt, bei denen Kinder alle möglichen exotischen Tiere anfassen dürfen und so allerlei über die Umwelt Floridas erfahren. Gleich beim Eingang bietet Dr. Wilde's World verschiedene interaktive Ausstellungen, z. B. »Die Wunder des tropischen Amerika«. Außerdem stehen für die Kleinen Attrak-

Hobie Beach

Für Kinder wird in Südfloridas Hotels gut gesorgt **siehe S. 145**

tionen wie Riechstationen, Tierrätsel und vieles mehr bereit *(siehe S. 107)*.

6 The Key West Butterfly & Nature Conservatory
Das klimakontrollierte Gewächshaus lädt zum Streifzug durch einen exotischen Lebensraum voller Schmetterlinge, Blumen, Bäume, Vögel und plätschernder Wasserfälle ein. ◎ *1316 Duval St, Key West • Karte A6 • 305-296-2988 • www.keywestbutterfly.com • tägl. 9–17 Uhr • Eintritt*

Miami Seaquarium

7 Historical Museum of Southern Florida
Das Museum in Downtown Miami bietet einige spielerische Aktivitäten und Multimediaprogramme, bei denen auch Kinder gerne etwas lernen – z. B. über die Everglades *(siehe S. 42)*.

8 Museum of Science & Planetarium
Neugierige Kinder finden hier sicher vieles, das ihre Fantasie anregt. Über 140 »begreifbare« Exponate erläutern die Welt von Ton, Licht und Schwerkraft, außerdem kann man einem Dinosaurier auf den Leib rücken. Draußen, hinter den Fossilien-, Insekten-, Spinnen- und Schmetterlingssammlungen, birgt das Wildlife Center Vögel, Schildkröten und Riesenschlangen. Im Planetarium gibt es tolle Lasershows zu Rockmusik. ◎ *3280 S Miami Ave • Karte K5 • Museum: 305-646-4200; Planetarium: 305-646-4400 • www.miamisci.org • tägl. 10–18 Uhr; Thanksgiving & 25. Dez geschl. • Eintritt*

9 Miami Children's Museum
Spielerisch unterstützt das Museum Lernen, Vorstellungskraft und Kreativität der Kinder. Hunderte interaktiver Exponate decken die Bereiche Kunst, Kultur und Kommunikation ab. Man kann in einem Wasserfall Fische fangen oder auch eine »Kreuzfahrt« auf einem simulierten Schiff unternehmen. ◎ *980 MacArthur Causeway • Karte G3 • 305-373-5437 • www.miamichildrensmuseum.org • tägl. 10–18 Uhr • Eintritt*

10 Key West Aquarium
Der »Touch Tank« ist eine Riesensensation für Kinder – hier dürfen sie Seesterne, Muscheln und Königskrebse in die Hand nehmen. Sie haben auch Gelegenheit, einen lebendigen Hai zu streicheln. Das 1934 eröffnete Aquarium war Key Wests erste Besucherattraktion und wird bis heute für seine unterhaltsamen und lehrreichen Führungen geliebt. Versäumen Sie keinesfalls die Fütterung des erstaunlichen, seltenen Sägefischs. ◎ *1 Whitehead St am Mallory Square • Karte A6 • 305-296-2051 • www.keywestaquarium.com • tägl. 10–18 Uhr • Eintritt*

Nur ca. 300 Kilometer sind es von Miami zu den Attraktionen Orlandos siehe Top 10 Orlando (ISBN: 978-3-8310-0318-1)

REGIONEN VON MIAMI & KEYS

Miami Beach &
Key Biscayne
70–79

Downtown &
Little Havana
82–89

Nördlich von
Downtown
90–95

Coral Gables &
Coconut Grove
98–105

Südlich von
Coconut Grove
106–111

Keys
114–125

Abstecher
126–131

TOP 10 MIAMI

Links **Art-déco-Hotel** Mitte **Jet-Ski-Fahrer** Rechts **Nachtclub Mynt**

Miami Beach & Key Biscayne

KAUM EIN ORT AUF DER WELT *hat sich wohl so sehr dem Glamour verschrieben wie Miami Beach. Alle Merkmale des modernen Lebens scheinen hier auf die Spitze getrieben: Wohin man an diesem körperbewussten, sexuell aufgeladenen Ort auch blickt, werden Symbole von Reichtum, Status und Tempo hochgehalten. Ganz anders präsentiert sich Key Biscayne, die nächste große Insel im Süden. Statt Dynamik und Selbstdarstellung herrscht hier eine ruhige, familienorientierte Atmosphäre, die die Parks, die makellosen Strände und die Museen umweht.*

Delano Hotel

🔟 Attraktionen

1. **SoBe & Art Deco District**
2. **Jungle Island**
3. **Wolfsonian-FIU Museum**
4. **Bass Museum of Art**
5. **Miami Seaquarium**
6. **Crandon Park**
7. **Marjory Stoneman Douglas Biscayne Nature Center**
8. **Harbor Drive**
9. **Bill Baggs Cape Florida State Park**
10. **Cape Florida Lighthouse**

Park Central Hotel

➜ *Vorhergehende Doppelseite*
Spanische Architektur in Boca Raton, Gold Coast

Cavalier Hotel, Art Deco District

1 SoBe & Art Deco District

Wo großspuriger Schick auf zwielichtige Dekadenz trifft, hat der Spaß kein Ende. Das gilt gewiss für die pulsierende Strand- und Nachtclub-Gemeinde South Beach – auch kurz SoBe genannt (siehe S. 8f). Im berühmten Art Deco District (siehe S. 10–13), einem wesentlichen Element von Miami Beach, sind Hunderte hinreißender Gebäuden erhalten.

2 Jungle Island

In dem riesigen Themenpark sind über 3000 Tier- und 110 Pflanzenarten zu bewundern. Herzstück ist der wunderschöne Tropengarten, ein weiteres Highlight die berühmte Vogel-Show mit Papageien, Störchen, Blauaras, Kakadus, einem Papua-Hornvogel und weiteren seltenen Exemplaren. Es gibt Reptilien (u. a. einen Albino-Alligator) und Giftschlangen im Serpentarium und einen Streichelzoo. Um den herrlichen Blick vom Lakeside Café auf den Flamingo Lake und die vielen rosaroten Flamingos zu genießen, müssen Sie nicht einmal Eintritt bezahlen.
◎ Watson Island, Biscayne Bay nahe dem Hafen • Karte G3 • 305-400-7000 • www.jungleisland.com • Mo–Fr 10–17 Uhr, Sa & So 10–18 Uhr • Eintritt

3 Wolfsonian-FIU Museum

Das großartige Museum und Design-Forschungsinstitut zeigt die Ursprünge des Art déco auf und präsentiert viele weitere bedeutende Kunstrichtungen des 20. Jahrhunderts in einem ehemaligen Lagerhaus aus den 1920er Jahren (siehe S. 22f).

Fassade des Wolfsonian-FIU Museum

4 Bass Museum of Art

Das vom Stil der Maya inspirierte Art-déco-Gebäude aus den 1930er Jahren wurde 1964, als John und Johanna Bass ihre umfangreiche Kunstsammlung stifteten, zum Museum. Es birgt vorwiegend europäische Kunst aus dem 15. bis 17. Jahrhundert, darunter einige besonders beachtliche Werke aus der Renaissance und dem Barock, Gemälde von Dürer und Rubens sowie einen eindrucksvollen flämischen Gobelin aus dem 16. Jahrhundert.
◎ 2121 Park Ave, South Beach • Karte S1 • 305-673-7530 • www.bass museum.org • Mi–So 12–17 Uhr • Eintritt

Ghirlandaio-Gemälde, Bass Museum

Informationen zu Miami Beach www.enjoymiamibeach.com

Killerwal, Miami Seaquarium

Miami Seaquarium
5 Seit 1964, als hier die TV-Serie *Flipper* gedreht wurde, ist das Seaquarium eine Institution in Miami. In Flippers Bucht tummeln sich noch immer dressierte Delfine, für eine Gebühr darf man zu ihnen ins Wasser – unter dem wachsamen Auge des Trainers. Den ganzen Tag gibt es Shows mit Seelöwen, Killerwalen und Delfinen. Außerdem sind Haie, Seekühe und ein Mangrovensumpf mit Pelikanen zu beobachten und ein Korallenriff-Aquarium zu bestaunen. *4400 Rickenbacker Causeway, Virginia Key • Karte H3 • 305-361-5705 • www.miamiseaquarium.com • tägl. 9.30–18 Uhr • Eintritt*

Crandon Park
6 Key Biscayne ist mit einigen der besten Strände Miamis gesegnet. Der eindrucksvollste gehört zu diesem Park im Norden der Insel und zählt zu den Top Ten der USA. Er ist fünf Kilometer lang und ungeheuer breit, von Palmen gesäumt und mit Picknickplätzen ausgestattet. Das ruhige, flache Wasser ist ideal zum Schnorcheln. Zudem gibt es Imbissstände, 75 Grillplätze, einen Plankenweg und gute Parkmöglichkeiten. *Karte H3 • 305-361-6767*

Marjory Stoneman Douglas Biscayne Nature Center
7 Das Center gehört zum Crandon Park und besitzt ein einzigartiges versteinertes Mangrovenriff. Mit geeignetem Schuhwerk kann man in das flache Wasser waten und die Unterwasserwelt erkunden. Benannt ist das Center nach der Frau, die die Everglades fast im Alleingang vor Siedlungsprojekten bewahrte. Es bietet neben Besucherinformationen auch geführte Touren an. *4000 Crandon Blvd, Key Biscayne • Karte H4*

Harbor Drive
8 Die Straße windet sich am Westufer entlang und bildet das Herzstück des gehobenen Wohnviertels von Key Biscayne. Die Häuser auf der Uferseite bieten von ihren Gärten aus einen herrlichen Blick auf Downtown Miami. Es gibt hier zwar auch ein paar stattliche Villen, doch die meisten Häuser sind – bei aller Exklusivität – eher bescheiden bemessen. Hie und da sieht man Ibisschwärme auf jemandes Rasen landen. *Karte G4*

Bill Baggs Cape Florida State Park
9 Auch dieser Park verfügt über einen Strand, der zu den zehn besten des Landes zählt. Plankenwege verbinden ihn über die Dünen mit den Picknickzonen und

---

Miami Vice
Der 16. September 1984 veränderte Miami beinahe über Nacht. *Miami Vice* lief zum ersten Mal im Fernsehen und eroberte auf einen Schlag die Welt des Glamours und Lebensgenusses. Die Mischung aus Krimi, Videoclip und Modenschau mit schnellen Autos und Deals packte alle – und Miami wurde zu der Stadt, in der jeder sein wollte.

Die offizielle Website von Miami Beach
www.miamibeachfl.gov

Plankenweg, Bill Baggs

Pavillons des Parks. Im weißen Sand liegt manchmal Seegras, aber in Acht nehmen muss man sich nur vor den schmerzhaften Feuerquallen im Wasser.
◎ Karte H4 • 305-361-5811 • Eintritt

10 Cape Florida Lighthouse
Dieser Leuchtturm, Südfloridas ältestes Bauwerk, wacht hier seit 1825. Im Jahre 1836 wurde er von Indianern zerstört, zehn Jahre später aber wieder aufgebaut. Seither trotzte er so einigen Wetterattacken, doch seine schlimmste Bedrohung war schlichte Vernachlässigung, nachdem er 1878 aufgegeben worden war. Erst 1966 begann man mit seiner Restaurierung.
◎ Karte H4 • Do–Mo 9–17 Uhr; Führungen 10 & 13 Uhr (109 Stufen bis oben)

Cape Florida Lighthouse

Bummel durch SoBes Art Deco District

Vormittag

Vom Südende des Viertels am **Ocean Drive** Ecke 6th Street spazieren Sie nordwärts. Dabei sollten Sie nicht nur Blicke auf die Fassaden, sondern möglichst auch ins Innere der Hotels werfen. Lobbys, Bars und Gärten zeigen oft einzigartiges Art-déco-Design.

Zwischen dem **Leslie** und dem **Cardozo** steht das schöne **Carlyle**, das gründlich restauriert wurde.

Hinter dem **Cavalier Hotel** geht es nach links bis zur **Collins Avenue**. Die führt rechts zu **Jerry's Famous Deli** (Nr. 1450), 1939 von Henry Hohauser im eleganten nautischen Stil erbaut, wo sich Gelegenheit zum Mittagessen bietet.

Nachmittag

Ein Stückchen weiter auf der Collins Avenue steht das **St. Moritz Hotel** mit einer Fassade aus Korallenfels und Neon.

Nr. 1685 gehört dem völlig weißen **Delano** mit seinem berühmten Flügelturm. Das exotisch-postmoderne Interieur stammt von Philippe Starck und birgt echte Dalí- und Gaudí-Möbel.

Nächster Halt ist das **Ritz Plaza** mit seinem Fantasieturm aus Glasbausteinen. Die 21st Street bringt Sie nach links zum **Abbey Hotel**, das ein schönes Salamandermotiv und Türme im Flash-Gordon-Stil zeigt.

Zurück in der Collins Avenue finden Sie im **Raleigh Hotel** (siehe S. 147) einen schönen Ort für einen entspannenden Drink.

Aktuelle Informationen zu Key Biscayne www.key-biscayne.com

Links **Fischen** Mitte **Radfahren** Rechts **Tauchen**

TOP 10 Sport

1. Schwimmen
Ob im Hotelpool oder im brandenden Atlantik – in Florida ist Schwimmen der Sport Nr. 1. Auch Schnorcheln gehört dazu, wofür sich die ruhigeren Gewässer des Crandon Park auf Key Biscayne *(siehe S. 72)* oder vor South Pointe eignen.

2. Volleyball
An fast jedem Strand bietet sich Gelegenheit zum Volleyballspielen, doch im Lummus Park kann man mit seinem Können am besten angeben – dicht gefolgt vom South Pointe Park.

3. Fischen
Sowohl Hochseefischen als auch das konventionellere Angeln von einem Bootssteg oder Pier aus ist hier problemlos möglich. In Miami Beach ist der Sunshine Pier am 1st Street Beach zu empfehlen, auf Key Biscayne das Gebiet südlich des Leuchtturms.

4. Radfahren
Es gibt wohl keine bessere Art, sich auf den Inseln zu bewegen. ✆ *Mangrove Cycles: 260 Crandon Blvd, Key Biscayne; 305-361-5555* ✆ *Miami Beach Bicycle Center: 601 5th Street, South Beach; 305-674-0150*

5. Jet-Skifahren
Am Hobie Island Beach *(siehe S. 30f)* kann man eines dieser Fun-Sportgeräte mieten – oder man fährt hinüber nach Virginia Key, wo es am Jet Ski Beach viele Verleihstände gibt.

6. Tennis
Überall auf den Inseln gibt es zahlreiche Tennisplätze. ✆ *Informationen über öffentliche Plätze: 305-755-7800 (Miami-Dade County Parks and Recreation Department) • Flamingo Tennis Center: 1000 12th St, South Beach*

7. Golf
Entertainer Jackie Gleason *(siehe S. 39)* zog angeblich nur nach Miami, um das ganze Jahr Golf spielen zu können. Der Crandon Golf Course zählt zu den besten Plätzen. ✆ *6700 Crandon Blvd, Key Biscayne • Karte H4 • 305-361-9129*

8. Windsurfen & Surfen
Zum Windsurfen sind die Gewässer zum Festland hin besser, weil sie ruhiger sind. Brisen gibt es fast immer; am Windsurfer Beach auf Virginia Key sind Bretter zu mieten. Die rauen Wellen auf der Atlantikseite sind toll zum Surfen; die beste Stelle liegt direkt vor dem 1st Street Beach.

9. Drachensteigen
Die stetige Meeresbrise macht diesen Spaß hier sehr beliebt. Am Südende des Haulover Park gibt es sogar einen eigenen Platz für Drachenfans.

10. Fitness-Training
Auf dem »Vita Course«, dem Trimmpfad im South Pointe Park, genießt man während der ganzen Anstrengung einen schönen Blick auf den Hafen. Im Vergleich zum eher hektischen Lummus Park ist es hier angenehm ruhig.

➡ *Mehr über sportliche Aktivitäten in Südflorida siehe S. 34f*

Links **Heart and Soul** Rechts **Deco Drive Cigar**

🔟 Shopping

1 Collins Avenue zwischen 6th & 9th Street, SoBe
Die Gegend ist gut versorgt mit Designerläden wie Armani Exchange, Aldo, Kenneth Cole und Vidal Sasoon, birgt aber auch so beliebte Shops wie Guess, Nine West, MAC und Banana Republic. ◊ *Karte R4*

2 Soho Clothing, Miami Beach
Außer einer Riesenauswahl an Jeans für alle bietet der Laden auch Shirts und tollen Schmuck. ◊ *645 Lincoln Road • Karte R2*

3 Deco Drive Cigar, Miami Beach
In diesen perfekt klimatisierten Räumlichkeiten dreht sich alles um Zigarren aus aller Welt. ◊ *1436 Washington Ave, Miami Beach • Karte S3 • 305-673-6071 • www.decocigars.com*

4 Art Deco District Welcome Center
So manche der Art-déco-Nachbildungen sind reiner Kitsch, doch der Geschenkeladen hat auch ein paar wirklich hübsche Lampen im Angebot. ◊ *1001 Ocean Drive, South Beach • Karte S4*

5 Anthropologie, Miami Beach
Der Laden in der Lincoln Road Mall führt schicke Mode – vom eleganten Kostüm bis zur Freizeitkleidung – und ein großes Sortiment an Accessoires wie Schuhen, Taschen und Schmuck. ◊ *1108 Lincoln Road • Karte Q2*

6 Kafka's Used Book Store & Cyber Café
Ja, auch in SoBe gibt es Bücher und der Laden bezieht sich auf keinen Geringeren als Franz Kafka – nur für den Fall, dass Ihnen am Strand plötzlich intellektuell zumute wird. ◊ *1464 Washington Ave, Höhe 14th St, South Beach • Karte S3*

7 Books & Books, Miami Beach
Der Laden bietet neben reichlich Lesestoff für den Strand auch ein Café. ◊ *933 Lincoln Road • Karte R2*

8 Fritz's Skate Shop
Leihen oder kaufen Sie sich Inlineskates und nutzen Sie den Gratisunterricht am Sonntagmorgen. Auch Surfboards gibt es hier. ◊ *730 Lincoln Road • Karte R2*

9 Heart and Soul, Miami Beach
In diesem unkonventionellen Laden finden Sie Modeschmuck und Uhren für Frauen wie für Männer, ausgefallene Geschenkartikel und vielerlei Accessoires fürs Heim. ◊ *811 Lincoln Rd, zwischen Meridian & Jefferson Ave • Karte R2*

10 Key Biscayne
Einige Malls wie das Square Shopping Center, 260 Crandon Boulevard, sind so ziemlich alles, was die Insel an Shopping-Möglichkeiten bietet. Meist bergen sie ein paar Kunstgalerien, kleine Modeboutiquen und den üblichen Mix aus Banken, Ladenketten und Zahnärzten. ◊ *Karte H4*

In Miami Beach gibt es auch Märkte auf dem Española Way & in der Lincoln Road siehe S. 57

Links **Score** Rechts **Twist**

Schwulen- & Lesbenclubs

1 Twist
Im größten Schwulenclub in SoBe ist jede Nacht etwas los. Von 13 bis 21 Uhr lockt die Happy Hour. ◊ *1057 Washington Ave, South Beach • Karte R4 • 305-538-9478 • www.twistsobe.com • tägl. 13–5 Uhr*

2 Creme Lounge
Hier finden samstags »Sirenen«-Lesbenpartys statt, dienstags gibt es Latin-Konzerte und donnerstags »Creme-&-Sugar«-Abende. Der Freitag gehört dem Hip-Hop. ◊ *725 Lincoln Lane, South Beach • Karte R2 • 305-535-1163*

3 Laundry Bar
Es geht vermutlich nicht nur um Seifenlauge in diesem Waschsalon mit Bar, wo sich bei pochenden Dance Beats stets schmucke Jungs tummeln. ◊ *721 Lincoln Lane, Höhe Meridian Ave • Karte R2 • 305-531-7700*

4 Buck 15 Lounge
Donnerstags geht es in der netten Lounge im New-York-Stil besonders heiß zu: Dann strömt das junge, schicke und lebenslustige Volk hierher. ◊ *707 Lincoln Lane, South Beach • Karte R2 • 305-538-3815*

5 Dek 23
Der noble Nachtclub veranstaltet wöchentlich eine Schwulenparty, auf der man sich sehen lassen muss. Reservieren ist ratsam. Um 22 Uhr geht's los, doch coole Gäste kommen erst nach Mitternacht. ◊ *655 Washington Ave, Miami Beach • Karte R4 • 305-674-1176*

6 Score
SoBes bester Mix aus Dance Club und Schwulenbar liegt direkt im Herzen von South Beach an der Lincoln Road und ist im Stil eines Straßencafés gestaltet. ◊ *727 Lincoln Rd, South Beach • Karte R2 • 305-535-1111*

7 Balans
Der Londoner Import ist in der Schwulengemeinde sehr beliebt. Das Essen (u. a. das namengebende Hummersandwich) zeigt britischen Touch *(siehe S. 79)*.

8 Palace Bar & Grill
Die Bar im Epizentrum des schwulen Strandlebens hieß einmal Studio, bietet leckere Snacks und wird von Künstlertypen sehr geschätzt. ◊ *1200 Ocean Drive, South Beach • Karte S3 • 305-531-7234*

9 Halo Lounge
In der modernen, einzigartig beleuchteten und rauchfreien Schwulen-Lounge genießt man angenehm leise Musik in gemütlichen Sitzecken. Von 15–20 Uhr ist Happy Hour, manchmal gibt es sonntags Bloody-Mary-Nachmittage. ◊ *1625 Michigan Ave, Miami Beach • Karte Q2 • 305-534-8181 • www.haloloungemiami.com*

10 Boy Bar
Der neue Nachtclub verzückt seine bunte Gästeschar mit entspannter und freundlicher Atmosphäre. Sonntags wird draußen gegrillt. ◊ *655 Washington Ave, South Beach • Karte H2 • 305-538-0858*

Sonstige Treffs für Schwule & Lesben siehe S. 52f

Links **Cameo** Mitte **Mynt** Rechts **Opium Garden**

🔟 Nachtleben

1 Jazid
In diesem angenehm unaufdringlichen Laden kann man sich bei Kerzenlicht zurücklehnen und live gespieltem Jazz und Blues lauschen. ✆ *1342 Washington Ave, South Beach • Karte R3 • 305-673-9372*

2 Cameo
Die Bar im ehemaligen Kino Cameo nutzt Hightech-Tricks, um ihre Gäste in eine surreale Traumwelt zu versetzen. ✆ *1445 Washington Ave, South Beach • Karte S3 • 305-532-2667 • www.cameomiami.com*

3 Penrod's Complex
Das Haus birgt mehrere Bars und Tanzflächen. Unten bietet der Nikki Beach Club Party nonstop, oben befindet sich die exklusive Pearl Lounge. ✆ *1 Ocean Dr, South Beach • Karte R3 • 305-538-1111*

4 Bongos Cuban Café
Profitänzer locken die Gäste dieses heißen Nachtclubs – einst von Gloria Estefan gegründet – auf die Tanzfläche. Man kann hier jedoch auch lateinamerikanische Gerichte aus Hähnchen- oder Schweinefleisch und gebratene Bananen genießen. ✆ *601 Biscayne Bay • Karte P1 • 786-777-2100*

5 Opium Garden
Der Open-Air-Club ist einer der exklusivsten und zieht auch Prominente wie Julia Roberts an. Entsprechend lang ist die Schlange vor der Tür. Zu hören ist meist House. ✆ *136 Collins Ave, Ecke 1st St, South Beach • Karte R3 • 305-531-5535*

6 Mynt
Hier muss man hin – und sei es nur auf ein, zwei Cocktails. Der stilvolle, gehobene Nachtclub ist stets voller hipper Gäste. ✆ *1921 Collins Ave, Miami Beach • Karte S2 • 786-276-6132*

7 Mansion
Das ehemalige Filmtheater, ein Traum in Art déco, verfügt über vier Räume und zählt zu den angesagtesten Clubs in South Beach. ✆ *1235 Washington Ave, Miami Beach • Karte R3 • 305-531-5535*

8 Tantra Restaurant & Lounge
Das Tantra reizt alle Sinne: Das Interieur beinhaltet Grasboden, Wasserwand, erotische Kunst und einen »Himmel« aus Fiberglas. Dazu gibt es feines Essen, aphrodisierende Drinks und New-Age-Musik. ✆ *1445 Pennsylvania Ave, Miami Beach • Karte R3 • 305-672-4765*

9 B.E.D.
Sei kein »couch potato«, geh lieber ins B.E.D.! Schwule wie Heteros lümmeln in dem lebhaften Club tatsächlich auf Betten herum. ✆ *929 Washington Ave, South Beach • Karte R4 • 305-532-9070*

10 Blue
Man ahnt, welche Farbe in dem netten Cocktail Club dominiert – und die passt zur gelassenen Coolness hier. Es gibt Musiknächte mit Tropical House, Retro, Flow oder Soul. ✆ *222 Española Way, South Beach • Karte S3 • 305-534-1009*

Die meisten dieser Clubs zählen gleichzeitig zu den besten in ganz Miami siehe S. 58f

Links **Van Dyke Café** Rechts **Terrace at the Tides**

TOP 10 Straßencafés

1 News Café
Die Nr. 1 am Ocean Drive ist groß und lebendig – und perfekt, um bei einem Drink oder Snack die vorbeiziehenden Leute zu beobachten *(siehe S. 8)*. 800 Ocean Drive, Höhe 8th St • Karte S4 • $

2 Mango's Tropical Café
Der lebhafte Betrieb dieses Cafés mit floribischer Karte und peppiger Musik erstreckt sich bis auf die Straße. 900 Ocean Drive, Höhe 9th St • Karte S4 • $$

3 Clevelander
Hier an der Strandpromenade ist immer etwas los: Man lauscht der Live-Musik, isst eine Kleinigkeit oder sieht sich einfach die Passanten an. 1020 Ocean Drive, South Beach • Karte S4 • $

4 Van Dyke Café
Das Café im Herzen der Fußgängerzone ist ein prima Ort, um beim Frühstück oder Lunch das Straßentreiben im Auge zu behalten. Oben gibt es Livejazz. 846 Lincoln Rd, South Beach • Karte R2 • $

5 Arnie & Richie's Deli
Der jüdische Feinkostladen hat Matzenbällchensuppe und dicke Corned-Beef-Sandwiches im Angebot, die man an den Tischen im Freien mit Blick auf die Stadt genießen kann. 524 41st St, Miami Beach • Karte H3 • 305-531-7691 • $

6 Pelican Café
Schnappen Sie sich einen Platz auf der Veranda und geben Sie sich – so wie schon Cameron Diaz, Johnny Depp und Antonio Banderas vor Ihnen – dem Schauspiel der Vorbeiziehenden und den mediterranen Köstlichkeiten hin. 826 Ocean Drive, South Beach • Karte S4 • $

7 Front Porch Café
Viele halten das Frühstück hier für das beste in ganz South Beach. Das Café ist gemütlich und das Essen ist das Warten wert. Penguin Hotel, 1418 Ocean Drive, South Beach • Karte S3 • $

8 Larios on the Beach
Die kubanische Popsängerin Gloria Estefan ist Mitbesitzerin dieser *cocina cubana* im SoBe-Stil. Probieren Sie die gemischte Vorspeisenplatte und einen *rico mojito* (Rum-Cocktail mit Minzblättern). 820 Ocean Drive, South Beach • Karte S4 • $

9 Terrace at the Tides
Das schicke Straßenrestaurant wird auch von Prominenten aufgesucht. Die Gourmetküche hat Köstlichkeiten wie Hummer-Gazpacho oder Kokos-Mascarpone-Torte im Angebot. 1220 Ocean Drive, South Beach • Karte S3 • $$

10 Wet Willie's
In diese Bar strömen die jungen Wilden nach dem Baden, um sich eiskalte Drinks mit Namen wie »Call Me a Cab« und Snacks wie etwa frittierte Calamari zu gönnen. 760 Ocean Drive, South Beach • Karte S4 • $

Wenn nicht anders angegeben, akzeptieren alle Restaurants Kreditkarten und bieten auch vegetarische Gerichte an.

Preiskategorien		
Preis für ein Drei-Gänge-	$	unter 20 $
Menü pro Person mit	$$	20–40 $
einer halben Flasche	$$$	40–55 $
Wein, inkl. Steuern	$$$$	55–80 $
und Service.	$$$$$	über 80 $

Links **Mark's** Rechts **Tap Tap**

10 Restaurants

1 Mark's South Beach
Küchenchef Mark Militello bietet eine köstliche Mischung verschiedener Stile. Zu den Highlights zählt Kalbslende mit Knoblauchpüree auf Polentaschnitte. Auch die Desserts sind außergewöhnlich *(siehe S. 60)*. ✆ Hotel Nash, 1120 Collins Ave, South Beach • Karte S3 • 305-604-9050 • $$$$

2 Tap Tap
Die echt haitianische Kost ist bisweilen ganz schön scharf. Besonders lecker sind gegrillte Muscheln mit Maniok, Shrimps in Kokossauce und das Mangosorbet *(siehe S. 60)*. ✆ 819 5th Street, South Beach • Karte R5 • 305-672-2898 • $$

3 Fratelli la Bufala
Aus dem Holzofen dieses italienischen Lokals kommen die besten Pizzas der Stadt.
✆ 437 Washington Ave, Miami Beach • Karte R5 • 305-532-0700 • $$$

4 Joe's Stone Crab
Um die tollen Steinkrabben, Steaks, Fisch-, Schwein- oder Lammgerichte und Miamis besten Key lime pie zu kosten, muss man oft etwas anstehen *(siehe S. 61)*. ✆ 11 Washington Ave, South Beach • Karte R5 • 305-673-0365 • $$$

5 Escopazzo
Zu den Hits der feinen italienischen Küche gehören Spargeltorte, Schwertfisch-Carpaccio und Risotto *(siehe S. 60)*.
✆ 1311 Washington Ave, South Beach • Karte S3 • 305-674-9450 • $$$$

6 Prime 112
SoBes Elite lässt sich hier die saftigen Steaks schmecken. Die Ober in den gestreiften Metzgerschürzen servieren aber auch ausgezeichnetes Seafood.
✆ 112 Ocean Drive, Miami Beach • Karte R5 • 305-532-8112 • $$$$$

7 China Grill
Der Pionier in der Fusionsküche serviert ordentliche Portionen seiner leichten und geschickt komponierten Gerichte. Probieren Sie Huhn in Sakemarinade.
✆ 404 Washington Ave, South Beach • Karte R5 • 305-534-2211 • $$$$$

8 Yuca
Der Name steht für Young Urban Cuban-Americans und bezeichnet eines der besten kubanischen Restaurants Südfloridas. In trendigem Dekor werden moderne Küche und Live-Musik geboten. ✆ 501 Lincoln Road, Miami Beach • Karte R2 • 305-532-9822 • $$$$

9 Barton G – The Restaurant
Genießen Sie frische amerikanische Klassiker unter Sternen im romantischen Orchideengarten. ✆ 1427 West Ave, Miami Beach • Karte Q3 • 305-672-8881 • $$$$

10 Balans
Das schicke Lokal im Londoner Stil bietet asiatisch-mediterrane Küche und ist ein lebhafter Dauerbrenner in SoBe. Große Klasse ist der Sonntagsbrunch.
✆ 1022 Lincoln Road, South Beach • Karte R2 • 305-534-9191 • $$$

Folgende Doppelseite
Leuchtend buntes Strandwächterhäuschen in South Beach

Links **Kuppelmosaik in der Gesu Church** Rechts **Bayside Marketplace**

Downtown & Little Havana

DIESER ETWAS HERUNTERGEKOMMENE TEIL *Miamis ist für die meisten Amerikaner fremdes, wenngleich faszinierendes Terrain. Hier am Miami River nahm Ende des 19. Jahrhunderts die Stadt ihren Anfang, aber erst seit Ende der 1950er Jahre blühte Miami mit den Flüchtlingen aus Kuba auch wirtschaftlich auf. Auf den geschäftigen Straßen sieht man, dass der Zustrom aus Staaten südlich der USA noch nicht versiegt ist und Miamis Gesicht jeden Tag etwas lateinamerikanischer wird.*

TOP 10 Attraktionen

1. Miami-Dade Cultural Center
2. Freedom Tower
3. US Federal Courthouse
4. Bayside Marketplace & Bayfront Park
5. Bank of America Tower
6. Gusman Center for the Performing Arts
7. Flagler Street
8. Gesu Church
9. Ingraham Building
10. Calle Ocho & Umgebung

Kachelbild, Little Havana

Adressen & Veranstaltungshinweise im Online-Magazin
www.downtownmiami.com

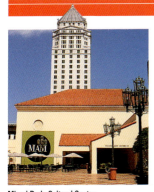

Miami-Dade Cultural Center

1 Miami-Dade Cultural Center

Der 1982 vom amerikanischen Stararchitekten Philip Johnson um eine Plaza herum errichtete Komplex im mediterranen Stil beherbergt das Miami Art Museum *(siehe S. 42)*, das Historical Museum of Southern Florida *(siehe S. 42f)* und eine öffentliche Bibliothek mit rund vier Millionen Büchern. ⓢ *101 West Flagler St, Downtown • Karte M2 • Bibliothek: Mo–Sa 9–18 Uhr (Do bis 21 Uhr), So 13–17 Uhr*

2 Freedom Tower

Das Wahrzeichen von Downtown wurde 1925 im mediterranen Stil in Anlehnung an die Giralda erbaut, einen 800 Jahre alten Glockenturm im spanischen Sevilla. Das Gebäude war anfangs Sitz der mittlerweile eingestellten *Miami Daily News*, in den 1960er Jahren wurde es zum Einwanderungszentrum für mehr als 500 000 Exilkubaner. Nach einer Restaurierung im Jahr 1988 birgt der Freedom Tower heute in seiner Lobby ein Kuba-Museum. ⓢ *600 Biscayne Blvd, Downtown • Karte N1*

3 US Federal Courthouse

In dem schönen klassizistischen Gerichtsgebäude von 1931 fanden einige wichtige Prozesse statt, so z. B. 1990 jener gegen Panamas früheren Präsidenten Noriega. Hier blickte dieser in einer Zelle seinem Verfahren wegen internationalen Drogenhandels entgegen. Hauptattraktion ist das Wandbild *Law Guides Florida's Progress* im ersten Stock. Es stammt von Denman Fink, der durch Arbeiten in Coral Gables berühmt wurde, und stellt Floridas Entwicklung von einer Wildnis zu einem der reichsten Staaten der USA dar. ⓢ *301 North Miami Ave, Downtown • Karte N1 • Mo–Fr 8–17 Uhr; an Feiertagen & während wichtiger Prozesse geschl.*

4 Bayside Marketplace & Bayfront Park

Der Shopping- und Unterhaltungskomplex, der sich um die Miamarina erstreckt, ist wohl die größte Attraktion in Downtown. Es ist nicht South Beach, doch auch hier ertönt *La Vida Loca*, oft von Live-Salsabands auf dem offenen Platz. Läden wie Guess?, Structure, Victoria's Secret und Foot Locker sowie rund 30 Lokale, die von Eiscreme bis Paella alles anbieten, machen die Meile zum Erlebnis. Südlich davon liegt der von Isamu Noguchi gestaltete, weitläufige Bayfront Park. Mit den Grünflächen und Seen, Skulpturen und Denkmälern und der schönen Aussicht bietet er nette Abwechslung. ⓢ *401 Biscayne Blvd, Höhe 4th St, Downtown • Karte P1/P2 • www.baysidemarketplace.com • Mo–Do 10–22 Uhr, Fr & Sa 10–23 Uhr, So 11–21 Uhr*

Freedom Tower

Die Top-10-Attraktionen von Little Havana **siehe S. 14f**

Links **Bank of America Tower** Rechts **Ingraham Building**

Bank of America Tower

Das eindrucksvollste Hochhaus der Stadt stammt vom Stararchitekten I. M. Pei, der auch die Glaspyramide im Hof des Pariser Louvre und den gläsernen Anbau am Berliner Zeughaus Unter den Linden schuf. Tagsüber zieht das abgestufte halbzylindrische Gebäude die Blicke durch seine Op-Art-Gestaltung mit horizontalen Ringen auf sich, nachts durch die Lichtspiele in wechselnden Farben. Das Bürogebäude von 1983 hieß zunächst Centrust Tower, trägt aber heute den Namen des Hauptmieters. *International Place, 100 SE 1st St, Downtown • Karte N2*

Gusman Center for the Performing Arts

Das Theater von 1926 besitzt ein prächtiges maurisches Interieur. Es ist im prunkvollen Olympia Building untergebracht. In der Anfangszeit als Varieté trat Rudy Vallee auf, später gastierte auch Elvis Presley hier. Der Zuschauerraum wirkt wie ein Palast aus Tausendundeiner Nacht – mit Türmchen, Säulen und Sternen an der Decke. Nur für diesen Anblick lohnt es sich bereits, ein Ticket für eine der Veranstaltungen zu kaufen. *174 E Flagler St, Höhe SE 1st Ave, Downtown • Karte N2 • 305-372-0925*

Gusman Center

Tor zu Lateinamerika

Zwei Drittel der Bevölkerung Miamis sind lateinamerikanischer Herkunft. Im *Miami Herald* stehen Nachrichten aus Caracas, Bogotá, Managua und vor allem Havana stets an erster Stelle. All diese Verbindungen haben Miami zum Drehkreuz für den Handel zwischen den USA und Lateinamerika werden lassen.

Flagler Street

Kleine Läden und Straßenhändler säumen die geschäftig laute und grelle Hauptstraße in Downtown. Die Galería International Mall (243 East Flagler Street, Höhe SE 2nd Avenue) bietet gute und günstige Ethno-Snacks an, einen Block weiter liegt das elegante Gusman Center. Auf Höhe der NE 2nd Avenue stellt das Alfred I. DuPont Building (1937–39) einen Lobgesang auf den Art déco im Stil der Weltwirtschaftskrisen-Moderne dar. *Karte N2*

Gesu Church

Dieser mediterrane Bau im spanischen Kolonialstil (1922) ist die älteste katholische Kirche in Miami. Wöchentlich werden hier Dutzende Messen auf Englisch und Spanisch abgehalten. Die Kirche ist für ihre in München gefertigten

Little Havana im Internet
http://miami.travelape.com/attractions/little-havana

Gesu Church

Buntglasfenster berühmt. Das Deckenfresko wurde Ende der 1980er Jahre von einem einzigen Mann, einem Flüchtling aus Nicaragua, sorgfältig restauriert.
⌖ 118 NE 2nd St, Downtown • Karte N1
• 305-379-1424

Ingraham Building
Das 1926 fertiggestellte Gebäude zeigt eine Art Renaissancestil: Die zwölf Stockwerke sind mit Kalkstein verkleidet, das Dach ist mit spanischen Fliesen gedeckt. Das prachtvolle Innere präsentiert eine mit Blattgold und Messinginsignien des Gebäudes verzierte Decke. Die Lampen, der Briefkasten und der Wegweiser in der Lobby sind noch Originalstücke. Goldene Motive am Aufzug zeigen Naturszenen Südfloridas. ⌖ 25 SE 2nd Ave, Höhe E Flagler St, Downtown • Karte N2

Calle Ocho & Umgebung
Hier findet sich ein Stück kubanischer Kultur, gewürzt mit allerlei anderen hispanischen und karibischen Einflüssen. Seit der Revolution auf Kuba ist Miami mehr und mehr kubanisch geworden, was an der Vielzahl an Immigranten liegt, die das Heimweh nach ihrer Insel noch immer kultivieren (siehe S. 14f).

Spaziergang durch die Calle Ocho

Morgen

Für Zigarrenfreunde ist **El Crédito** (siehe S. 14 & S. 88) an der Ecke SW 11th Avenue erster Halt. Einige Türen weiter bietet die **Botánica El Aguila Vidente** (siehe S. 88) jede Menge Devotionalien an, vor allem eindrucksvolle Gipsfiguren.

Auf Höhe der SW 13th Avenue können Sie am **Denkmal der Brigade 2506** (siehe S. 44) den gefallenen kubanischen Freiheitskämpfern Ehre erweisen, bevor Sie den herrlichen Obstmarkt **Los Pinareños Fruteria** (siehe S. 88) besuchen. Da im **Domino Park** (siehe S. 14) an der Ecke SW 15th Avenue immer gerade eine spannende Partie läuft, lohnt es sich, auch hier vorbeizuschauen.

Danach ist es Zeit für einen Kaffee im reizenden **Exquisito** (siehe S. 89), das auch leckere Snacks anbietet. Mit etwas Glück ergattern Sie einen der netten Tische im Freien.

Später Vormittag

Einen Block weiter haben Sie in der **Agustín Gaínza Gallery** (siehe S. 88) Gelegenheit, lateinamerikanische Kunst zu erwerben und vielleicht den Künstler persönlich zu treffen.

Im Anschluss können Sie zwanglos weiterschlendern und entdecken, was es zu entdecken gibt. Verpassen Sie dabei nicht den bunten Eingang zu **La Casa de los Trucos** (siehe S. 88). Falls Sie Hunger verspüren, steuern Sie **La Carreta I** (siehe S. 89) an, wo echt kubanisches Essen zu günstigen Preisen wartet.

Regionen von Miami – Downtown & Little Havana

Zu Informationsmöglichkeiten in den einzelnen Regionen Miamis siehe S. 135

Links **Teatro de Bellas Artes, Calle Ocho** Rechts **Metromover**

TOP 10 Spaziergänge, Fahrten & Blicke

1 Bayside Marketplace
Der Komplex neben der eindrucksvollen American Airlines Arena ist ein Mix aus Disney-Themenpark und internationalem Basar. Ein Spaziergang am Wasser ist immer schön *(siehe S. 83)*.

2 Flagler Street
Der Bummel durch das Herz von Downtown Miami erinnert an Märkte in Lateinamerika: bunt, grell, etwas schäbig – und nachts nicht ungefährlich *(siehe S. 84)*.

3 Calle Ocho
Die Gegend zwischen 11th und 17th Avenue ist herrlich zum Spaziergehen. Unterwegs kann man Ethno-Läden besuchen und köstliche kubanische Spezialitäten probieren *(siehe S. 85)*.

4 Architektur-Spaziergang
Die interessantesten Gebäude der Gegend *(siehe S. 83–85)* reihen sich auf einer Länge von etwa sechs Blocks an 1st und 2nd Avenue aneinander. Aber auch das klassizistische Miami-Dade County Courthouse, drei Blocks entfernt, ist wegen der Decke im eindrucksvollen Foyer einen Blick wert. ❧ *Karte N1/N2*

5 Fahrt durch Little Havana
Den umfassendsten Eindruck von Little Havana vermittelt eine Fahrt vom José Martí Park im Osten bis zur 34th Avenue im Westen, wo auch der Woodlawn Park Cemetery und das Restaurant Versailles liegen *(siehe S. 15)*.

6 Blick auf Downtown
Einige der schönsten Blicke auf Downtown hat man von den Freeways. Vor allem wer nachts von South Beach über den MacArthur Causeway fährt, genießt ein herrliches Bild. Den imposantesten Blick auf die Skyline bietet der Rickenbacker Causeway.
❧ *Karte P1 & M6*

7 Fahrt mit dem Metromover
Der Metromover fährt auf zwei Hochstraßen um Downtown herum und ermöglicht tolle Ausblicke *(siehe S. 137)*.

8 Ein Calle-Ocho-Café
Das Exquisito *(siehe S. 89)* ist das beste Café der Straße und herrlich geeignet, um bei Musik das faszinierende Leben in der Gegend zu beobachten.

9 José Martí Park
Den reizenden kleinen Park am Miami River zieren Kolonnaden und Pavillons, spanische Straßenlaternen, Palmen und ein großartiger Kinderspielplatz.
❧ *Karte M2*

10 Bayfront Park
Direkt an der schönen Biscayne Bay gestaltete Noguchi diesen Park als »ein Stück Kunst im Herzen der Neuen Welt«. Seine Skulpturen sind umgeben von üppigem Grün, einem kleinen Sandstrand, einem Steingarten, Kaskadenbrunnen, Palmen und Olivenbäumen. ❧ *Karte P1/P2*

Bayside Marketplace im Internet **www.baysidemarketplace.com**

Links **Los Ranchos of Bayside** Rechts **Gusman Center**

Latino-Theater, -Kunst & -Musik

1 Teatro de Bellas Artes
Das Calle-Ocho-Theater produziert pro Jahr acht Stücke und Musicals in spanischer Sprache, meist spanische Originale, aber auch Übersetzungen wie etwa Tennessee Williams' *Endstation Sehnsucht*. 🕾 *2173 SW 8th St • Karte G3 • 305-325-0515*

2 Porcão
Die kleine Club-Bar bietet mit die beste brasilianische Live-Musik der Stadt – vor allem dann, wenn die temperamentvolle Sängerin Rose Max auftritt.
🕾 *Four Ambassadors Hotel, 801 Brickell Bay Dr • Karte N3 • 305-373-2777*

3 Cultura del Lobo
Das Programm umfasst Musik, Tanz, Film, bildende und darstellende Kunst – der Akzent liegt auf zeitgenössischen Werken und Soloauftritten. 🕾 *Miami-Dade Community College, Wolfson Campus, 300 NE 2nd Ave, Höhe NE 3rd St • Karte N1*

4 Teatro Ocho
Das Haus der Hispanic Theater Guild setzt vorwiegend auf aktuelle Stücke, die Diskussionsstoff bieten und für frischen Wind in der kubanischen Gemeinde sorgen. 🕾 *2101 SW 8th St • Karte G3*

5 Miami Art Museum
Zur Dauerausstellung des Hauses gehört auch eine Abteilung über kubanische Kunst, die u. a. Werke des modernen Künstlers Wisredo Lamb präsentiert *(siehe S. 42)*.

6 Casa Juancho
Das beliebte Restaurant in Little Havana ist sowohl für seine preisgekrönte Küche als auch für spanische Darbietungen bekannt. Es gibt eine Pianobar, einzelne Gitarristen und eine tolle Flamenco-Show. 🕾 *2436 SW 8th Ave, Little Havana • Karte G3 • 305-642-2452*

7 Manuel Artime Theater
Eine einstige Baptistenkirche ist nun ein hochmodernes Theater mit 800 Plätzen und Spielstätte des Miami Hispanic Ballet, das das alljährliche International Ballet Festival veranstaltet. 🕾 *900 SW 1st St • Karte L2 • 305-575-5057*

8 Gusman Center for the Performing Arts
Die bedeutende Bühne in Downtown präsentiert vielerlei lateinamerikanische Vorstellungen, darunter auch Filme während des jährlichen Miami Film Festival *(siehe S. 84)*.

9 Los Ranchos of Bayside
In dem beliebten Restaurant am Bayside Marketplace wird neben klassischen Steakhouse-Gerichten auch lateinamerikanische Küche geboten. 🕾 *401 Biscayne Blvd • Karte P1 • 305-375-8188*

10 Casa Panza
An mehreren Abenden der Woche gibt es in diesem authentisch spanischen Restaurant im kubanischen Herzen der Calle Ocho hervorragende Flamenco-Darbietungen *(siehe S. 89)*.

Konventionellere Theater & Musik in Miami **siehe S. 38f**

Links **Botánica El Aguila Vidente** Mitte **Agustin Gaínza Gallery** Rechts **Los Pinareños Fruteria**

Latino-kubanische Läden

1 Botánica El Aguila Vidente
Dies ist die stimmungs- und geheimnisvollste aller *botánicas* entlang der Calle Ocho *(siehe S. 15 & S. 48)*.

2 Agustín Gaínza Gallery
Der Namensgeber, ein gefeierter kubanischer Künstler, stellt hier neben eigenen Werken auch die von kubanischen und lateinamerikanischen Zeitgenossen aus. ✆ *1652 SW 8th St • Karte J3 • 305-644-5855*

3 Versailles Bakery
Gehen Sie nicht nach Hause, bevor Sie die hausgemachten Köstlichkeiten dieses Cafés versucht haben. Zu kubanischem Kaffee gibt es sündhaft leckere Torten oder Käsekuchen. ✆ *3501 SW 8th St • Karte G3 • 305-441-2500*

4 El Crédito
Unter der süßen Duftwolke reinen Tabaks können Sie in der sichtlich alten Zigarrenmanufaktur beim Rollen der edlen Stücke zusehen *(siehe S. 14)*.

5 Los Pinareños Fruteria
In diesem entzückenden Obstladen finden sich alle erdenklichen Sorten exotisch-karibischer Früchte wie Mammey-Äpfel und kleine »Apfel«-Bananen. Ein nettes Café und eine Saftbar gibt es auch. ✆ *1334 SW 8th St • Karte K3*

6 La Casa de los Trucos
Zu Karneval oder Halloween sorgt dieser Laden für Ihre Kostümierung. Die Möglichkeiten sind unbegrenzt und die Preise günstig – ob dezent oder bizarr, ob gekauft oder geliehen. ✆ *1343 SW 8th St • Karte K3 • 305-858-5029*

7 Havana Shirt
Hier am trendigen Bayside Marketplace gibt es die besten Shirts mit kubanischen Motiven, aber auch die üblichen Modelle für den Strand in großer Auswahl. ✆ *401 Biscayne Blvd • Karte K3 • 305-373-7720*

8 Havana To Go
Auf der Suche nach echt Kubanischem werden Sie hier sicher fündig: Der Laden führt alles – von Kunstdrucken über Telefonbüchern bis zu Zigarren. ✆ *1442 SW 8th St • Karte J3 • 305-857-9720*

9 Seybold Building
Auf mehreren Stockwerken gibt es Schmuck und Uhren im Einzel- wie auch im Großhandel. Die Preise sind sehr günstig und bei der riesigen Auswahl kann man sich nur schwer für ein Stück entscheiden. ✆ *36 NE 1st St • Karte N2 • 305-374-7922*

10 Ritmo Latino
Der Laden für Latin Music führt neben einer gewaltigen Auswahl an Tonträgern auch CD- und DVD-Spieler und sogar Schokolade. Außerdem bekommt man hier Tickets für alle wichtigen Konzerte lateinamerikanischer Künstler in Miami. ✆ *10134 West Flagler St • Karte G3 • 305-553-0650*

Ungewöhnliche Läden nördlich von Downtown **siehe S. 94**

Preiskategorien

Preis für ein Drei-Gänge-	$ unter 20 $
Menü pro Person mit	$$ 20–40 $
einer halben Flasche	$$$ 40–55 $
Wein, inkl. Steuern	$$$$ 55–80 $
und Service.	$$$$$ über 80 $

Links **Versailles** Rechts **El Atlakat**

TOP 10 Latino-kubanische Restaurants

1 Versailles
Die Little-Havana-Institution ist ein kubanisches Diner in schicker Verkleidung *(siehe S. 15 & S. 60f)*. ✆ *3555 SW 8th St, Höhe SW 35th Ave • Karte G3 • 305-444-0240 • $$$*

2 Garcia's Seafood Grille & Fish Market
Der Familienbetrieb bewirtet Gäste drinnen und draußen, nur warten muss man ein bisschen. Toll sind die Fischsuppe und der Muschelsalat. ✆ *398 NW North River Dr • Karte L1 • 305-375-0765 • $$*

3 Exquisito Restaurant
Das authentischste – und günstigste – Lokal der Calle Ocho schätzen auch die Einheimischen. Neben gewöhnungsbedürftigen Gerichten wie gebackenem Hirn und Pferdeeintopf ist mit Cajun-Hummer, Shrimps und Schweineschnitzel auch für »Gringomägen« gesorgt. ✆ *1510 SW 8th St, Little Havana • Karte J3 • 305 643-0227 • $$*

4 El Atlakat
Genießen Sie die Küche El Salvadors in heiterem Ambiente mit hübschen Wandbildern. Die Karte konzentriert sich auf Huhn und Meeresfrüchte. ✆ *3199 SW 8th St • Karte G3 • 305-649-8000 • $$$*

5 La Carreta I
Vom Essen bis zu den Gästen ist hier alles durch und durch kubanisch. Das Lokal in Little Havana bietet rund um die Uhr gute Kost zu reellen Preisen. ✆ *3632 SW 8th St • Karte G3 • 305-444-7501 • $$$*

6 Casa Panza
Das behagliche spanische Restaurant ist bekannt für seine Paella und die Flamenco-Shows, die an mehreren Abenden in der Woche stattfinden. ✆ *1620 SW 8th St • Karte J3 • 305-643-5343 • $$$*

7 Old Lisbon
Gerichte wie *sardinhas assadas* (gegrillte Sardinen), *salada polvo* (Oktopussalat), Miesmuscheln, Tintenfisch und Käse repräsentieren die portugiesische Küche. ✆ *1698 SW 22nd St • Karte J5 • 305-854-0039 • $$$$*

8 El Crucero
Die erstaunliche kubanische Küche wird in altmodischer Gastlichkeit präsentiert. Tagesgerichte stehen an der Tafel. Runden Sie Ihr Essen mit *natilla*, einer süßen Vanillecreme mit karamellisierter Haube, ab. ✆ *7050 SW 8th St • Karte F3 • 305-262-1966 • $$*

9 Cancun Grill
Zur mexikanischen Kost gehören Fisch-*ceviche, taquitos rancheros* und Bananen-Tortillas. ✆ *15406 NW 77th Court, Miami Lakes • Karte G2 • 305-826-8571 • $$$*

10 Guayacan
Das gemütliche kubanische Lokal hat einen flotten nicaraguanischen Einschlag. Sehr lecker ist *pescado a la Tipitapa* oder frittierter Red Snapper in Zwiebel-Pfeffersauce, aber auch die Suppen sind ganz wunderbar. ✆ *1933 SW 8th St • Karte J3 • 305-649-2015 • $$$*

Wenn nicht anders angegeben, akzeptieren alle Restaurants Kreditkarten und bieten auch vegetarische Gerichte an.

Links **Boutique in Bal Harbour** Mitte **Design District** Rechts **Rennbahn im Gulfstream Park**

Nördlich von Downtown

DIE VIERTEL NÖRDLICH *von Miami Beach und Downtown sind ein seltsam anmutender Mix aus öder Vorstadt und städtischem Chic, verarmten Volksgruppen und Erfolgselite. Weniges ist hier besonders malerisch, aber die Strände zählen zu den schönsten der Gegend. Tatsächlich haben große Teile Nord-Miamis den Ruf eines Slums. Bei allem Lokalkolorit kann die Atmosphäre doch ziemlich feindselig sein und Vorsicht gebieten. Abgesehen davon finden sich hier gute Restaurants und faszinierende Sehenswürdigkeiten wie z. B. eines der ältesten Gebäude Amerikas.*

Mode im Angebot

Attraktionen

1. Spanisches Kloster
2. Little Haiti
3. Opa-Locka
4. Gulfstream Park
5. Bal Harbour
6. Museum of Contemporary Art
7. Design District
8. Haulover Park & Beach
9. Arch Creek Park & Museum
10. Greynolds Park

Vorsicht ist in Opa-Locka, Little Haiti und bei einer Fahrt durch Hialeah geboten. Liberty City und Overtown sollten Sie meiden.

Links **Eisenzierrat, Spanisches Kloster** Rechts **Fassade in Little Haiti**

1 Spanisches Kloster

Amerikas ältestes Gebäude in europäischer Tradition wurde 1133–41 bei Segovia in Spanien errichtet. Der Verleger William Randolph Hearst kaufte den Bau mit Kreuzgang 1925, ließ ihn abtragen, die Einzelteile in Holzkisten verpacken und in die USA verschiffen. Nach langem Hin und Her wurden sie dann Anfang der 1950er Jahre für 1,5 Millionen Dollar in Miami wieder zusammengesetzt *(Tour siehe S. 93)*. ◊ *16711 W Dixie Hwy, North Miami Beach • Karte H1 • 305-945-1461 • www.spanishmonastery.org • Mo–Sa 9–17 Uhr, So 13.30–17 Uhr (bei Hochzeiten u. Ä. für Besucher geschl., also am Wochenende besser vorher anrufen) • Eintritt*

2 Little Haiti

Die große Armut hier – nur Schritte vom Reichtum entfernt – ist bestürzend. Der Caribbean Marketplace sollte den Fremdenverkehr ankurbeln, doch die kritische Aufnahme hielt den Erfolg in Grenzen. ◊ *NE 2nd Ave, zwischen NE 55th & NE 80th St • Karte G2 • Caribbean Marketplace: 5927 NE 2nd Ave*

3 Opa-Locka

Der heute heruntergekommene Bezirk trägt den Spitznamen »Bagdad von Dade County« für die baulichen Tollheiten, die sich Glenn Curtiss in den 1920er Jahren ausdachte. Das restaurierte Rathaus mit Minaretten, Goldkuppeln und maurischen Bogen ist das beste Beispiel. (Nicht zu weit davon entfernen!) ◊ *Kreuzung NW 27th Ave & NW 135th St • Karte G2*

4 Gulfstream Park

Auf zwei Rennstrecken laufen hier von Januar bis April Vollblutpferde um die Wette, Höhepunkt ist das angesehene Florida Derby im März. Übertragungen von Rennen sind das ganze Jahr über zu sehen. Neben Pferdewetten kann man sein Glück auch im Casino versuchen. ◊ *901 S Federal Hwy, Hallandale • Karte H1 • 954-454-7000 • www.gulfstreampark.com*

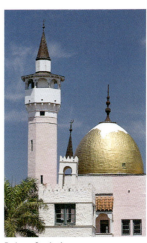

Rathaus, Opa-Locka

Tipps zur Sicherheit **siehe S. 139**

Regionen von Miami – Nördlich von Downtown

Haulover Park Beach, nördlich von Bal Harbour

5 Bal Harbour

Die Inseln nördlich von Miami Beach nehmen hauptsächlich elegante Wohngegenden ein – dieses ist die eleganteste. Bal Harbour ist nicht nur für seine protzigen Hotels bekannt, hier liegt auch eine der schicksten Malls überhaupt. Prozentual soll es hier mehr Millionäre geben als in jeder anderen Stadt der USA. Der Stil der entschieden snobistischen Bal Harbour Shops ist geprägt durch reiche alte Damen und Wachpersonal in neokolonialen Uniformen samt Tropenhelm. Die ganze 96th Street säumen Galerien, Delikatessenläden und Praxen von Schönheitschirurgen *(siehe S. 54).*

6 Museum of Contemporary Art

1996 öffnete das hochmoderne MOCA seine Türen für die Öffentlichkeit. Es glänzt mit kühnen Ausstellungen und einer frischen Her-

Museum of Contemporary Art

> **Zusammenprall von Klassen & Kulturen**
>
> Der Großraum Miami ist ein brodelnder Kessel voller kultureller Gegensätze. Viele unterprivilegierte Schwarzenviertel liegen nur einen Steinwurf von den exklusivsten Läden entfernt. In anderen Gegenden fristen ärmste Neueinwanderer aus Kuba, Haiti und anderen mittelamerikanischen Staaten ihr Leben in überfüllten, verwahrlosten Unterkünften.

angehensweise an die Kunst unserer Zeit. ◊ *770 NE 125th St • Karte G2 • 305-893-6211 • www.mocanomi.org • Di, Do, Fr & Sa 11–17 Uhr, Mi 13–21 Uhr, So 12–17 Uhr • Eintritt*

7 Design District

Anfangs war hier nur ein Ananashain, doch als sich in den 1920er Jahren einige Raumausstatter in der Gegend niederließen, erhielt diese den Namen Decorators' Row. In den 1980er Jahren kämpfte das Viertel mit einer hohen Verbrechensrate, inzwischen hat es sich jedoch erholt: Erneut dominieren Top-Ausstatter, Möbel- und Lampenläden das Bild. Fotografen und Künstler aus SoBe zog es wegen der günstigen Miete hierher. ◊ *N Buena Vista zwischen 36th & 41st St und NE 2nd & N Miami Ave • Karte G2*

Bal Harbour im Internet www.balharbourgov.com;
Bal Harbour Shops www.balharbourshops.com

Design District

Haulover Park & Beach
Zum Haulover Park gehört einer der schönsten Strände Südfloridas – über zwei Kilometer goldener Sand locken vor allem am Wochenende unzählige Sonnenanbeter hierher. Der Strand zwischen Intracoastal Waterway und Atlantik ist ideal zum Surfen und Schwimmen. Der Park selbst bietet eine Marina, ein Restaurant, Tennisplätze, einen Neun-Loch-Golfplatz und einen Laden für Flugdrachen. *10800 Collins Ave • Karte H1 • 305-947-3525*

Arch Creek Park & Museum
Die Anlage rund um eine natürliche Kalkstein-Brückenformation war früher einmal Teil eines wichtigen Indianerpfades. Ein Museum mit Naturzentrum zeigt Gerätschaften dieses Volkes. Zoologen führen durch den Park und informieren über heimische Tiere, Vögel, Insekten und Bäume. *1855 NE 135 St • Karte G2*

Greynolds Park
Diese schattige Zuflucht für Jogger, Golfspieler und andere Aktive ist landschaftlich hübsch mit heimischen und exotischen Pflanzen gestaltet: Hier wachsen Mangroven, Königspalmen, Palmitos, Pampasgras, Seetrauben und Gumbo-Limbo-Bäume. Es gibt Beachvolleyball-Felder, einen Kinderspielplatz und zahlreiche Picknicktische. *17530 W Dixie Hwy • Karte H1 • am Wochenende Eintritt*

Ausflug zum Spanischen Kloster

Vormittag
Vom Zentrum Miamis geht es auf dem Biscayne Boulevard (Hwy 1) nach Norden. Halten Sie bei interessanten Läden für einen Bummel an. Die Fahrt über die NE 163rd Street nach links und die NE 22nd Avenue (W Dixie Hwy) nach rechts führt Sie zum **Spanischen Kloster** rechts hinter dem Kanal.

Der Besuch dieses reizvollen kleinen Stücks mittelalterlichen Europas auf amerikanischem Boden kann Ehrfurcht einflößen. Für Europäer, die zu Hause schon viele solcher Gebäude gesehen haben, ist Hearsts Hingabe an sein Projekt besonders erstaunlich.

Beginnen Sie Ihren Rundgang beim Souvenirladen/Museum, von wo es dann hinaus in den Patio, durch den Garten, den Kreuzgang und die Innenräume samt Kapelle geht und wieder zurück zum Souvenirladen.

Besondere Beachtung verdienen ein 800 Jahre altes Taufbecken, die lebensgroße Statue des spanischen Königs Alfons VII. (das Kloster wurde zum Gedenken an dessen Sieg über die Mauren erbaut) und zwei runde Buntglasfenster aus dem 12. Jahrhundert, von denen es überhaupt nur noch drei Exemplare gibt.

Nachmittag
Dem spanischen Motto entsprechend sollten Sie im nahen **Paquito's Mexican Restaurant** *(siehe S. 95)* essen. Auf dem Rückweg lohnt ein Abstecher über die NE 2nd Avenue durch das bunte **Little Haiti**.

Regionen von Miami – Nördlich von Downtown

Veranstaltungen in den Parks in & um Miami
www.co.miami-dade.fl.us/parks

Links **Vierge Miracle** Rechts **Sammlerstücke im Divine Trash**

Ungewöhnliche Läden

1 Vierge Miracle & Botánica Saint Philippe
In diesem authentischen Laden im Herzen von Little Haiti ist ein wenig Französisch sehr hilfreich, wenn man mehr über all die Seifen, Sprays und Lotions erfahren will. ✆ *5910 NE 2nd Ave • Karte G3*

2 Rebel
Die Nobelboutique führt sowohl Freizeitkleidung als auch Abendgarderobe. Man kommt kaum umhin, hier ein Lieblingsstück herauszutragen. ✆ *6669 Biscayne Blvd • Karte G3 • 305-758-2369*

3 Divine Trash
Donna Ashby, die charmante Besitzerin dieses Ladens für Antiquitäten, Kunst und Trödel jeder Art, ist eine lokale Berühmtheit. Versäumen Sie nicht den Orchideengarten und das große Spa im Obergeschoss. ✆ *7244 Biscayne Blvd • Karte G3*

4 Addict
Unter der großen Auswahl an Sneakers für die ganze Familie finden sich auch einige sehr ausgefallene Modelle. ✆ *Bal Harbour Shops, 9700 Collins Ave • Karte H2 • 305-864-1099*

5 Art By God
Die imposante Mineralienhandlung führt neben rohen und geschliffenen Halbedelsteinen auch Fossilien, Muschelschalen, präparierte Insekten und Schmetterlinge und sogar ausgestopfte Tiere. ✆ *3705 Biscayne Blvd • Karte G3*

6 Intermix
Ob 18 oder 50 Jahre – hier kleidet sich die anspruchsvolle Frau ein. ✆ *Bal Harbour Shops, 9700 Collins Ave • Karte H2 • 305-993-1232*

7 Rasool Sportswear
Der Laden ist für seine Herrenschuhe aus Krokodilleder bekannt, führt aber auch Anzüge, City-Outfits und T-Shirts mit kunstvollen Motiven. ✆ *6301 NW 7th Ave • Karte G3 • 305-759-1250*

8 Mini Oxygene
Für Kinder gibt es hier Mode von Armani bis Mona Lisa. ✆ *Bal Harbour Shops, 9700 Collins Ave • Karte H2 • 305-868-4499*

9 Underdog Denim
Zum bunten Angebot dieses Herrenausstatters zählen Party-Shirts, Puma-Schuhe, Schmuck, Designerjeans und vieles mehr. ✆ *6665 Biscayne Blvd • Karte G3 • 305-756-5151*

10 The Art of Shaving
Hier erhält Mann alles, was er für die Rasur braucht – und sogar einen neuen Haarschnitt. ✆ *Bal Harbour Shops, 9700 Collins Ave • Karte H2 • 305-865-0408*

The Art of Shaving

Latino-kubanische Läden siehe S. 88

Preiskategorien		
Preis für ein Drei-Gänge-	$	unter 20 $
Menü pro Person mit	$$	20–40 $
einer halben Flasche	$$$	40–55 $
Wein, inkl. Steuern	$$$$	55–80 $
und Service.	$$$$$	über 80 $

La Paloma

🔟 Restaurants

Regionen von Miami – Nördlich von Downtown

1 Soyka
Das riesige Lokal mit Bistro-Ambiente und aufregender italienischer Karte gehört dem Mann, der auch das News Café *(siehe S. 78)* betreibt. Der in Sesam gebratene Lachs mit Spinat, Shiitake-Pilzen und süßer Sojasauce ist einfach sensationell. ❧ *5556 NE 4th Ct • Karte G3 • 305-759-3117 • $$$*

2 P. F. Chang's China Bistro
Das freundliche moderne Restaurant bereitet seine chinesischen Speisen in einer offenen Küche zu. Probieren Sie Lamm aus dem Wok oder Garnelen mit grünen Erbsen. ❧ *17455 Biscayne Blvd • Karte G3 • 305-957-1966 • $$$*

3 Michael's Genuine Food & Drink
Das beste Restaurant in Miamis Design District präsentiert eine einzigartige Speisekarte. Allein der Key-Lime-Käsekuchen ist die Fahrt hierher wert. ❧ *130 NE 40th St • Karte G3 • 305-573-5550 • $$$$*

4 Bice
Großzügige Portionen feiner milanesischer Gerichte werden freundlich serviert. ❧ *Le Meridien Sunny Isles Beach Hotel, 18683 Collins Ave • Karte H2 • 305-503-6011 • $$$$*

5 Hanna Gourmet Diner
Bei Hanna gibt es selbst gemachte Suppen, originelle Salate wie Tomaten mit Fenchel und Ziegenkäse, Pfeffersteak und leckere Obsttorten. ❧ *13951 Biscayne Blvd • Karte G3 • 305-947-2255 • $$$*

6 Chef Allen's
Genießen Sie Allens internationale Küchenkunst mit indisch inspirierten Gerichten wie »Cowboy«-Steak mit Tamarinde und Chili oder Hummerkrabbentörtchen mit Chutney. ❧ *19088 NE 29th Ave • Karte G1 • 305-935-2900 • $$$$$*

7 La Paloma
Das Dekor grenzt an Kitsch, doch Austern Rockefeller, Piccata Milanese oder Mandelforelle sind einfach lecker. Zu jedem Hauptgericht wird ein köstlicher Salat gereicht. ❧ *10999 Biscayne Blvd • Karte G3 • 305-891-0505 • $$$$$*

8 Paquito's Mexican Restaurant
Hier erwarten Sie frische Tortilla-Suppe, Steak »Paquito's« in Jalapeño-Zwiebel-Sauce und eine tolle *mole verde*. ❧ *16265 Biscayne Blvd • Karte G3 • 305-947-5027 • $$$*

9 Prezzo Martini Bar & Grill
Das beliebte Lokal hat auch Tische im Freien. An der Bar trifft sich die örtliche Single-Szene, die Senioren der Gegend lieben das Dinner bei Sonnenuntergang. ❧ *18831 Biscayne Blvd • Karte G1 • 305-931-5775 • $$$*

10 The Crab House Seafood Restaurant
Wer Meeresfrüchte mag, ist hier richtig. Es gibt auch Austern oder Nordische Eismeerkrabben und ein tolles kaltes All-you-can-eat-Büfett. ❧ *1551 NE 79th St Causeway • Karte G3 • 305-868-7085 • $$$*

 Wenn nicht anders angegeben, akzeptieren alle Restaurants Kreditkarten und bieten auch vegetarische Gerichte an.

Links **Venetian Pool** Mitte **Einer von Merricks Träumen** Rechts **Lowe Art Museum**

Coral Gables & Coconut Grove

CORAL GABLES UND COCONUT GROVE *bilden zusammen eines der reichsten Viertel im Großraum Miami. Ersteres ist eigentlich eine Stadt für sich, Letzteres dagegen der älteste Stadtteil Miamis, in dem sich auch das Rathaus befindet. Coral Gables war einer der ersten »geplanten« Orte des Landes und ist durchweg piekfein. Coconut Grove zeigt hingegen mehrere Seiten: Es ist zum einen Mittelpunkt der intellektuellen Boheme Miamis, zum anderen liegt hier auch das heruntergekommene »Black Grove«, wo Nachkommen bahamaischer Arbeiter oft in großer Armut leben.*

TOP 10 Attraktionen

1. Biltmore Hotel
2. Venetian Pool
3. International Villages
4. Miracle Mile
5. Lowe Art Museum
6. CocoWalk
7. Villa Vizcaya
8. Barnacle Historic State Park
9. Peacock Park
10. Dinner Key

Exponat in der Midori Gallery

Vorhergehende Doppelseite **Villa Vizcaya**

Biltmore Hotel

1. Biltmore Hotel
George Merrick war einer der Visionäre, die Florida zu dem machten, was es heute ist. Dieses Luxushotel ist eines seiner Denkmäler. Die prachtvolle Lobby säumen gewaltige Säulen, die Terrasse blickt auf den größten Hotelpool des Landes. Film-Tarzan Johnny Weissmüller gab hier schon Schwimmunterricht. In der Glanzzeit des Hotels weilten hier Al Capone, Judy Garland und das Herzogpaar von Windsor. Führungen durch Hotel und Anwesen starten an der Rezeption *(siehe S. 18 & S. 146).* ⊗ *Karte F3*

2. Venetian Pool
Eine von Merricks schönsten Schöpfungen bei der Verwirklichung seiner exotischen Vision ist dieser von Quellen gespeiste Pool, der bereits als Set für Filme mit Esther Williams diente *(siehe S. 18 & S. 64).* ⊗ *2701 De Sato Blvd, Coral Gables • Karte G3 • 305-460-5356 • Eintritt*

3. International Villages
Merricks Architekturträume verleihen dem schönen Ort noch immer besondere Eleganz. Alle Häuser sind in Privatbesitz, aber man kann im Vorbeifahren ihren Charme auf sich wirken lassen *(siehe S. 18f).* ⊗ *Karte G4*

4. Miracle Mile
Die Haupteinkaufsstraße der Stadt erhielt 1940 den Namen Miracle Mile (einmal hin und zurück ist es eine Meile). Bunte Markisen schmücken Läden, die so vornehm sind wie ihre Kunden. Bemerkenswerte Bauten sind Merricks Colonnade Building (Nr. 169) mit der herrlichen Rundhalle, einem spanischen Brunnen und korinthischen Säulen sowie die Old Police and Fire Station (1939), Ecke Salzedo Street und Aragon Avenue, mit martialischen Skulpturen von Feuerwehrmännern. ⊗ *Coral Way, zwischen Douglas & Le Jeune St • Karte F3/G3*

5. Lowe Art Museum
Das beste Kunstmuseum im Raum Miami zeigt bedeutende Werke von der Antike bis zur Moderne *(siehe S. 20f).* ⊗ *Karte F3*

Regionen von Miami – Coral Gables & Coconut Grove

Links **Fassade, International Villages** Rechts **Colonnade Building, Miracle Mile**

Mehr über George Merricks sagenhafte Bauwerke in Coral Gables siehe S. 18f

Links **CocoWalk** Rechts **Villa Vizcaya**

CocoWalk

Das offene zweistöckige Shopping-Center, das einige schöne Läden, Restaurants und Vergnügungsstätten beherbergt, ist das Herzstück von Coconut Grove Village. Die Atmosphäre hat tatsächlich etwas Dörfliches. Hier trifft man sich oder schaut kurz auf Inlineskates oder dem Rad vorbei, was geboten ist. In der Mitte spielt oft Live-Musik, am Abend lockt das Multiplex-Kino die Leute an. ◐ *3015 Grand Ave* • *Karte G3* • *www.cocowalk.net*

Villa Vizcaya

Die Villa symbolisiert nicht nur das Kulturleben der Stadt, sie zählt auch zu den schönsten Sehenswürdigkeiten Miamis *(siehe S. 16f)*. ◐ *Karte G3 & L6*

Barnacle Historic State Park

Das hinter einem Hartholz-Hammock versteckt liegende Haus ist das älteste im Dade County. Es wurde 1891 von Commodore Ralph Munroe errichtet, der sein Geld mit Bootsbau und dem Bergen von Schiffswracks verdiente. Er baute das Haus aus dem Holz von Wracks und sorgte dafür, dass die Luft in den Räumen frei zirkulieren konnte, was vor der Erfindung der Klimaanlage nicht unwichtig war. Die Räume sind angefüllt mit Familienerbstücken, alten Werkzeugen und anderen wunderbaren Gerätschaften. ◐ *3485 Main Highway, Coconut Grove* • *Karte G3* • *305-442-6866* • *www.floridastateparks.org* • *Fr–Mo 9–17 Uhr, Mi & Do nach Voranmeldung* • *Di & an Feiertagen geschl.* • *Führungen: 10 Uhr, 11.30 Uhr, 13 Uhr & 14.30 Uhr* • *Eintritt*

> **Große Pläne in Coconut Grove & Coral Gables**
>
> Die Gegend namens Coconut Grove wurde als erste im Gebiet von Miami besiedelt. Nach dem Bürgerkrieg erhob im Jahr 1868 Edmund Beasley nach dem Heimstättengesetz von 1862 Anspruch auf 64 Hektar Land als sein Eigentum, wenn es ihm gelänge, fünf Jahre darauf zu wohnen und es zu kultivieren – was er auch tat. Erst etwa 60 Jahre später träumte George Merrick davon, hier eine Stadt nach eigenem Ideal zu planen: Coral Gables *(siehe S. 18f)*.

Barnacle Historic State Park

Mehr über Coral Gables **www.coralgables.com**

Peacock Park

9 Wo sich in den 1960er Jahren die Grove-Hippies tummelten, wird heute an manchen Wochenenden – und vor allem bei Festivals – etwas von dem alten Zauber wieder lebendig. Benannt ist der Park nach Charles und Isabella Peacock, die mit dem Peacock Inn das erste Hotel der Gegend bauten und das einzige, das damals zwischen Palm Beach und Key West zu finden war. Heute wird der Park weitgehend von einem Baseballfeld und einem schlichten Bau der Handelskammer geprägt. ◊ *2820 MacFarlane Ave, Ecke Bayshore Drive, Coconut Grove • Karte G3*

Dinner Key

10 Der Name stammt aus frühen Tagen, als Siedler hier Picknicks veranstalteten. PanAm baute den Key in den 1930er Jahren zur verkehrsreichsten Basis für Wasserflugzeuge in den USA aus. Amelia Earhart startete hier 1937 ihren verhängnisvollen Flug um die Welt. Im ehemaligen Terminal, der den Stil der Stromlinien-Moderne zeigt, befindet sich heute das Rathaus von Miami, die Hangars dienen mittlerweile überwiegend als Bootshäuser. Die Marina ist die prestigeträchtigste Miamis und zweifellos einen Blick wert. Nicht oft sieht man so viele luxuriöse Yachten an einem Ort vor Anker liegen. ◊ *5 Bayshore Drive, Coconut Grove • Karte G3*

Dinner Key

Spaziergang durch Coconut Grove

Vormittag

Planen Sie den Ausflug an einem Tag, an dem der **Barnacle Historic State Park** geöffnet hat, und beginnen Sie dort um 10 Uhr mit einer Führung. Achten Sie auf das markante Dach, das dem Haus den Namen gab.

Im Anschluss geht es nach links bis zur Devon Road, wo die 1916 im Missionsstil erbaute **Plymouth Congregational Church** (siehe S. 47) steht. Sehen Sie sich auch den Garten an.

Wenn Sie ein paar Blocks auf dem Main Highway zurückgehen, kommen Sie zum **Coconut Grove Playhouse** (Nr. 3500). Es wird nicht mehr genutzt, doch das Gebäude im Stil des Mediterranean Revival ist sehenswert. Nur ein Stück weiter liegt das beliebte **Green Street Café** (siehe S. 102). Dort haben Sie sich ein Mittagessen verdient.

Nachmittag

Frisch gestärkt spazieren Sie auf der Commodore Plaza weiter zur **Midori Gallery** (siehe S. 104) und dann bis zur Grand Avenue. Dort biegen Sie rechts ab und kommen nach ein paar Blocks an die große Kreuzung, an der das Shopping-Mekka **CocoWalk** liegt.

In der Rice Street, einen Block weiter, verdient die hübsche Fassade der Mall **The Streets of Mayfair** (siehe S. 104) einen Blick. Beenden Sie Ihre Tour mit einem Snack im nahen **Johnny Rockets** (siehe S. 102), einem netten Diner im Stil der 1950er Jahre, wo immer etwas los ist.

Regionen von Miami – Coral Gables & Coconut Grove

 Infos zu Coconut Grove www.coconutgrove.com

Links **Eingang zum CocoWalk** Rechts **Johnny Rockets**

Besondere Orte & Events

1 Books & Books
Eine der besten Buchhandlungen im Großraum Miami liegt in einer eleganten Passage *(siehe S. 104)*.

2 CocoWalk
In dem Shopping- und Vergnügungs-Center, Herzstück von Coconut Grove Village, gibt es stets etwas oder jemanden zu sehen *(siehe S. 100)*.

3 Johnny Rockets
Das Diner im Stil der 1950er Jahre ist immer voll. Beobachten Sie bei Burger und Fritten, wie ganz Coconut Grove hier vorbeiflaniert. *3036 Grand Ecke Main Hwy, Coconut Grove • Karte G3*

4 Green Street Café
Das belebte Eckcafé ist ein weiterer prima Ort in Coconut Grove, um bei einem Drink oder Snack Leute zu beobachten. *3110 Commodore Plaza, Coconut Grove • Karte G3 • 305-444-0244*

5 King Mango Strut
Diese respektlose Tradition Miamis, bei der Ereignisse des vergangenen Jahres und die daran beteiligten Personen auf die Schippe genommen werden, stammt noch aus der Zeit, als Coconut Grove Sammelbecken für Intellektuelle und Exzentriker war. Höhepunkt der Party ist immer das Konzert mit Tanz im Peacock Park. *Start an Main Hwy, Ecke Commodore Plaza, Coconut Grove • Karte G3 • letzte Woche im Dez*

6 Coconut Grove Arts Festival
Das vielleicht beste Festival in Miami lockt mit Essen, Trinken, Konzerten und 300 Ständen mit Kunsthandwerk. *ganz Coconut Grove, v. a. Bayshore Park & Peacock Park • Karte G3 • www.coconutgroveartsfest.com • 3. Wochenende im Feb*

7 Miami-Bahamas Goombay Festival
Das bahamaische Fest mit Parade, Spezialitätenständen, karibischer Musik und *Junkanoo*-Tänzern, die durch die Straßen ziehen, ist angeblich das größte schwarzamerikanische Festival der USA. *ganz Coconut Grove • Karte G3 • erstes Wochenende im Juni*

8 Miami International Orchid Show
Florida ist ein Weltzentrum der Orchideenzucht und diese Show präsentiert mehr als eine halbe Million Blüten. *Coconut Grove Convention Center, 2700 S Bayshore Dr, Höhe SW 27th Ave • Karte G3 • 305-255-3656 • Anfang März*

9 The Improv Comedy Club
Genießen Sie die besten Stand-up-Comedians des Landes bei einem köstlichen Dinner. *3390 Mary St, Shoppes of Mayfair, Coconut Grove • Karte G3 • 305-441-8200*

10 Columbus Day Regatta
An der Regatta nehmen rund 600 Segelboote teil. *vom Coral Reef Yacht Club zum Elliot Key • www.columbusdayregatta.net • Mitte Okt*

Mehr über Miamis farbenfrohe Festivals siehe S. 40f

Links **Merricks Chinese Village** Rechts **Merrick House in Coral Gables**

🔟 Historisches zu Fuß & per Auto

1 Miracle Mile
Diese Straße ist weder eine Meile lang noch besonders wunderbar, bietet aber nette Läden und schicke Lokale *(siehe S. 99)*.

2 Coconut Grove Village
Hier kann man gut spazieren gehen *(siehe S. 101)*, sollte sich jedoch vom CocoWalk nicht weit nach Westen wagen, da »Black Grove« alles andere als einladend ist. *Karte G3*

3 Merrick Villages
Die Fahrt durch Coral Gables und die reizenden Dörfer, die im Stil verschiedener Regionen und Kulturen erbaut sind, dauert etwa zwei Stunden *(siehe S. 99)*.

4 Barnacle Historic State Park
Das reizvolle Haus von 1891 ist das älteste der Gegend und war bis 1973 von den Erben des Bauherrn bewohnt *(siehe S. 100)*.

5 Villa Vizcaya
Das Haus ist die Nachbildung einer italienischen Renaissance-Villa samt Gärten *(siehe S. 16f)*.

Swimmingpool-Grotte, Villa Vizcaya

6 Biltmore Hotel
Das einzigartig schöne Hotel wurde im Jahr 1926 eröffnet und ist sicher eines der prächtigsten der Welt *(siehe S. 99)*.

7 Congregational Church
Merricks barockes Loblied auf seinen Vater, einen Kongregationalistenpfarrer, war Coral Gables' erste Kirche und bleibt die schönste der Stadt *(siehe S. 19)*.

8 Venetian Pool
Um den Zauber des wohl schönsten öffentlichen Pools der Welt zu genießen, sollten Sie sich schon einen halben Tag Zeit nehmen *(siehe S. 18 & S. 99)*.

9 Coral Gables Merrick House
Das eher bescheidene Elternhaus von George Merrick *(siehe S. 19)*, nach dem der Ort Coral Gables benannt wurde, hat man in den Zustand der 1920er Jahre zurückversetzt. Die Steine für den Bau wurden an der Stelle des heutigen Venetian Pool gebrochen.
907 Coral Way • Karte F3 • 305-460-5361 • Haus: Mi & So 13–16 Uhr; Park: tägl. 8 Uhr–Sonnenuntergang • Eintritt

10 Lowe Art Museum
Die Sammlungen in Miamis hochrangigem Kunstmuseum reichen von den alten Ägyptern, Griechen und Römern über das 17. Jahrhundert in Asien und Amerika bis zur modernen europäischen und amerikanischen Kunst *(siehe S. 20f)*.

Foto-Bummel durch Coconut Grove **www.gomiami.about.com/od/sightseeingtours/ss/cocogrovetour.htm**

Links **Midori Gallery** Rechts **Books & Books**

Boutiquen

1 Modernism Gallery
Dies ist einer der Spitzenhändler des Landes für lässige Möbel, Lampen und Accessoires, inklusive Art déco. ⓢ *800 Douglas Road, Suite 101, Coral Gables • Karte G3*

2 Midori Gallery
Erstehen Sie exquisite chinesische und japanische Keramiken, Lack- und Elfenbeinarbeiten aus der Östlichen Han-Dynastie (25– 220 n. Chr.) oder der Sung-Dynastie vor 1000 Jahren. ⓢ *3168 Commodore Plaza, Coconut Grove • Karte G3*

3 Palm Produce Resortwear
Freizeitkleidung in Florida ist bequem, bunt und meist aus Naturfasern. Hier erhalten Sie auch etwas gewagte Stücke für Frauen und Männer. ⓢ *Streets of Mayfair, 3390 Mary St, Coconut Grove • Karte G3*

4 Fashionista
Das ist der Ort, edle Mode, Accessoires und Schmuck aus zweiter Hand zu ergattern – für einen Bruchteil des Originalpreises. ⓢ *3300 Rice Street, Unit 5, Coconut Grove • Karte G3*

5 Books & Books
Nur einen Block hinter der Miracle Mile liegt dieser Buchladen, der sich auf Kunst, Literatur und Bücher über Florida spezialisiert hat. Es gibt ein tolles Café, häufige Lesungen und Signierstunden und einen Raum mit seltenen Büchern, der zugleich als Fotogalerie dient. ⓢ *265 Aragon Ave, Coral Gables • Karte G3*

6 White House
Die exklusive Damenmode ist hier ausschließlich weiß – vom paillettenbesetzten Abendkleid über Kostüme bis zu Negligés und Wäsche. Die Preise entsprechen ganz der Qualität. ⓢ *3015 Grand Ave, CocoWalk • Karte G3*

7 Expertees Golf Shop
Neben den allerneuesten Schlägern, Puttern und Accessoires bietet dieser Laden auch Computeranalysen der Schlagbewegung, eine Werkstatt sowie Unterricht für Anfänger und Könner. ⓢ *2329 Coral Way • Karte G3*

8 Hibiscus Hill
Der einzigartige Geschenkeladen führt faszinierende handgearbeitete Dinge: Schmuck, Gläser und importierte Objekte, denen allesamt etwas Märchenhaftes anhaftet. Sogar die Preise sind zum größten Teil märchenhaft. ⓢ *Streets of Mayfair, 2911 Grand Ave, Coconut Grove • Karte G3*

9 Out of Africa
Der Klang afrikanischer Trommeln durchdringt den Raum voller handgeschnitzter Holzfiguren, Masken und Silberschmuck. ⓢ *Streets of Mayfair, 2911 Grand Ave, Coconut Grove • Karte G3*

10 Barnes & Noble Booksellers
Dieser gut bestückte Buchladen mit Snack- und Kaffeebar lädt zum Verweilen ein. ⓢ *152 Miracle Mile, Coral Gables • Karte G3*

Malls & Märkte in Miami siehe S. 56f

Preiskategorien		
Preis für ein Drei-Gänge-	$	unter 20 $
Menü pro Person mit	$$	20–40 $
einer halben Flasche	$$$	40–55 $
Wein, inkl. Steuern	$$$$	55–80 $
und Service.	$$$$$	über 80 $

Links **Café Tu Tu Tango** Rechts **The Cheesecake Factory**

TOP 10 Trendige Restaurants

1 Ortanique On The Mile
Zur karibischen Küche des gemütlichen Restaurants gehören so köstliche Gerichte wie bahamaischer Zackenbarsch und Schweinekotelett mit Guave. ⓢ *278 Miracle Mile (neben Actor's Playhouse), Coral Gables • Karte G3 • 305-446-7710 • $$$$*

2 Restaurant Place St. Michel
Das romantische Lokal mit Pariser Flair präsentiert mehr karibische als französische Gaumenfreuden, so z. B. gegrillten Fisch mit Kochbananen und Salsa. ⓢ *Hotel Place St. Michel, 162 Alcazar Ave, Coral Gables • Karte G3 • 305-446-6572 • $$$$*

3 Christy's
Seit 20 Jahren lockt das Restaurant mit Steaks, Seafood und dem preisgekrönten Caesar Salad auch Politiker und andere Prominente an. ⓢ *3101 Ponce de Leon Blvd, Coral Gables • Karte G3 • 305-446-1400 • $$$$*

4 Bizcaya Grill
Das Gourmetrestaurant im Ritz Carlton serviert Grillsteaks und Seafood mit Flair. Auch Spezialitäten wie gebratener Seeteufel oder Ochsenschwanz sind eine Kostprobe wert. ⓢ *3300 SW 27th Ave, Coconut Grove • Karte G3 • 305-644-4670 • $$$$$*

5 Giralda Café
Genießen Sie peruanische Küche nach tausendjähriger Tradition – z. B. gebratenen Maniok mit *Huancaina*-Sauce, Fisch und Shrimps in *ceviche* und Schmorfleisch mit Koriander. ⓢ *254 Giralda Ave, Coral Gables • Karte G3 • 305-448-6064 • $$*

6 Baleen
Frische Austern, geräucherte Kammmuscheln und die beste Hummersuppe an der Biscayne Bay sind nur einige der Genüsse hier. ⓢ *4 Grove Isle Dr, Coconut Grove • Karte G3 • 305-857-5007 • $$$$$*

7 The Cheesecake Factory
In Südflorida bieten sechs Filialen des Lokals *pot stickers* (kleine Pasteten), Shepherd's Pie und 36 verschiedene Käsetorten an. ⓢ *CocoWalk, 3015 Grand Ave • Karte G3 • 305-447-9898 • $$$*

8 Anokha Fine Indian Cuisine
Versuchen Sie Spezialitäten wie *Tandoori*-Huhn und *Paneer*-Käse. ⓢ *3195 Commodore Plaza, Coconut Grove • Karte G3 • 786-552-1030 • $$$*

9 Titanic Brewing Company
Die Langusten- und Tintenfisch-Snacks passen großartig zum selbst gebrauten Bier. ⓢ *5813 Ponce de Leon Blvd, Coral Gables • Karte G3 • 305-667-2537 • $$*

10 Café Tu Tu Tango
»Kost für hungernde Künstler« ist hier das Motto – und entsprechend viel Kunst ist im Lokal zu sehen. Gerichte wie Shrimps-Spieße oder Sashimi-Thunfischsalat sind leicht und lecker. ⓢ *CocoWalk • Karte G3 • 305-529-2222 • $$*

Wenn nicht anders angegeben, akzeptieren alle Restaurants Kreditkarten und bieten auch vegetarische Gerichte an.

Links **Charles Deering Estate** Rechts **Coral Castle**

Südlich von Coconut Grove

VON MIAMIS HAUPTATTRAKTIONEN *fährt man südwärts zunächst durch unscheinbare Vororte und gelangt schließlich in ausgedehnte Gebiete mit Zitrushainen und Tropenbaumpflanzungen. Auch das Ambiente wird ländlicher – es riecht nach »Old South«. Die Leute mögen vielleicht etwas schroff wirken, sind aber freundlich. Es gibt in der Gegend jede Menge Shopping-Möglichkeiten, Parks, Zoos und Museen. 1992 richtete Hurrikan Andrew hier fürchterliche Schäden an, doch allmählich erholt sich das Gebiet.*

Links **Skulptur in Coral Castle** Rechts **Fairchild Tropical Garden**

Attraktionen

1. Fairchild Tropical Garden
2. Charles Deering Estate
3. Miami Metrozoo
4. Monkey Jungle
5. Coral Castle
6. Wings Over Miami
7. Gold Coast Railroad Museum
8. Biscayne National Underwater Park
9. FIU Frost Art Museum
10. Fruit & Spice Park

Homepage des Fairchild Tropical Garden **www.fairchildgarden.org**

Fairchild Tropical Garden

Dieses Tropenparadies wurde 1938 angelegt und dient zugleich als Forschungsinstitut. Um einige künstliche Seen steht eine der weltweit größten Palmensammlungen mit 550 von 2500 bekannten Arten, dazu zahllose andere Bäume und Pflanzen. Auf der 40-minütigen Tram-Tour erzählen Führer, wie Pflanzen bei der Herstellung verschiedener Produkte – von Chanel No. 5 bis zu Golfbällen – Verwendung finden. Nehmen Sie sich noch zwei Stunden Zeit für einen Streifzug auf eigene Faust. ⓢ *10901 Old Cutler Road • Karte G4 • 305-667-1651 • www.fairchildgarden.org • tägl. 9.30–16.30 Uhr • Eintritt*

Miami Metrozoo

Charles Deering Estate

Auf dem Grundstück an der Biscayne Bay stehen zwei Gebäude: Richmond Cottage, 1896 als erstes Gasthaus erbaut, und ein großes mediterranes Steinhaus von 1922. Außerdem sind ein vermutlich präkolumbischer Friedhof und eine Fossiliengrube zu besichtigen. ⓢ *16701 SW 72nd Ave, Höhe SW 167th St • Karte F4 • 305-235-1668 • tägl. 10–17 Uhr • Eintritt*

Miami Metrozoo

Der Zoo befasst sich sehr mit gefährdeten Arten. Wärter informieren während der Fütterungen. ⓢ *12400 SW 152nd St • Karte E4 • 305-251-0400 • www.miamimetrozoo.com • tägl. 9.30–17.30 Uhr • Eintritt*

Monkey Jungle

Die reizvolle Anlage wird noch immer von derselben Familie betrieben, die sie 1933 zum Studium von Primaten gegründet hatte. Kleinere Affen leben hier wild – es ist der Besucher, der sich hinter Gittern befindet. Gorillas, Orang-Utans, Klammeraffen und Gibbons sind in herkömmlichen Gehegen untergebracht. Vorführungen demonstrieren die Fähigkeiten von Makaken, Schimpansen und anderen Arten. ⓢ *14805 SW 216th St, Cutler Ridge • Karte F5 • 305-235-1611 • www.monkeyjungle.com • tägl. 9.30–17 Uhr • Eintritt*

Coral Castle

Ein Schloss ist es nicht, aber ein Rätsel allemal. Von 1920 bis 1940 baute der lettische Einwanderer Edward Leedskalnin an diesem Komplex – ein Valentinsgruß an sein Mädchen in der Heimat, das ihn 1913 verlassen hatte. Wie er die 1100 Tonnen massiven Korallenfels gebrochen und transportiert, die Blöcke behauen und so makellos aneinandergereiht hat, weiß niemand. Ein neun Tonnen schweres Tor ist derart perfekt ausbalanciert, dass es sich bereits auf den Druck des kleinen Fingers öffnet. ⓢ *28655 South Dixie Hwy • Karte E6 • 305-248-6345 • www.coralcastle.com • So–Do 8–18 Uhr, Fr & Sa 8–20 Uhr • Eintritt*

Zum Besuch des Deering Estate siehe S. 109 & www.deeringestate.com

Coral Castle

6 Wings Over Miami

Das militärische und zivile Flugzeugmuseum huldigt frühen Erfindern, Veteranen und Piloten, die mit den hier ausgestellten Maschinen teilweise Weltrekorde aufstellten. Zu sehen sind u. a. frühe Doppeldecker und eine De-Havilland, die komplett aus Sperrholz besteht. ◉ *Tamiami Airport, 14710 SW 128th St, Höhe SW 147th Ave, South Dade • Karte E4 • 305-233-5197 • www.wingsovermiami.com • Do–So 10–17 Uhr • Eintritt*

7 Gold Coast Railroad Museum

Dieses Eisenbahn-Museum wurde 1957 gegründet. Zu den ältesten Exponaten gehören der »Ferdinand Magellan«, ein für Präsident Franklin D. Roosevelt gebauter Privatwaggon, die FEC-Lokomotive, die nach dem Hurrikan 1935 einen Bergungszug aus Marathon herauszog, und die 1913 gebaute Lokomotive 113. Die Edwin Link ist eine Schmalspur-Kindereisenbahn. ◉ *12450 SW 152nd St • Karte F4 • 305-253-0063 • www.gcrm.org • Di–Fr 10–16 Uhr (Do bis 19 Uhr), Sa & So 11–16 Uhr • Eintritt*

8 Biscayne National Underwater Park

Der Nationalpark besteht zu etwa 95 Prozent aus Wasser, die meisten der Besucher kommen mit Privatbooten hierher. Das Dante

> **Land der Hurrikans**
>
> Einer von zehn nordatlantischen Hurrikans trifft auf Florida, im Durchschnitt also alle zwei Jahre einer. Der Hurrikan Andrew am 24. August 1992 hatte die Stärke 4 auf der Saffir-Simpson-Skala, die bis zur Stärke 5 reicht. Stärke 5 hatte jener Hurrikan, der 1935 auf den Keys wütete und die Flagler-Brücke zerstörte.

Fascell Visitor Center am Convoy Point ist die einzige Stelle im Park, die man auch mit dem Auto erreichen kann. Von dort gibt es mehrere Möglichkeiten, mit Booten weiterzukommen: Man kann Kanus leihen oder an einer Tour mit dem Glasbodenboot teilnehmen, außerdem gibt es Tauch- und Schnorchelausflüge sowie Camper-Transporte zu den Inseln. Ein malerischer Bohlenweg verläuft an der Küste entlang bis zur Felsenmole neben dem Bootskanal, der zur Bay hinausführt. ◉ *9700 SW 328 St, Homestead • Karte D5 • 305-230-7275 • www.nps.gov/bisc • Besucherzentrum: tägl. 9–17 Uhr*

Gold Coast Railroad Museum

Mehr über den Biscayne National Underwater Park
www.biscayneunderwater.com & www.ohranger.com/biscayne

Dubuffet-Werk, Frost Art Museum

FIU Frost Art Museum

Das Museum der Florida International University konzentriert sich auf die latein- und nordamerikanische Kunst des 20. Jahrhunderts. Es präsentiert jedes Jahr sechs bis acht größere Ausstellungen. Der Martin Z. Margulies Sculpture Park zeigt 69 Werke, die sich auf dem ganzen FIU-Campus verteilen. Der Park gilt als eine der größten Skulpturensammlungen der Welt und ist gewiss die größte auf einem Universitätscampus. Zur Sammlung zählen wichtige Werke von Dubuffet, Miró, Nevelson, Calder, Noguchi und Serra. ◊ *10975 SW 17th St, University Park • Karte F3 • 305-348-2890 • Di–Sa 10–17 Uhr, So 12–17 Uhr; Skulpturenpark durchgehend geöffnet • Eintritt frei*

Fruit & Spice Park

Der zwölf Hektar große Tropengarten birgt exotische Pflanzen wie Zitrusfrüchte, Bananen, verschiedene Kräuter, Gewürze und Bambus. Er stellt eine einzigartige Attraktion in den USA dar – ausgesprochen tropisches Klima herrscht schließlich nur in Südflorida. Zu den erstaunlich vielen Arten zählen eine Reihe von Giftpflanzen sowie Hunderte von Bambus- und Bananensorten. In einem netten Laden können sich Besucher mit außergewöhnlichen Produkten eindecken. ◊ *24801 SW 187th Ave, Homestead • Karte E6 • 305-247-5727 • www.miamifruitandspicepark.com • tägl. 9–17 Uhr; Führungen 11 Uhr, 13.30 Uhr & 15 Uhr • Eintritt*

Deering-Estate-Tour

Vormittag

Von Miami aus gelangen Sie zum **Charles Deering Estate** über den Dixie Highway (Hwy 1) nach Süden, dann links in die SW 168th Street und weiter bis zu deren Ende an der SW 72nd Avenue.

Die Besichtigung des ganzen Anwesens dauert drei bis vier Stunden. Folgen Sie zu Beginn dem Entrance Trail, hinter den Mangroven bieten sich herrliche Blicke auf die Biscayne Bay. Ein Wasserstandsanzeiger markiert die Höhe der Flut, die Hurrikan Andrew auslöste.

Das Original des Richmond Cottage wurde 1896 errichtet. Nachdem Andrew das Gasthaus 1992 zerstört hatte, musste es rekonstruiert werden. Das elegante Stone House daneben besitzt Türen aus Bronze und Kupfer, Porträts der Familie Deering und einen berühmten Weinkeller.

Im Carriage House ist eine altmodische Gaspumpe zu besichtigen. Wenn Sie Zeit haben, nehmen Sie den Main Nature Trail, der über eine hübsche Korallenfelsbrücke aus dem Jahr 1918 führt. Hinaus geht es am Ende durch den alten Haupteingang mit seinen Säulen aus Korallenfels.

Nachmittag

Sie können entweder auf dem Gelände picknicken – entsprechende Einrichtungen sind vorhanden – oder weiter südlich im **Siam Lotus Room** *(siehe S. 111)* zu Mittag essen. Für den Rest des Tages bietet sich die Weiterfahrt auf dem Highway 1 zum **Coral Castle** an.

Regionen von Miami – Südlich von Coconut Grove

Parks in Südflorida
www.co.miami-dade.fl.us/parks

Links **Brighton Collectibles** Rechts **The Falls**

TOP 10 Souvenirläden

1 Brighton Collectibles
Stöbern Sie hier nach schönen Geschenken wie Lederhandtaschen, Bilderrahmen, Armbanduhren und Schmuck. ◎ *The Falls, US Hwy 1, SW 136th St, South Miami • Karte F4 • 305-254-0044*

2 Papyrus
Der Laden führt ein großes Sortiment an Papier, Schreibutensilien, Brieföffnern, Schlüsselanhängern und Ringen. ◎ *The Falls, US Hwy 1, SW 136th St, South Miami • Karte F4 • 305-252-3888*

3 Today's Collectibles
Nach einem großen Schritt über die Hunde auf der Veranda steht man zwischen Lampen im Tiffanystil, Markasit- und Antikschmuck, Möbeln und anderen Sammlerstücken. ◎ *Cauley Square, 12360 SW 224 St • Karte F5*

4 Cobblestone Antiques
Der Antiquitätenladen bietet Möbel, Schmuck und Karten aus der Pionierzeit. ◎ *115 N Krome Ave, Homestead • Karte E6 • 305-245-8831*

5 Jay's Antiques & Collectibles
Hier finden Sie Baseballsammelkarten, Münzen, Briefmarken, Comics, Keksdosen und vieles mehr. ◎ *115 N Krome Ave, Homestead • Karte E6 • 305-246-7060*

6 The Aviary
Wer gerne einen Ara oder Kakadu als Haustier besäße, wird hier fündig. Dazu gibt es Käfige in Form einer Tiki-Hütte und alle Körnchen und Gegenstände, die der neue Freund braucht. Auch für alle anderen ist der hübsche, wie ein Tropengarten gestaltete Laden einen Besuch wert. ◎ *22707 South Dixie Hwy • Karte E5 • www.aviarybirdshop.com*

7 Homestead Main Street
Die nette kleine Shopping-Meile liegt im Zentrum Homesteads. Spaces (am Eingang links) und Found Treasures (hinten rechts) sind besonders reizvoll. Mit Muscheln geschmückte Uhren oder Spiegel sind für die regionale Kultur typische Stücke. ◎ *115 N Krome Ave, Homestead • Karte F4 • 305-242-4814*

8 Claire's Boutique
Die Boutique hat hübsche Ohrringe, Armreife, Haarschmuck und kleine Täschchen im Angebot. ◎ *Southland Mall, 20505 S Dixie Highway • Karte F5 • 510-785-3021*

9 Island Colors
Die Bilder, Skulpturen, Eisenarbeiten und sonstigen Andenken stammen alle aus Haiti oder Afrika. ◎ *Cauley Square, 12309 SW 224th St • Karte F5 • 305-258-2565*

10 The Falls
Eines der größten Open-Air-Shopping-Center des Landes birgt über 100 Läden und diverse Lokale zwischen Wasserspielen und tropischem Grün. ◎ *US Hwy 1, SW 136 St, South Miami • Karte F4 • 305-255-4570 • www.shopthefalls.com*

> Wenn Sie den Highway 1 nach Süden fahren, taucht rechter Hand der Cauley Square auf, der wie eine Hazienda aussieht.

Preiskategorien

Preis für ein Drei-Gänge-	$	unter 20 $
Menü pro Person mit	$$	20–40 $
einer halben Flasche	$$$	40–55 $
Wein, inkl. Steuern	$$$$	55–80 $
und Service.	$$$$$	über 80 $

Links **Sushi** Rechts **Empanadas**

TOP 10 Restaurants

1 Red Fish Grill
Der zauberhafte Matheson Hammock Park birgt eines der romantischsten Lokale Miamis. Fangfrischer Fisch wird mit karibischem Flair zubereitet, es gibt aber auch viele andere Gerichte. ✆ *9610 Old Cutler Rd • Karte G4 • 305-668-8788 • $$$$*

Werbeschild des Red Fish Grill

2 La Porteña
Genießen Sie traditionelle argentinische *parrillada* oder auch Gerichte wie Straußensteak, Kaviarcrêpes mit Mascarpone und Manchego oder in Knoblauch sautierte Miesmuscheln. ✆ *8520 SW 8th St • Karte F3 • 305-263-5808 • $$$$*

3 Shula's Steak House
Das hübsch gestaltete Restaurant mit viel Miami-Dolphins-Dekor (der Besitzer war Trainer des Teams) setzt auf Fleisch. Es gibt z. B. ein 1350-Gramm-Steak. ✆ *7601 Miami Lakes Dr, Miami Lakes • Karte F2 • 305-820-8102 • $$$$*

4 Tropical Chinese
Die Örtlichkeit ist tropisch, groß und lebhaft, das chinesische Essen exzellent. Probieren Sie Shrimps mit Knoblauch und Spinat oder die Meeresfrüchte-Tofu-Suppe. ✆ *7991 Bird Rd • Karte F3 • 305-262-7576 • $$$$*

5 Trattoria Sole
Der Salat von jungem Spinat mit Rosinen und Pinienkernen ist ein echter Genuss, die Polenta mit Wildschweinwurst ein weiterer. ✆ *5894 Sunset Dr • Karte F4 • 305-666-9392 • $$$$*

6 Guadalajara
Das charaktervolle Lokal bietet hausgemachte mexikanische Kost. Bei den riesigen Portionen kann eine Vorspeise reichen, z. B. *queso fundido* (Käsefondue) mit warmer Tortilla. ✆ *8461 SW 132nd St, Pinecrest • Karte F4 • 786-242-4444 • $$*

7 Two Chefs
In Bistro-Ambiente wird amerikanische Küche mit internationalen Einflüssen serviert. ✆ *8287 South Dixie Highway • Karte F4 • 305-663-2100 • $$$$*

8 The Melting Pot
Die Speisekarte dieses entspannten Restaurants reicht von vegetarischen Gerichten bis zu Filet Mignon. ✆ *11520 SW Sunset Dr • Karte F4 • 305-279-8816 • $$$*

9 Sushi Maki
Hier bekommen Sie gutes, preisgünstiges Sushi, z. B. cremige *Volcano*-Röllchen. ✆ *5812 Sunset Dr • Karte F4 • 305-667-7677 • $$*

10 Siam Lotus Room
Das familienfreundliche Lokal serviert feine Thai-Küche zu vernünftigen Preisen. Versuchen Sie Gerichte wie *phad thai*, Teriyaki-Lachs oder Kokosnuss-Shrimps. ✆ *6388 South Dixie Highway • Karte F4 • 305-666-8134 • $$*

Wenn nicht anders angegeben, akzeptieren alle Restaurants Kreditkarten und bieten auch vegetarische Gerichte an.

Links **Straßenbild, Key West** Mitte **Duval Street, Key West** Rechts **Dolphin Research Center**

Keys

DIE FLORIDA KEYS REIHEN SICH *im türkisfarbenen Meer wie Perlen einer Kette aneinander. Die Inseln verfügen über eine einzigartig reiche Flora und Fauna – die vielen Parks und Familien-Ausflugsziele zeugen davon, dass hier die Begegnung mit der Natur im Mittelpunkt steht. Dennoch sind mindestens 20 Tier- und Pflanzenarten der Keys vom Aussterben bedroht. Die Inseln sind ein Paradies für alle, die Aktivitäten im Freien lieben: Wassersport jeder Art, Sportfischen oder Wandern durch Naturschutzgebiete und Tropenwälder. An der einzigen Straße (US Highway 1), die vom Festland bis Key West führt, finden sich sowohl Nobelhotels als auch preiswerte Straßenstände, die heimische Produkte anbieten.*

TOP 10 Attraktionen

1. John Pennekamp Coral Reef State Park
2. Dolphin Cove
3. Theater of the Sea
4. Indian Key Historic State Park
5. Dolphin Research Center
6. Museum of Natural History of the Florida Keys
7. Pigeon Key
8. Bahia Honda State Park
9. Mel Fisher Maritime Museum
10. Key West

Haus auf Key West

Vorhergehende Doppelseite **Bootsstege im Hafen von Key West**

Anlegesteg, John Pennekamp Park

John Pennekamp Coral Reef State Park

Die Unterwasserlandschaften des Parks bieten einen unvergesslichen Eindruck vom Leben am Korallenriff. Man kann Boote mieten oder eine Fahrt mit dem Glasbodenboot machen, außerdem gibt es Schnorchel- und Tauchausrüstungen zu leihen. Die meisten Touren führen zum Florida Keys (Key Largo) National Marine Sanctuary. Die flachen Gewässer der White Bank Dry Rocks und des Molasses Reef eignen sich gut zum Schnorcheln. Bei den Key Largo Dry Rocks ist die Unterwasserstatue *Christ of the Deep* ein beliebtes Fotomotiv. ⓢ *Hwy 1, MM 102,5 Oceanside • Karte D5 • 305-451-1202 • tägl. 8 Uhr – Sonnenuntergang • Eintritt*

Dolphin Cove

Das Meeresforschungszentrum liegt in einer Lagune. Hier können Sie sogar mit Delfinen schwimmen, was jedoch ein teurer Spaß ist. Im Angebot sind auch geführte Kajak-, Schnorchel- oder Krokodiltouren und für weniger abenteuerlustige Naturen gibt es romantische Champagner-Kreuzfahrten in der Florida Bay bei Sonnenuntergang. ⓢ *Hwy 1, MM 101,9 Bayside • Karte C5 • 305-451-4060 • tägl. 8–17 Uhr • Schwimmen mit Delfinen nur nach vorheriger Anmeldung • www.dolphinscove.com • Eintritt*

Theater of the Sea

Wussten Sie, dass Delfine sich anfühlen wie nasser Gummi und Stachelrochen wie Gelatine? Nach einem Besuch hier haben Sie dieses Wissen aus erster Hand. Der zweitälteste Meeressäugerpark der Welt wurde 1946 gegründet und bietet ein vielseitiges Programm. Dazu gehören Delfin- und Seelöwen-Shows oder eine kleine Runde Schwimmen mit den Tieren. Für »Swim With the Dolphins« und »Swim With the Sea Lions« müssen Sie ziemlich tief in die Tasche greifen; etwas günstiger ist »Swim With the Stingrays« (Stachelrochen). ⓢ *Hwy 1, MM 84,5 Oceanside • Karte C5 • 305-664-2431 • www.theaterofthesea.com • tägl. 9.30–17 Uhr • Eintritt*

Indian Key Historic State Park

Die kleine Insel Indian Key hat für ihre Größe (4,25 ha) erstaunlich viel Geschichte zu bieten. Die uralte Indianersiedlung wurde 1831 von Captain J. Houseman, einem opportunistischen Strandräuber, eingenommen und besiedelt, 1840 löschten Seminolen die kleine Gemeinde aus. Auf der menschenleeren Insel sind heute nur noch die Umrisse des Dorfes zu erkennen, überwuchert von üppiger Vegetation. Ein Aussichtsturm bietet wunderbaren Blick.

Koralle, John Pennekamp Park

Mehr über die Attraktionen der Florida Keys www.fla-keys.com

Links **Dolphin Research Center** Rechts **Delfine**

Hwy 1, MM 78,5 Oceanside • Karte C5 • Fährdienst: 305-664-9814 • tägl. Sonnenaufgang bis -untergang

5 Dolphin Research Center

Das gemeinnützige Unternehmen hat es sich zur Hauptaufgabe gemacht, das Verhalten der Delfine zu erforschen sowie kranke, verletzte und von den Anstrengungen der Wasserparks gestresste Tiere zu pflegen. Darüber hinaus gibt es verschiedene Ausstellungen, regelmäßige Lagunenwanderungen und Spezialprogramme über die Tümmler des Atlantiks. Im Rahmen von »Dolphin Encounter« können Sie mit Delfinen schwimmen. Einige Programme haben Alters- und Größenbeschränkungen und erfordern eine Anmeldung 30 Tage im Voraus. Hwy 1, MM 59 Bayside • Karte C6 • 305-289-0002 • www.dolphins.org • tägl. 9–16.30 Uhr • Eintritt

6 Museum of Natural History of the Florida Keys

Muschel, Museum of Natural History

Das Museum zeigt einen 600 Jahre alten Einbaum, Reste von Piratenschiffen und den großartig erhaltenen Bellarmine-Krug (um 1580) aus einem Wrack. Hier befinden sich auch ein Children's Activities Center und das Marathon Wild Bird Center. Hwy 1, MM 50,5 Bayside • Karte B6 • 305-743-9100 • www.cranepoint.net • Mo–Sa 9–17 Uhr, So 12–17 Uhr • Eintritt

Die Keys: Mythos & Magie

Der Name allein lässt an sturmgepeitschte Meere und wilde Leidenschaft denken: an Humphrey Bogart und Lauren Bacall in Key Largo; an einige der größten amerikanischen Schriftsteller (Ernest Hemingway, Tennessee Williams), die hier, wo die USA an die Karibik grenzt, ihren Musen begegneten – eben an ein Leben, das zu schön erscheint, um wahr zu sein.

7 Pigeon Key

Hier befand sich das Camp der Arbeiter, die Henry M. Flaglers Eisenbahnbrücke über die Keys bauten. Nach ihrer Fertigstellung im Jahr 1912 wurde die Brücke als das achte Weltwunder bezeichnet. In den alten Gebäuden des Camps ist heute ein Meeresforschungsinstitut untergebracht. Auf die Insel kommt man entweder zu Fuß oder mit einem Bus, der einen Teil der alten Brücke benutzt. Busdepot am Hwy 1, MM 47 Oceanside • Karte B6 • 305-289-0025 • www.pigeonkey.net • tägl. 9–17 Uhr • Eintritt

8 Bahia Honda State Park

Die schönsten Strände der Keys sind zugleich einige der besten in den gesamten USA und liegen in diesem Naturschutzgebiet. Hier gibt es strahlend weiße Sandflächen vor dichtem tropi-

Viel Wissenswertes über Delfine unter **www.dolphins.org**

Bahia Honda State Park

schen Wald, durch den mehrere Naturpfade führen. ⓢ *Bahia Honda Key, Hwy 1, MM 37 Oceanside • Karte B6 • 305-872-2353 • Eintritt*

9 Mel Fisher Maritime Museum

Das Museum der Mel Fisher Maritime Heritage Society versetzt Besucher in das Zeitalter der Entdeckungen – in die Zeit vom späten 15. bis zur Mitte des 18. Jahrhunderts, als die Europäer die »Neue Welt« erforschten und eroberten. Auch die verhängnisvollen Folgen für die indianischen Ureinwohner werden aufgezeigt. Beachten Sie die restaurierten Segelschiffe. ⓢ *200 Greene St, Key West • Karte A6 • 305-294-2633 • www.melfisher.org • Mo–Fr 8.30–17 Uhr, Sa, So & Feiertage 9.30–17 Uhr • Eintritt*

10 Key West

Die selbst ernannte »Conch-Republik«, reich an Geschichte und atemberaubender Schönheit, erscheint Welten entfernt vom Rest der USA *(siehe S. 26f)*.

Duval Street, Key West

Tagestour durch Key West

Vormittag

Los geht es an der Kreuzung Whitehead und South Street, dem südlichsten Punkt der USA mit weitem Blick über den Atlantik, wo ein Schild besagt, dass es nach Kuba nur 90 Meilen sind. Die Whitehead Street führt hinauf zum **Lighthouse Museum** *(siehe S. 27)*. Genießen Sie nach Erklimmen der 88 Stufen die großartige Aussicht.

Nächster Halt ist Nr. 907, das **Hemingway House** *(siehe S. 27)*, das einen nostalgischen Blick in das Leben des Schriftstellers als »Conch« erlaubt. Genehmigen Sie sich in der **Green Parrot Bar** *(siehe S. 124)* noch einen Drink, bevor es zu einem guten Mittagessen ins **Mangoes** *(siehe S. 125)* geht, das auch ein vergnüglicher Ort zum Leutebeobachten ist.

Nachmittag

Nach dem Essen lohnt ein Blick auf die Fassade des San Carlos Opera House im spanischen Kolonialstil und auch auf die Buntglasfenster der St. Paul's Episcopal Church einen Block weiter. In Nr. 322 wartet das Wreckers' Museum auf Ihren Besuch.

Für die ganze Dosis Key West schauen Sie auch in **The Garden of Eden** *(siehe S. 49)* vorbei, einer Bar ohne Kleiderzwang in **The Bull** *(siehe S. 124)*.

Nach einem weiteren Halt in der Bar **Sloppy Joe's** *(siehe S. 124)* wird es langsam Zeit, sich zur berühmten Sonnenuntergangsfete auf dem Mallory Square zu begeben.

Keys

Zu den Stränden der Keys **www.floridakeystreasures.com/beaches**

Links **Mangroven, Key Largo Hammock Botanical State Park** Rechts **Bahia Honda State Park**

Naturschutzgebiete

1 Key Largo Hammock Botanical State Park
Der größte Bestand an Tropenhartholz und Mangroven ist ein Hort für die geschützte indigene Flora und Fauna. ◊ *1,6 km nördl. von Hwy 1 an Route 905, Oceanside • Karte C5 • 305-451-1202 • tägl. 8 Uhr–Sonnenuntergang • Eintritt frei*

2 John Pennekamp Coral Reef State Park
Das fantastische Korallenriff kann beim Schnorcheln und Tauchen oder bei Fahrten mit dem Glasbodenboot erkundet werden *(siehe S. 115)*.

3 Florida Keys Wild Bird Center
Kranke Vögel finden hier Pflege, bis sie wieder ausgewildert werden können. ◊ *Hwy 1, MM 93,6 Bayside • Karte C5 • 305-852-4486 • tägl. Sonnenaufgang bis -untergang • Spende*

4 Windley Key Fossil Reef State Geological Site
Pfade führen in die alten Eisenbahnsteinbrüche, wo man versteinerte Korallen und Seefarne sieht. Das Besucherzentrum zeigt Exponate. ◊ *Hwy 1, MM 85,5 Bayside • Karte C5 • 305-664-2540 • Do–Mo; Visitor Center: Fr–So 9–17 Uhr • Eintritt*

5 Lignumvitae Key Botanical State Park
Nur mit dem Boot gelangt man zu dem Hartholzwald, in dem das Matheson House als Besucherzentrum dient. ◊ *Hwy 1, MM 78,5 Bayside • Karte C6 • Fähre: 305-664-9814*

6 Long Key State Park
Ein Bohlenweg führt durch einen Mangrovensumpf, wo viele Wasservögel zu sehen sind. Im flachen Wasser vor dem Strand ist Schnorcheln angesagt. ◊ *MM 67,5 Oceanside • Karte C6 • 305-664-4815 • tägl. 8 Uhr–Sonnenuntergang • Eintritt*

7 Crane Point Hammock Nature Center
Naturpfade führen zur Florida Bay. Auf dem Gelände liegen auch das Museum of Natural History *(siehe S. 116)* und die Adderly Town Historic Site. ◊ *Hwy 1, MM 50,5 Bayside • Karte B6 • 305-743-9100 • Mo–Sa 9–17 Uhr, So 12–17 Uhr • Eintritt*

8 Bahia Honda State Park
Der dicht bewaldete Park bietet herrliche Naturpfade und gute Schnorchelmöglichkeiten *(siehe S. 116f)*.

9 National Key Deer Refuge
Als das Schutzgebiet 1957 eingerichtet wurde, gab es noch knapp 50 dieser kleinwüchsigen Hirsche. Heute sind es wieder rund 800. Bitte langsam fahren! ◊ *Hwy 1, MM 30,5 Bayside • Karte B6 • 305-872-0774 • tägl. Sonnenaufgang bis -untergang; Besucherzentrum: Mo–Fr 9–16 Uhr • Eintritt frei*

10 Florida Keys National Marine Sanctuary
Das faszinierende Looe Key Reef ist zum Tauchen und Schnorcheln großartig. Ein Boot bringt Sie zu den besten Stellen. ◊ *Hwy 1, MM 27,5 Oceanside • Karte B6 • 305-292-0311*

Die Florida Fish and Wildlife Conservation Commission bringt Ihnen die Tierwelt Floridas näher www.myfwc.com

Links **Silberreiher und der seltene Rosalöffler** Rechts **Alligatoren**

Flora & Fauna der Keys

1 Key Deer
Die kleinwüchsigen Key-Hirsche (max. 80 cm hoch) leben vor allem auf Big Pine Key und No Name Key. Die liebenswerten Tiere konnten im Lauf der letzten 40 Jahre ihrer drohenden Ausrottung knapp entrinnen.

2 Korallen
Obgleich sie wie lebloses Gestein wirken, sind Korallen lebende Organismen. Sie sind sehr fragil und zerbrechen bereits bei der leichtesten Berührung.

3 Gumbo Limbo
Dieser Baum, der wegen der abblätternden roten Rinde auch »Touristenbaum« genannt wird, wächst auf allen Keys.

4 Palmen
Nur wenige Arten wie Königspalme, Kohlpalme, Zwergpalme und Wachspalme sind hier tatsächlich heimisch. Inzwischen gedeiht auf den Inseln eine große Vielfalt importierter Palmen.

5 Seeschildkröten
Die gutmütigen, langlebigen Geschöpfe gibt es hier in vielen Formen und Größen. In der Reihenfolge von groß nach klein zählen dazu die Leder-, die Unechte Karett-, die Suppen-, die Echte Karett- und die Bastardschildkröte.

6 Fischreiher
Zu diesen eleganten Vögeln zählen der Große Fischreiher (weiß oder blau), der Blaureiher, der Dreifarbenreiher, der Mangrovenreiher und der Nachtreiher.

7 Silberreiher
Den oben genannten Reihern ähnlich sind der Silberreiher, der Blaufußreiher und der Schmuckreiher, der an seinen schwarzen Beinen und gelben Füßen zu erkennen ist.

8 Weißer Ibis (Schneesichler)
Der mittelgroße weiße Vogel ist an seinem langen, nach unten gebogenen Schnabel erkennbar. Er war im alten Ägypten heilig.

9 Kormoran (Ohrenscharbe)
Einen der faszinierendsten Vögel der Keys kennzeichnen ein s-förmiger Hals, ein prägnanter Schnabel und große Tauchkünste.

Reiher auf den Keys

10 Vom Aussterben bedrohte Arten
Zu den Tieren, die nahezu ausgerottet wurden oder ihren Lebensraum durch das Vordringen des Menschen verloren haben, zählen das Amerikanische Krokodil, die Key-Largo-Waldratte, die Key-Largo-Baumwollmaus, der Schaus-Schwalbenschwanz und der Rosalöffler.

Weiteres zur Tierwelt Floridas www.wildflorida.com

Links **Schild eines Tauchzentrums auf den Keys** Mitte **Parasailing** Rechts **Segeln**

Sport auf den Keys

Schwimmen
Auf den Keys gibt es einige der besten Strände der Welt. Und wenn einmal die Wassertemperatur zufällig unter den hier üblichen 26 °C liegen sollte – die meisten Hotels haben natürlich beheizte Swimmingpools.

Schnorcheln & Tauchen
Da die Keys fast gänzlich von Amerikas größtem Korallenriff umgeben sind, ist die Unterwasserwelt eine der Hauptattraktionen der Region.

Fischen
Hochseefischer fühlen sich hier im Paradies. Der nahe Golfstrom macht das Meer überaus fischreich. Bootsfahrten sind problemlos zu buchen: Kontaktieren Sie z. B. den Key West Fishing Club. *Key West Fishing Club: 305-294-3618 • www.keywestfishingclub.com*

Windsurfen
Wegen der steten Winde und des kilometerweiten flachen, ruhigen Wassers sind die Keys ein perfekter Ort für Windsurfer. An den meisten einigermaßen belebten Stränden kann man die nötige Ausrüstung leihen.

Parasailing
Fast, als hätte man eigene Flügel – Parasailing auf den Keys ist einfach, sicher und unvergesslich. Viele kleine Unternehmen bieten diesen Spaß an, so etwa Sebago an der Key West Bight Marina. *Sebago: 305-292-4768*

Radfahren
Das Fahrrad ist zweifellos eines der besten Mittel, um sich auf den Keys fortzubewegen. Die Straßen sind radlerfreundlich, vor allem auf Key West. Fahrradverleihe gibt es überall.

Rudern, Paddeln & Segeln
In den vielen Marinas der Keys finden sich genügend Firmen, die Ihnen jedes beliebige Boot vermieten – oder Sie aufs Meer hinausfahren.

Wasserski & Jet-Ski
Auch diese etwas geräuschvolleren Möglichkeiten, das Meer rund um die Keys zu befahren, werden an jeder Marina angeboten, vor allem natürlich auf Key West und in anderen Urlauberregionen. Island Water Sport ist eines von mehreren Unternehmen, die Jet-Skis ausleihen. *Island Water Sport: 1-800-873-0375*

Golf
Golfplätze sind auf den Keys nicht so zahlreich wie im restlichen Florida, aber es gibt einige gute: z. B. einen auf Marathon Key bei MM 53,5 Oceanside und einen (teureren) auf Key West.

Tennis
Gute Tennisclubs, bei denen man Plätze buchen kann, sind auf fast jedem erschlossenen Key zu finden – auf Islamorada bei MM 76,8 Bayside, auf Marathon bei MM 53,5 Oceanside, auf Key West und auch anderswo.

Mehr über Strände & Sportmöglichkeiten rund um Miami siehe S. 30–35

Links **Seven-Mile Bridge** Rechts **Doubles des Schriftstellers bei den Hemingway Days**

Besondere Touren & Events

1 Conch Tour Train
Eine Fahrt mit der Bummelbahn durch Key West liefert Erstbesuchern einen guten Überblick über den Ort, seine Geschichte und die Kultur *(siehe S. 26).*

2 Dry Tortugas
Per Flugzeug oder Fähre gelangt man zu der fast unberührten Inselgruppe, wo Schnorcheln unvergleichlich ist *(siehe S. 129).*

3 Old Town Ghost Walk
Ein Abendspaziergang bei Laternenschein führt durch Key Wests »verspukte« Altstadtstraßen. ◊ *Start am Crowne Plaza La Concha Hotel, 450 Duval St • Karte A6 • tägl.*

4 Goombay Celebration
Mit toller Musik wird Mitte Oktober die Inselkultur gefeiert. Das Fest geht gewöhnlich in das Fantasy Fest *(siehe unten)* über. ◊ *Bahama Village, Key West • Karte A6*

5 Fantasy Fest
Dieses Fest auf Key West, das im Oktober mindestens zehn Tage dauert und in Halloween gipfelt, gehört zu den vergnüglichsten und lebensbejahendsten Festivals der USA *(siehe S. 40).*

6 Cuban American Heritage Festival
Im Juni erinnert Key West sich seines reichen kubanischen Erbes und feiert es mit schmackhaften Ethno-Speisen, wilder Musik und Tanz auf den Straßen der Insel. ◊ *Karte A6 • 305-295-9665*

7 Old Town Trolley Tour, Key West
Orange-grüne Wagen fahren die Sehenswürdigkeiten ab, die ein Reiseleiter kommentiert. Mit einem Ticket, erhältlich in Ihrem Hotel oder in der Duval Street, können Sie den ganzen Tag beliebig ein- und aussteigen. ◊ *Karte A6 • 800-868-7482 • www.trolleytours.com*

8 Annual Conch-Blowing Contest
Ende April ist Key West vom Tuten des traditionellen Muschel-Blasens erfüllt, das – mal musikalischer Ausdruck, mal einfach nur Lärm – von poetischen Nebelhorntönen bis zu erbärmlichen Rülpsern reicht. Der Wettbewerb ist Bestandteil der »Unabhängigkeitsfeiern« der Conch-Republik. ◊ *Karte A6*

9 Seven-Mile Bridge Run
Jedes Jahr im April würdigen begeisterte Läufer die lange Brücke, die alle Keys verbindet, und überwinden die sieben Meilen auf ihren eigenen Beinen. ◊ *Marathon Key • 305-743-5417 • Karte B6*

10 Hemingway Days
Da das Festival in der dritten Juliwoche (Hemingways Geburtstag ist der 21. Juli) und damit in der Nachsaison stattfindet, gilt es vor allem den »Conches« selbst und ist ihr beliebtestes. Hemingway-Doubles halten die Festlichkeiten zu Ehren des berühmtesten Schriftstellers der Insel in Schwung. ◊ *Karte A6 • 305-294-1136*

Über besondere Touren & Events auf den Keys informiert auch das Key West Visitor Bureau, Tel. 1-800-527-8539.

Links **Archeo** Rechts **Key West Hand Print**

🔟 Insel-Shopping

1. The Gallery at Kona Kai Resort
Die imposante Auswahl an internationaler Kunst umfasst Malerei (Sobran und Magni), Plastik (Pollès-Bronzen) und herrliche Naturfotos von den Keys. ❸ *97802 Overseas Hwy, Key Largo, MM 97,8 Bayside* • *Karte C5* • *www.konakairesort.com*

2. Treasure Village
Vor dem einladenden Komplex aus Kunsthandwerks- und Spezialitätenläden steht eine riesige Hummerplastik. Den Innenhof bewohnt ein munterer Papagei. ❸ *86729 Old Highway, Islamorada, MM 86,7 Oceanside* • *Karte C5*

3. Archeo
Herrliche Perserteppiche, afrikanische Masken und Holzschnitzereien machen diesen Laden zu einem der schönsten des Ortes. ❸ *1208 Duval St, Key West* • *Karte A6* • *www.archeogallery.com*

4. Montage Handcrafted Decorative Signs
Einer der außergewöhnlichsten Läden auf Key West bietet mit einer großen Auswahl an handgefertigten Schildern – Originale und Nachbildungen – die passenden Andenken an die Insel.
❸ *518 Duval St, Key West* • *Karte A6*

5. Key West Aloe
Die Firma stellt seit 1971 ihre eigenen Naturprodukte aus Aloe vera her – ganz ohne Tierversuche. ❸ *540 Greene St, Key West* • *Karte A6* • *www.keywestaloe.com*

6. Cuba! Cuba!
Da Key West näher an Kuba als an Floridas Festland liegt, ist es nur logisch, dass es hier trotz des Embargos einen Laden mit kubanischen handgefertigten Kästchen, Puppen und Bildern gibt. ❸ *814 Duval St, Key West* • *Karte A6* • *www.cubacubastore.com*

7. Key West Hand Print
In einem der wenigen Backsteinhäuser, die das große Feuer von 1886 überstanden haben, gibt es handbedruckte Stoffe und Mode. ❸ *201 Simonton St, Key West* • *Karte A6* • *www.keywestfashions.com*

8. Peppers of Key West
Decken Sie sich mit pikanten Saucen für den Grillabend ein – einige sind wohl auch geeignet, unliebsame Gäste zu vergiften.
❸ *602 Greene St, Key West* • *Karte A6* • *www.peppersofkeywest.com*

9. Grand Vin
Die guten und preisgünstigen Weine aus aller Welt können vor dem Kauf glasweise auf der Veranda gekostet werden.
❸ *1107 Duval St, Key West* • *Karte A6*

10. Conch Republic Cigar Factory
»Savor the flavor of paradise« ist das Motto dieser alten Manufaktur. Sie stellt Zigarren her, die einer echten Havanna am nächsten kommen. Die Preise liegen zwischen 3 und 11 Dollar pro Stück. ❸ *512 Greene St, Key West* • *Karte A6* • *www.conch-cigars.com*

Läden auf den Florida Keys **www.shopfloridakeys.com** *oder*
www.discoveringfloridakeys.com/keys/Shopping/

Links **Bourbon Street Complex** Mitte **La-Te-Da** Rechts **Graffiti**

TOP 10 Schwul-lesbische Orte

1 Gay and Lesbian Community Center, Key West
Hier gibt es stets jede Menge Informationen und auch gelegentliche Treffen und Veranstaltungen.
◎ 513 Truman Ave, Key West • Karte A6 • 305-292-3223 • www.glcckeywest.org

2 Bourbon Street Complex
Der Komplex versammelt Bourbon Street Pub, 801 Bourbon Bar (mit abendlichen Dragshows), 1 Saloon, Pizza Joe's und The New Orleans House, eine Pension für Schwule. ◎ 722–801 Duval St, Key West • Karte A6

3 Pearl's Rainbow Patio Bar
Männer haben hier nichts verloren – die Bar von Pearl's Rainbow Resort ist der Ort, wo Frauen Frauen treffen, vor allem freitags und samstags während der Happy Hour von 17–19 Uhr.
◎ 525 United St, Key West • Karte A6 • 305-292-1450 • tägl. ab 12 Uhr

4 La-Te-Da
Der exklusive Veranstaltungsort hat ein hervorragendes Restaurant und ist bei Schwulen und Lesben seit Jahren beliebt. Das Crystal Room Cabaret präsentiert jeden Abend Shows wie »Guys as Dolls« und Ähnliches. ◎ 1125 Duval St, Key West • 305-296-6706

5 KWEST
Der Bar-Komplex bietet tägliche Dragshows, männliche Tänzer, eine Lederbar mit Laden und Motto-Abende. ◎ 705 Duval St, Key West • Karte A6 • 305-292-8500

6 Graffiti
Die kostspielige Trendmode ist extra für den jungen schwulen Mann entworfen. Die meisten Sachen sind dezent, es gibt aber auch einige schrille Teile, die der genusssüchtigen Atmosphäre der Insel entsprechen. ◎ 701 Duval St, Key West • Karte A6

7 In Touch
Jungs und Mädels finden hier jede Menge ergötzliche Erotika, sexy Klamotten, Spielzeug und andere Utensilien für gleichgeschlechtlichen Spaß.
◎ 706 Duval St, Key West • Karte A6

8 Fairvilla Megastore
Schwule Pärchen, die auf der Suche nach Spielzeug, erotischen Filmen und anderen sinnlichen Accessoires sind, wird die Auswahl dieses Ladens begeistern.
◎ 520 Front St, Key West • Karte A6

9 Aqua Night Club
Die Happy Hour dieses lebhaften Nachtclubs beginnt um 14 Uhr. Es gibt Karaoke, Dragshows und hinten draußen eine ruhige, entspannte Bar mit Fackeln und Wasserfall. ◎ 711 Duval St, Key West • Karte A6 • 305-294-0555

10 AIDS Memorial
Schwarze Granittafeln versammeln die Namen von rund tausend Conchs, die an der Krankheit gestorben sind, begleitet von ein paar ergreifend bitteren Versen. ◎ Ende White St, Oceanside, Key West • Karte A6

Unterkünfte speziell für Schwule & Lesben in Key West siehe S. 153

Links **Sloppy Joe's** Rechts **The Bull**

TOP 10 Bars, Kneipen & Clubs

1 Sloppy Joe's
Die stets laute Bar serviert neben Drinks auch Essen. Zahlreiche Hemingway-Andenken weisen darauf hin, dass der Schriftsteller hier – wie auch im original Sloppy Joe's *(siehe unten)* – ein Stammgast war. *201 Duval St, Key West • Karte A6 • 305-294-5717*

2 Captain Tony's Saloon
Im ehemaligen Sloppy Joe's, dem Stammlokal Hemingways, stehen ständig Livebands auf der Bühne, wo schon Conch-Held Jimmy Buffett sang. *428 Greene St, Key West • Karte A6 • 305-294-1838*

3 Green Parrot Bar
Die Bar von 1890 ist nach wie vor ein Renner. Einheimische spielen Billard, am Wochenende ist Live-Musik geboten.
601 Whitehead St, Key West • Karte A6 • 305-294-6133

4 The Bull
Drei Bars auf drei Etagen sorgen hier für Stimmung. Unten läuft immer eine Liveshow, ganz oben befindet sich The Garden of Eden *(siehe S. 49)*, die berühmte Bar, in der man ganz nach Laune (un)bekleidet sein darf. *224 Duval St, Key West • Karte A6 • 305-296-4545*

5 Hog's Breath Saloon
Nach einer riesigen Werbekampagne ist diese Bar, die zu einer Kette in Florida gehört, allseits bekannt. Zu Live-Musik gibt es jede Menge Drinks. *400 Front St, Key West • Karte A6 • 305-292-2032*

6 Margaritaville
Jimmy Buffett, Key Wests Glückskind, ist Besitzer dieses Bar-Restaurant-Souvenirladens. Abends gibt es Live-Musik, gelegentlich tritt auch der Chef selbst auf. *500 Duval St, Key West • Karte A6 • 305-292-1435*

7 Top Lounge
Die Bar im siebten Stock des Crowne Placa La Concha ist einer der besten Orte, um mit einem Drink in der Hand über die ganze Insel zu blicken. Die Terrasse ist auch dann zugänglich, wenn die Bar geschlossen hat. *430 Duval St, Key West • Karte A6 • 305-296-2991*

8 Schooner Wharf Bar
Die Bar liegt im Historic Seaport District, bietet einen freien Blick auf das Hafenviertel und laufend Live-Musik. *202 William St, Key West • Karte A6 • 305-292-9520*

9 Rick's Dirty Harry's Entertainment Complex
Neben Rick's, wo es Live-Musik gibt, und dem Upstairs, einem der heißesten Dance Clubs der Stadt, finden sich im Haus noch acht weitere Bars. *202 Duval St, Key West • Karte A6 • 305-296-4890*

10 Berlin's Cigar & Cocktail Bar
Getäfelte Wände und schummriges Licht sorgen für Alte-Welt-Charme. Zu Zigarre und Cocktail genießt man den Blick auf die Key West Bight. *700 Front St, Key West • Karte A6 • 305-294-5880*

Weitere Restaurants & Bars www.discoveringfloridakeys.com/keys/Dining_and_Entertainment/

Preiskategorien		
Preis für ein Drei-Gänge-Menü pro Person mit einer halben Flasche Wein, inkl. Steuern und Service.	$	unter 20 $
	$$	20–40 $
	$$$	40–55 $
	$$$$	55–80 $
	$$$$$	über 80 $

Mangoes

🔟 Conch-Restaurants

1 A & B Lobster House
Im Herzen Key Wests bietet das Restaurant auf zwei Etagen eines restaurierten Gebäudes vorwiegend Hummer und Garnelen. Der obere Raum ist der exklusivere. ✆ *700 Front St, Key West • Karte A6 • 305-294-5880 • $$$$*

2 Blue Heaven Restaurant
Den Charme und das Essen dieses zauberhaften Lokals vergisst man nie. ✆ *729 Thomas St, Key West • Karte A6 • 305-296-8666 • www.blueheavenkw.homestead.com*

3 Mangoes
Ein Essen hier darf man einfach nicht versäumen – nicht nur wegen des berühmten Wildpilz-Trüffel-»Martinis«, sondern weil das Lokal nun mal zum Leben in Key West gehört. ✆ *700 Duval St, Key West • Karte A6 • 305-292-4606 • $$$*

4 Louie's Backyard
Genießen Sie Haute Cuisine in luftiger Atmosphäre direkt am Atlantik, z. B. Rucola und Spinat mit süßscharfer Senfvinaigrette und knusprigen Entenwontons. Auch die Desserts sind umwerfend. ✆ *700 Waddell Ave, Key West • Karte A6 • 305-294-1062 • $$$$$*

5 HarbourView Café
Der Chefkoch verwendet Zutaten aus Florida und der Karibik mit einer Finesse, die die regionale Küche neu definiert – z. B. Hummer mit marinierten Bananen. ✆ *Pier House Resort, 1 Duval St, Key West • Karte A6 • 305-296-4600 • $$$$*

6 El Siboney
Das freundliche, schlichte Lokal serviert fabelhaftes kubanisches Essen: Schweinebraten mit Maniok und *tamale*, paniertes *Palomilla*-Steak oder gefüllte Krebse. ✆ *900 Catherine St, Key West • Karte A6 • 305-296-4184 • $$*

7 Tavern N Town
In eleganter Umgebung genießt man hier außergewöhnliche floribische Küche. Frisch geangelter Thunfisch und die Muschelsuppe sind ein Gedicht. ✆ *Beachside Resort, 3841 N Roosevelt Blvd, Key West • Karte A6 • 305-296-3676 • $$$$*

8 Sarabeth's
Luftige Omeletts, Kürbiswaffeln und Limonen-Ricotta-Pfannkuchen machen den Sonntagsbrunch zu einem wahren Fest. ✆ *530 Simonton St, Key West • Karte A6 • 305-293-8181 • $$$*

9 Michaels Restaurant
Hier erwartet Sie das beste Steak der Stadt. Vielleicht wagen Sie sich an das »Cowboy Steak«, ein fast 600 Gramm schweres Stück Hochrippe mit Pilzen und Zwiebeln. ✆ *532 Margaret St, Key West • Karte A6 • 305-295-1300 • $$$$*

10 Mangia Mangia Pasta Café
Der zentral gelegene Italiener bietet mittags und abends tolle frische Pasta mit leckeren Saucen. Da dies kein Geheimnis ist, ist das Lokal stets entsprechend voll. ✆ *900 Southard St, Key West • Karte A6 • 305-294-2469 • $$$*

Wenn nicht anders angegeben, akzeptieren alle Restaurants Kreditkarten und bieten auch vegetarische Gerichte an.

Links **Boutique, Palm Beach** Mitte **The Jungle Queen, Fort Lauderdale** Rechts **Alligator**

Abstecher

WER SICH AUS DEM *überlaufenen Großraum Miami herauswagt, sollte sich auf einen leichten Kulturschock gefasst machen. Nicht nur die einfache Lebensart der Indianer in den Everglades fällt ins Auge, auch die Enklaven an Golfküste und Treasure Coast scheinen in einer eigenen Welt zu leben. Alles Weltmännische fehlt, an dessen Stelle tritt ein Gefühl von »Old Florida«.*

Attraktionen

1. Die A1A nach Norden entlang der Gold Coast
2. Durch die Everglades auf der Alligator Alley
3. Durch die Everglades auf dem Tamiami Trail
4. Loxahatchee National Wildlife Refuge
5. Die A1A nach Norden entlang der Treasure Coast
6. Naples & Umgebung
7. Fort Myers
8. Sanibel Island & Captiva Island
9. Dry Tortugas (von Key West)
10. Lake Okeechobee

Via Roma, Palm Beach

Informationen über die Everglades für Urlauber
www.florida-everglades.com

An der Gold Coast

Tamiami Trail. Was indianisch klingt, steht schlicht und einfach für Tampa-Miami, die beiden Städte, die durch die Straße miteinander verbunden sind. Der Tamiami Trail führt tief in das Seminolengebiet hinein, wo Sie die Wunder der Everglades erleben können. Falls Sie bis zur Golfküste fahren, sollten Sie unbedingt in Everglades City und Naples Halt machen *(siehe S. 128)*.
◎ *Karte A3–C4*

Abstecher

1 Die A1A nach Norden entlang der Gold Coast

Direkt an der Nordspitze von Miami Beach beginnt eine von schönen und reichen Ortschaften gesäumte Strecke, die sich über mehr als 80 Kilometer erstreckt. Die Orte, auf ihre Art so vielfältig wie der Großraum Miami, tragen zum kulturellen Reichtum Südfloridas bei *(siehe S. 24f)*.

2 Durch die Everglades auf der Alligator Alley

Die I-75 ist wohl die einfachste und schnellste Route durch die Everglades: ein kostenpflichtiger Highway mit zwei Spuren in jeder Richtung. Auf der Straße spüren Sie wenig vom nahen Sumpfgebiet, aber es gibt mehrere schöne Halteplätze unterwegs, etwa bei der Fahrt durch das Big Cypress National Preserve oder nördlich des Fakahatchee Strand State Preserve. ◎ *Karte B3/C3*

3 Durch die Everglades auf dem Tamiami Trail

Der Highway 41 war der erste Schnitt durch die Everglades und trug von Beginn an den Namen

4 Loxahatchee National Wildlife Refuge

Der einzige erhaltene Rest der nördlichen Everglades ist ein ausgedehntes Gebiet mit den typischen Seegrassümpfen. Die einladenden öffentlichen Bereiche bieten Gelegenheit, die Vielfalt der Flora und Fauna des Feuchtgebiets zu beobachten, so z. B. Reiher, Alligatoren und die bedrohte Schneckenweihe. Man kann wandern, Vögel beobachten und auch fischen. Auf einer acht Kilometer langen Kanutour lässt sich das Schutzgebiet hautnah erkunden. ◎ *10216 Lee Road, Boynton Beach • Karte C/D 2/3 • 561-732-3684 • tägl. Sonnenaufgang bis -untergang; Visitor Center: 9–16 Uhr • Eintritt*

Reiher in den Everglades

➔ *Mehr über die Everglades* **siehe S. 28f**

Brunnen, Palm Beach

5 Die A1A nach Norden entlang der Treasure Coast

Palm Beach an der Gold Coast ist das Winterquartier und Shopping-Mekka der Reichen *(siehe S. 25)*. Fährt man auf der A1A weiter nach Norden, weicht die Megalopolis den kleineren, stilleren Orten der Treasure Coast. Zu ihnen gehören Vero (der größte Ort), Jupiter, Stuart (mit bezaubernden alten Vierteln), das ländliche Fort Pierce und, am nördlichen Ausläufer der Treasure Coast, das kleine Fischerdorf Sebastian. Hier genießen Sie das Strandleben Südfloridas ohne den Miami-typischen Trubel. ◎ *Karte D1/D2*

Tiffany Co. Uhr, Palm Beach

6 Naples & Umgebung

Bei der Fahrt durch die Everglades ist Naples zwangsläufig der erste Halt an der Golfküste. Die reiche Stadt rühmt sich stolz ihrer 35 Golfplätze und ihres schmucken Stadtzentrums. Es gibt einen schönen Pier, an dem man angeln oder Pelikane beobachten kann. Über 16 Kilometer erstreckt sich ein schneeweißer Sandstrand mit wärmerem Wasser als auf der Atlantikseite. Die nahe Marco Island, nördlichste der Ten Thousand Islands, ist ein guter Ausgangspunkt für einen Ausflug an den westlichen Rand der Everglades. Hier hat man einige wichtige, bis zu 3500 Jahre alte Artefakte der Calusa-Indianer gefunden.
◎ *Karte A3*

7 Fort Myers

Berühmt wurde die Stadt am Golf von Mexiko durch den genialen Erfinder Thomas Alva Edison, der hier lebte und wirkte. Das moderne Fort Myers ist inzwischen – vor allem im Winter – zum Zufluchtsort für US-Amerikaner aus dem Mittelwesten geworden, die Ferien am Meer machen wollen. Vor allem Familien tummeln sich am Strand. Dabei geht es hier wesentlich lässiger zu als in und um Miami. Das einzige Problem für Besucher ist das ständige Verkehrschaos. ◎ *Karte A2*

Der Strand am Pier in Naples

Informationen über Naples **www.naples-florida.com**

Historisches Herrenhaus, Fort Myers

8. Sanibel Island & Captiva Island

Die Lee Island Coast bietet hinreißende Strände, exotisch-üppige Flora und Fauna und tolle Sonnenuntergänge. Besonders beliebt sind Sanibel Island und Captiva Island mit ihrem Mix aus karibisch-nonchalanter Atmosphäre und noblen Läden und Restaurants. Das Land ist weitgehend geschützt, die Erschließung eingeschränkt. Es gibt keine Eigentumswohnanlagen und nur wenige große Hotels, stattdessen liegen Häuser und kleine Cottages im Grün verstreut. *Karte A3*

9. Dry Tortugas (von Key West)

Zur Inselwelt der Dry Tortugas gelangt man mit Wasserflugzeug oder Fähre von Key West aus. Anbieter solcher Trips sind u. a. Yankee Freedom und Sunny Days. In den Tagestouren sind Verpflegung und Schnorchelausrüstung inbegriffen, aber auch Campingausflüge sind möglich. Gut besucht ist Garden Key, wo Fort Jefferson liegt *(siehe S. 32)*. *Karte A5*
- Yankee Freedom: 1-800-322-0013
- Sunny Days: 1-800-236-7937

10. Lake Okeechobee

Der riesige See – der Name bedeutet in der Seminolensprache »großes Wasser« – ist mit knapp 1000 Quadratkilometern der zweitgrößte Süßwassersee der USA. Er sieht zwar wegen des hohen Damms, der ihn umgibt, nicht besonders malerisch aus, ist aber aufgrund der exzellenten Angelmöglichkeiten sehr beliebt. Die Orte rund um den See sind für Urlauber kaum erschlossen, manche sind sogar richtiggehend trostlos. Bester Ausgangspunkt für Angeltouren ist das hübsche kleine Clewiston. Hauptgewerbe südlich des Sees ist der Zuckerrohranbau, was oft zum Streit mit Umweltschützern führt, die die Everglades zu erhalten suchen. *Karte C2*

> **Südfloridas Landboom**
>
> Das warme Winterklima Südfloridas und der wirtschaftliche Aufschwung Anfang des 20. Jahrhunderts ließen die Region als den perfekten Ort zur Realisierung des amerikanischen Traums erscheinen. In den 1920er Jahren setzte der erste große Landboom ein und die zügellose Baulanderschließung bedrohte die Everglades. Ein Morgen gutes Land konnte 26000 Dollar einbringen, aber viele Anleger gingen bankrott, weil sie unwissentlich in Sumpfland investiert hatten, das weit von der Küste entfernt lag. Nach dem Doppelschlag aus einem Hurrikan 1926 und der Weltwirtschaftskrise 1929 war die Blase endgültig geplatzt.

Fort Jefferson, Dry Tortugas

Infos über Sanibel Island & Captiva Island
www.sanibel-captiva.org

Preiskategorien

Preis für ein Drei-Gänge-Menü pro Person mit einer halben Flasche Wein, inkl. Steuern und Service.	$ unter 20 $
	$$ 20–40 $
	$$$ 40–55 $
	$$$$ 55–80 $
	$$$$$ über 80 $

Alice's at La-Te-Da

Top 10 Restaurants

1 Le Café de Paris, Fort Lauderdale
Das französische Restaurant in Familienhand bietet seit mehr als 30 Jahren gute Küche zu vernünftigen Preisen. Besonders gut sind Weinbergschnecken. ◊ *Hyatt Regency Pier 66, 2301 SE 17th St Causeway • Karte D3 • 954-728-3500 • $$$*

2 Swamp Water Café, Everglades
Im Sumpf speist man u. a. Welsfilet, Alligatorschwanz-Nuggets, Froschschenkel und Wild. ◊ *Big Cypress Reservation, von Exit 49 der I-75 etwa 20 Meilen nach Norden • Karte B3 • 1-800-949-6101 • $$*

3 Rod & Gun Club, Everglades City
Das Restaurant in einem klassischen Florida-Grenzhotel bietet tolle Aussicht und feine Krabben-Sandwiches, aber auch anderes Seafood und Steaks. ◊ *200 Riverside Dr, Everglades City • Karte B4 • 239-695-2101 • keine Kreditkarten • keine vegetarischen Gerichte • $$$*

4 Café Protegé, West Palm Beach
Das Gourmetrestaurant auf dem Campus einer berühmten Kochschule serviert z. B. Schnecken in Knoblauch-Weißwein-Creme. ◊ *2410 Metrocenter Blvd • Karte D2 • 561-687-2433 • $$$*

5 Sinclair's Ocean Grill, Jupiter
Die floribische Küche – ein Mix aus Karibik, Pazifikküste und Florida – schmeckt drinnen oder im Patio. ◊ *Jupiter Beach Resort, 5 North A1A • Karte D2 • 561-745-7120 • $$$*

6 The Dock at Crayton Cove, Naples
Zu der floribischen Cross-over-Küche gehören gebratener Ziegenkäse mit Macadamianüssen und jamaikanische Quesadilla mit Huhn. ◊ *845 12th Ave, an der Naples Bay • Karte A3 • 239-263-9940 • $$$$*

7 The Veranda, Fort Myers
Das charmante Restaurant im Deep-South-Stil hat ein köstliches Artischocken-Beignet mit Blaukrabben auf der Karte. ◊ *2122 2nd St • Karte A2 • 239-332-2065 • $$$$*

8 Key Lime Bistro, Captiva Island
In heiterer Strandatmosphäre gibt es Gerichte wie vegetarische Drei-Farben-Terrine oder Huhn »Voodoo« und jeden Sonntag Jazz-Brunch. ◊ *11509 Andy Rosse Lane • Karte A3 • 239-395-4000 • $$$$*

9 Alice's at La-Te-Da, Key West
Alice zaubert selbst erdachte kulinarische Genüsse in romantischer Gartenatmosphäre. ◊ *1125 Duval St • Karte A6 • 305-296-6706 • $$$$*

10 Colonial Dining Room, Clewiston
Genießen Sie frischen Fisch aus dem Lake Okeechobee in vornehmem Ambiente mit vielen Antiquitäten. ◊ *Clewiston Inn, 108 Royal Palm Ave • Karte C2 • 863-983-8151 • $$$*

Key West ist hier als Ausgangspunkt des Trips zu den Dry Tortugas mitgenannt. Mehr Restaurants in Key West siehe S. 125

Links **Hyatt Regency** Rechts **Jupiter Beach Resort**

Preiskategorien		
Preis für ein Doppel-	$	unter 100 $
zimmer pro Nacht	$$	100–200 $
mit Frühstück (falls	$$$	200–250 $
inklusive), Steuern	$$$$	250–300 $
und Service.	$$$$$	über 300 $

TOP 10 Übernachten

1 Hyatt Regency Pier 66, Fort Lauderdale
Der Blick aus der drehenden Pier Top Lounge ist toll, die Zimmer sind gut ausgestattet. Es gibt ein Fitness-Center und einen Pool.
⌾ 2301 SE 17th St Causeway • Karte D3 • 1-888-591-1234 • www.hyatt.com • $$$$

2 Billie Swamp Safari Wildlife Park, Everglades
Hier sind Sie der Natur der Everglades ganz nahe – es ist jedoch auch nicht deutlich bequemer als Camping. ⌾ Big Cypress Reservation • Karte B3 • 1-800-949-6101 • www.seminoletribe.com • weder Einzelbäder noch Klimaanlage • $

3 Rod & Gun Lodge, Everglades City
Die ruhige Lage in den Everglades täuscht über die lebhafte Vergangenheit hinweg: Hemingway, US-Präsidenten und Mick Jagger stiegen hier ab. ⌾ 200 Riverside Dr, Everglades City • Karte B4 • 239-695-2101 • keine Kreditkarten • $$

4 Hibiscus House, West Palm Beach
Gäste erwartet viktorianisches Dekor, feines Porzellan, individuell gestaltete Zimmer und ein schöner Pool- und Patio-Bereich.
⌾ 501 30th St • Karte D2 • 1-800-203-4927 • www.hibiscushouse.com • $$

5 Jupiter Beach Resort
Das elegante, aber unprätentiöse Hotel bietet einfache Zimmer mit Marmorbädern, viele mit hinreißendem Blick. Familien fühlen sich hier sehr wohl. ⌾ 5 North A1A, Jupiter • Karte D2 • 1-800-228-8810 • www.jupiterbeachresort.com • $$$

6 The Inn on Fifth, Naples
Das vornehm ausgestattete, aber behagliche Hotel besitzt mediterranen Charme. ⌾ 699 5th Ave, South Naples • Karte A3 • 1-888-403-8778 • www.naplesinn.com • $$$$

7 Sanibel Harbour Resort & Spa
Stuckwände, große Zimmer, imposante Wellness-Einrichtungen mit Wasserfällen und ein Privatstrand sorgen für Luxusgefühl.
⌾ 17260 Harbour Pointe Drive, Sanibel Island • Karte A3 • 1-800-767-7777 • www.sanibel-resort.com • $$$$$

8 Captiva Island Inn
Nur ein paar Schritte vom Strand stehen diese Fachwerkhäuschen zwischen tropischen Palmen. ⌾ 11509 Andy Rosse Lane, Captiva Island • Karte A3 • 1-800-454-9898 • www.captivaislandinn.com • $$

9 Crowne Plaza La Concha, Key West
Präsidenten waren schon zu Gast in dem Hotel, wo Tennessee Williams *Endstation Sehnsucht* geschrieben haben soll. ⌾ 430 Duval St, Key West • Karte A6 • 1-800-745-2191 • www.laconchakeywest.com • $$$$

10 Clewiston Inn
Das Dekor sorgt für »Good Old South«-Gefühle. ⌾ 108 Royal Palm Ave, Clewiston • Karte C2 • 1-800-749-4466 • www.clewistoninn.com • $$

Hauptverzeichnis der Hotels in Miami & auf den Keys siehe S. 146–153

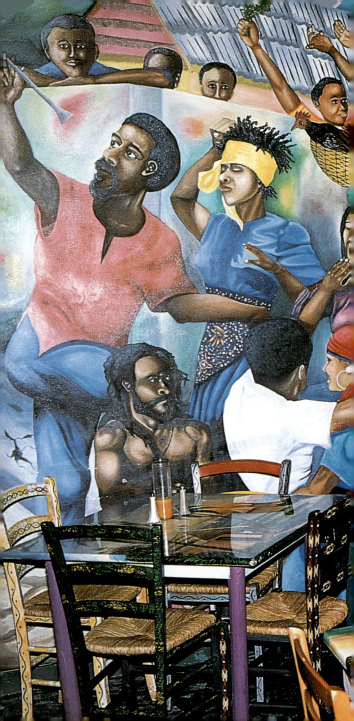

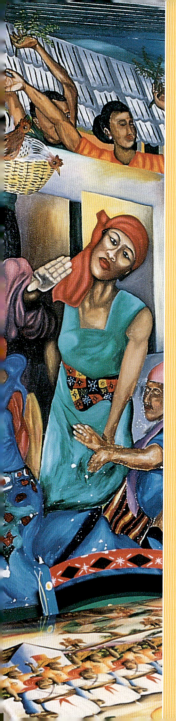

REISE-INFOS

Reisevorbereitung
134

Information
135

Anreise
136

In Miami unterwegs
137

Zeitungen,
TV & Radio
138

Sicherheit &
Gesundheit
139

Vorsicht!
140

Geld &
Kommunikation
141

Miami & Keys
für wenig Geld
142

Senioren &
behinderte Reisende
143

Hotlines &
Notrufnummern
144

Hotel-Tipps
145

Hotels
146–153

TOP 10 MIAMI

Downtown Miami

Reisevorbereitung

1 Reisezeit / Klima
Südflorida ist wegen des subtropischen Klimas ein ganzjähriges Urlaubsziel. Im Sommer ist es jedoch sehr heiß und es regnet fast jeden Nachmittag. Hauptsaison ist von Dezember bis April.

2 Reisedauer
Bleiben Sie so lange wie möglich. Außer dem Strandleben hat Südflorida viel zu bieten, vor allem in der Hochsaison, wenn es fast jede Woche ein Fest zu geben scheint. Viele Hotels haben günstige Wochenangebote.

3 Reisegepäck
Denken Sie an internationalen Führerschein, Stromadapter, verschreibungspflichtige Medikamente, bequeme feste Schuhe und Sandalen.

Konsulate

Deutsches Generalkonsulat
100 N Biscayne Blvd, Suite 2200, Miami, FL 33132
• 305-358-0290
• www.miami.diplo.de

Österreichisches Honorarkonsulat
2445 Hollywood Blvd, Hollywood, FL 33020
• 954-925-1100
• www.austrian consulatemiami.com

Schweizer Konsulat
825 Brickell Bay Dr, Suite 1450, Miami, FL 33131
• 305-377-6700

---

4 Einreise
Mit dem Visa Waiver Program (VWP) dürfen sich u. a. Deutsche, Österreicher und Schweizer bis zu 90 Tage ohne Visum in den USA aufhalten. Notwendig hierfür sind ein maschinenlesbarer Reisepass sowie ein Rück- oder Weiterreiseticket. Pässe, die nach dem 26. Oktober 2005 ausgestellt wurden, benötigen ein Digitalfoto, Pässe ab dem 26. Oktober 2006 zusätzlich Biometriedaten. Kinderreisepässe werden zur visumfreien Einreise nur anerkannt, wenn sie ein Foto enthalten, vor dem 26. Oktober 2006 ausgestellt und ab diesem Datum nicht verlängert wurden. Alle Reisenden im Rahmen des VWP sind verpflichtet, spätestens 72 Stunden vor Reiseantritt eine elektronische Reisegenehmigung über das ESTA (Electronic System for Travel Authorization) zu beantragen. Die Genehmigung ist bis zu zwei Jahre gültig und berechtigt in diesem Zeitraum zu mehreren Einreisen in die USA. VWP-Reisende müssen die grünen I-94W-Karten bis zur Ausreise behalten.

5 Zoll
Bei der Einreise sind 200 Zigaretten (pro Person über 18 Jahre), ein Liter Alkohol (pro Person über 21 Jahre) und Geschenke im Wert von bis zu 100 Dollar erlaubt. Fleisch (auch Konserven), kubanische Zigarren, Pflanzen, Samen und Obst sind verboten.

6 Reiseversicherung
Wegen der teuren medizinischen Versorgung ist eine Reiseversicherung mit einer Deckungssumme von mindestens einer Million Dollar und Haftung bei Unfalltod, Reiserücktritt, Gepäck- und Passverlust empfehlenswert.

7 Konsulate
Deutschland, Österreich und die Schweiz haben Konsulate im Raum Miami *(siehe Kasten links)*.

8 Organisierte Gruppenreisen
Obwohl Miami sicherer geworden ist, reisen viele gern mit professionell geführten Gruppen. Unterkünfte liegen dann oft in unansehnlichen Stadtteilen. Wählen Sie eine Gruppenreise, die Ihnen ein Maximum an Flexibilität garantiert.

9 Maße, Gewichte & Zeit
In den USA wird in *ounces* und *pounds* gewogen und in *inches*, *feet*, *yards* und *miles* gemessen. Die Stromspannung beträgt 110–115 Volt, die Stecker haben zwei flache Pins. Miami liegt in der östlichen Zeitzone, sechs Stunden hinter der mitteleuropäischen Zeit.

10 Sprache
Auch wenn in der Regel Englisch gesprochen wird, ist Spanisch die eigentliche Muttersprache sehr vieler Menschen in Miami und Umgebung.

Aktuelle Informationen zu den Einreisebestimmungen der USA
www.us-botschaft.de

Links & Mitte **Chambers of Commerce** Rechts **Art Deco Welcome Center**

TOP 10 Information

1. Greater Miami Convention and Visitors Bureau
Das Greater Miami CAVB betreibt eine Website und Büros im In- und Ausland. Hier gibt es Karten und Tipps für Miami, die Keys und die Everglades.

2. Allgemeine Tipps
Vor der Reise lohnt sich ein Besuch der informativen Websites von Visit Florida (auch in Deutsch) und Miami MetroGuide.

3. Chambers of Commerce, Miami
Die Handelskammern von Miami Beach, Coral Gables und Coconut Grove helfen mit regionalen Karten und Informationen weiter.

4. Art Deco Welcome Center
Die Miami Design Preservation League bietet Art-déco-Führungen, Audio-Touren und Literatur an. Der Verein organisiert auch Art-déco-Wochenenden.

5. T.E.V.A.
Bei der Tropical Everglades Visitor Association erhalten Sie Tipps zu Ausflügen, Wanderungen, Angel- und Bootstouren, Tauch- und Schnorchelrevieren, Attraktionen, Restaurants und Unterkünften.

6. Greater Homestead / Florida City Chamber of Commerce
Die Handelskammer bietet Prospekte und Gutscheine für den gesamten Süden Miamis und für die Everglades an. Eine Fotoausstellung im selben Gebäude erzählt die Geschichte von Homestead. Versäumen Sie nicht den empfohlenen Spaziergang durch das historische Zentrum.

7. Greater Fort Lauderdale Convention and Visitors Bureau
Hier erhalten Sie Informationen über Fort Lauderdale, Hollywood, Pompano Beach, Sunrise, Lauderdale-by-the-Sea und Deerfield Beach.

8. Vacation Planner
Das kostenlose Hochglanzmagazin *Vacation Planner* über Südflorida ist in vielen Informationszentren erhältlich.

9. Informationen über Palm Beach
Das Palm Beach County Convention and Visitors Bureau bietet umfangreiches Informationsmaterial. Die Palm Beach Chamber of Commerce gibt den ausführlichen *Official Guide to Palm Beach* heraus.

10. Monroe County Tourist Development Council (Keys)
Die Mitarbeiter des Monroe County Tourist Development Council wissen alles über die Florida Keys und Key West, ihre Liebe zu dem Gebiet steckt an. Sie bieten die besten Karten und erstklassige Tipps, um das Maximum aus Ihrem Aufenthalt herauszuholen.

Auf einen Blick

Greater Miami CAVB
701 Brickell Ave, Miami
• 305-539-3000 • www.miamiandbeaches.com

Allgemeine Tipps
• www.visitflorida.com
• www.miami.metroguide.com

Chambers of Commerce
• Miami Beach: 1920 Meridian Ave; 305-674-1300
• Coral Gables: 224 Catalonia Ave; 305-446-1657
• Coconut Grove: 2820 McFarlane Rd; 305-444-7270
• Greater Homestead: 212 1st Ave, Homestead; 305-247-2332
• Palm Beach: 400 Royal Palm Way; 561-655-3282

Art Deco Welcome Center
1200 Ocean Dr (Eingang 12th St) • 305-531-3484
• www.mdpl.org

T.E.V.A.
160 US Hwy 1, Florida City • 305-245-9180
• www.tropicaleverglades.com

Greater Fort Lauderdale CAVB
100 E Broward Blvd, Fort Lauderdale • 954-765-4466 • www.sunny.org

Palm Beach County CAVB
1555 Palm Beach Lakes Blvd • 1-800-554-7256
• www.palmbeachfl.com

Monroe County TDC
1201 White St, Key West
• 1-800-352-5397
• www.fla-keys.com

Visit Florida betreibt unter der Rufnummer (0621) 561 54 42 eine deutsche Hotline.

Links **Terminal, Miami Airport** Mitte **Shuttle-Bus** Rechts **Brücke über die Keys**

TOP 10 Anreise

1. Fluggesellschaften
Von Deutschland fliegen Lufthansa, American Airlines, Delta Airlines, KLM, British Airways und Air France nach Miami. Schweizer Urlauber fliegen mit Swiss, Österreicher mit Austrian Airlines.

2. Flugpreise
Das Angebot an Flügen in die USA verändert sich ständig, oft kommen neue Airlines hinzu. Auch unabhängig von Pauschalreisen sind durchaus Schnäppchen zu machen, vor allem wenn man sich in einem guten Reisebüro beraten lässt oder etwas Zeit auf die Suche im Internet verwendet.

3. Miami International Airport
Dies ist einer der betriebsamsten Flughäfen der Welt, was lange Warteschlangen bei der Einreise und Abfertigung bedeuten kann. Innerhalb des Flughafens muss man lange Strecken zurücklegen. Die Schalter der Information und der Mietwagenfirmen befinden sich außerhalb des Zollbereichs, sind aber nicht immer besetzt.

4. Fort Lauderdale-Hollywood International Airport
Der zweitgrößte Flughafen der Region wird fast von ebenso vielen Gesellschaften angeflogen wie Miami Airport, ist aber weniger überlaufen. Er ist ideal, wenn man den Süden der Gold Coast bereisen will.

5. Mietwagen, Taxis & Shuttle-Busse
In die Innenstadt gelangen Sie mit einem Mietwagen, einem Taxi oder einem Shuttleservice (siehe unten). Es gibt auch einen Zubringer zu den Stationen von Metrorail und Tri-Rail.

6. SuperShuttle
Das Unternehmen fährt – ebenso wie seine Wettbewerber – rund um die Uhr in die Innenstadt. SuperShuttles können über die Website gebucht werden und sind viel günstiger als Taxis. Die Fahrt wird in der Regel allerdings unterbrochen, um andere Fahrgäste aus- bzw. zusteigen zu lassen.

7. Mit dem Auto
Die wichtigsten Interstates nach Miami sind die I-95 entlang der Ostküste Floridas und die I-75 zwischen Golfküste und Atlantik. Der Florida Turnpike führt von Orlando nach Süden. Die Straßen sind in sehr gutem Zustand. Die Highways 1, A1A und 41 sind nur bei Ausflügen in den Großraum Miami sinnvoll.

8. Mit dem Schiff
Der Hafen von Miami ist der größte Kreuzfahrthafen der Welt. Von hier aus starten viele Kreuzfahrtriesen ihre Reise in die Karibik. Besucher, die mit einer privaten Yacht anreisen, können in mehreren ausgezeichneten Marinas anlegen.

9. Mit dem Zug
Amtrak verbindet Miami mit dem Rest der USA. In den Zügen gibt es Schlaf- und Speisewagen. Den Zugverkehr im Gebiet um Miami übernimmt Tri-Rail. Diese Züge verkehren im Verbund mit Metrorail entlang der Gold Coast.

10. Mit dem Bus
Für Greyhound, Trailways und Metrobus gibt es einen Busbahnhof am Flughafen und einen im Zentrum (100 NW 6th St). Die Busse sind günstig, aber mit viel Gepäck nicht sehr bequem. Die Fahrt mit dem Greyhound-Bus von Miami nach Key West dauert ziemlich lange.

Auf einen Blick

Miami International Airport
305-876-7000

Fort Lauderdale-Hollywood International Airport
1-866-435-9355

Palm Beach International Airport
561-471-7420

SuperShuttle
305-871-2000 • www.supershuttle.com

Tri-Rail
1-800-874-7245

Amtrak Railroad
1-800-872-7245

Greyhound
1-800-231-2222

Trailways
1-800-776-7581

Günstige Flugtickets finden Sie z. B. unter
www.billigfluege.de *oder* **www.flugberater.de**

Links **Metromover** Mitte **Radfahrer** Rechts **Mietfahrzeuge**

TOP 10 In Miami unterwegs

Reise-Infos

1 Metrobus
Metrobusse fahren im Gesamtgebiet von Miami-Dade, aber nicht unbedingt regelmäßig oder gar nach Fahrplan. Halten Sie das passende Fahrgeld, eine Wertmarke oder den Metropass bereit.

2 Metrorail & Metromover
Die 34 Kilometer lange Zuglinie Metrorail verbindet Hialeah im Norden mit Dadeland im Süden von Miami und hält in Downtown, Coconut Grove und Coral Gables. Der Metromover verbindet auf zwei erhöhten Rundlinien das Zentrum von Downtown mit den Geschäftsvierteln Brickell und Omni.

3 South Beach Local
Die vom Miami-Dade Transit betriebene Buslinie South Beach Local fährt auf einem Rundkurs in beiden Richtungen durch ganz South Beach.

4 Taxis & Wassertaxis
Taxis berechnen 1,70 Dollar Grundgebühr und etwa zwei Dollar pro Meile – zu viel für lange Strecken. In Fort Lauderdale sind Wassertaxis unterwegs. Auf diese Weise haben Sie die Gelegenheit, das »Venedig Amerikas« zu erleben.

5 Inliner, Fahrräder & Motorroller
In South Beach kommen Sie mit Inlineskates, Fahrrad oder Motorroller am schnellsten von einem Ort zum anderen. Viele Verleiher geben Tipps für Ausflüge und bieten kostenlosen Unterricht im Inlineskaten an. Wenn Sie sich allerdings den »amerikanischen Traum« erfüllen möchten, sollten Sie ein Motorrad mieten.

6 Mietwagen
Mietwagen können in Florida teuer kommen. Sie können sparen, wenn Sie bereits von zu Hause aus reservieren oder ein »Fly & Drive«-Angebot nutzen. Um einen Wagen zu mieten, benötigen Sie internationalen Führerschein, Reisepass und Kreditkarte.

7 Straßenverkehr
Die zum Teil gebührenpflichtigen Schnellstraßen in und um Miami sind generell in hervorragendem Zustand. Einheimische wechseln beim Fahren häufig die Spur. Bleiben Sie lieber rechts und seien Sie besonders aufmerksam vor Ausfahrten, die zu beiden Seiten der Fahrbahn abgehen können.

8 Stadtrundfahrten
Anbieter wie Miami Tours haben Stadtrundfahrten mit dem Bus im Programm. Manche Angebote verbinden die Stadtrundfahrt mit einer Bootstour oder einem Ausflug in die Everglades.

9 Limousinen
In einer Stadt voller Stars sind Stretchlimousinen selbstverständlich – je länger, desto besser.

10 Orientierung
Miami wird von der Kreuzung Flagler Street und Miami Avenue in vier Teile geteilt, die Straßen sind entsprechend benannt (NW, SE, 1st, 2nd, Ave bzw. St etc.). Etwas verwirrend ist, dass Miami Beach und Coral Gables ihr eigenes System besitzen und dass viele Straßen einen oder zwei zusätzliche Namen haben.

Auf einen Blick

Miami-Dade Transit (Metrobus, Metrorail, Metromover & South Beach Local)
305-891-3131

Miami Taxis
• *Central Cab: 305-532-5555,*
• *Yellow Cab: 305-444-4444*
• *Super Yellow Cab: 305-888-7777*

Fort Lauderdale Water Taxi
954-467-6677

Bike and Roll
210 10th St, Miami Beach; 305-604-0001

Harley-Davidson
19400 NW 2nd Ave; 305-651-4811

Miami Tours
1-800-303-1503; www.miamitours.us

Limousinen
• *Red Carpet Transportation: 305-444-4635*
• *Carey Limousine Service: 305-893-9850*
• *Limousines of South Florida: 305-940-5252*

Miami-Dade Transit im Internet **www.miami-dade.gov/transit**

Links **Miami Herald** Mitte **Mallory Square, Key West** Rechts **Zeitungskästen, Palm Beach**

Zeitungen, TV & Radio

1 Miami Herald
Der *Miami Herald* ist die größte Tageszeitung Floridas. In den Wochenbeilagen *The Street* und *Weekend* stehen viele Informationen zu Unterhaltung und Veranstaltungen in der Region.

2 Miami New Times
Die wichtigste kostenlose Wochenzeitung berichtet u. a. über Restaurants, Filme und Clubs. Sie ist in vielen Lokalen, Läden und Clubs sowie an Zeitungskästen erhältlich.

3 Key West
Das Wochenblatt der Insel berichtet über kommende Ereignisse, Kunst, Theater, Musik und Clubs und bringt Lokalnachrichten, Berichte und Kritiken. Wie es sich für ein Conch-Unternehmen gehört, legt sich die Zeitung natürlich ständig mit der Polizei und anderen Behörden an.

4 El Nuevo Herald
Miamis spanischsprachiges Blatt konzentriert sich vor allem auf Themen und Ereignisse, die die große und stetig wachsende hispanische Gemeinde betreffen.

5 Hotel-Magazine
In den nobleren Hotels liegen oft die Magazine *Ocean Drive* und *Where* aus. *Ocean Drive* ist nicht viel mehr als ein superschickes Modeheft. *Where* gibt es in vielen Städten der USA – die monatlich erscheinende Ausgabe für Miami enthält in der Regel einige fesselnde Artikel. Eines sollten Sie jedoch immer im Hinterkopf behalten: Restaurants, die in *Where* erwähnt werden möchten, müssen für diesen Dienst bezahlen. Die »Restaurantkritiken« sind deshalb nie objektiv.

6 TV-Programme
Die wichtigsten US-amerikanischen TV-Sender empfangen Sie in Miami auf vier Kanälen: CBS auf Kanal 4, NBC auf Kanal 6, FOX auf Kanal 7 und ABC auf Kanal 10. Auch ohne Kabelanschluss können Sie in Miami regelmäßig Nachrichten, Sportsendungen und Sitcoms empfangen. Der nicht kommerzielle Sender PBS belegt normalerweise Kanal 2.

7 Kabel-TV
Die meisten Hotels in Miami bieten ihren Gästen Kabelfernsehen. Sie können also in der Regel Nachrichten von MSNBC und CNN, Sportübertragungen von ESPN, den Weather Channel, Comedy Central und das Kinderprogramm von Nickelodeon empfangen. In manchen Hotels wird auch der Bezahlsender HBO angeboten.

8 Englische UKW-Sender
In Miami scheint zwar die Mehrzahl der Leute Spanisch zu sprechen, im Radio herrscht allerdings noch immer die englische Sprache vor. Viele Stationen senden den üblichen Großstadtmix aus Oldies, Country, Rock, Hardrock und Jazz. Der landesweite Sender NPR (National Public Radio) bietet seinen Hörern überwiegend Informationen und Kultur, diverse Lokalsender senden ein ähnliches Programm.

9 Spanische UKW-Sender
In Miami sind natürlich mehrere spanischsprachige Sender zu empfangen. Die Moderatoren sind sehr lebhaft und enthusiastisch. Das Musikprogramm wird von lateinamerikanischen Rhythmen dominiert – von traditioneller Musik bis hin zu aktuellem Latino-Pop. Besucher können mit diesen Sendern ihr Hörverständnis für die spanische Sprache schulen, vor allem weil die Moderatoren bisweilen eine Mischung aus Spanisch und Englisch (»Spanglish«) sprechen.

10 Mittelwelle
Die im Vergleich zur Ultrakurzwelle (FM) kleinere Bandbreite der Mittelwelle (AM) eignet sich kaum für Sendungen in Stereo. Da der UKW-Klang aus diesem Grund so viel besser ist, wurde die Mittelwelle fast ganz dem Sprechradio überlassen. In Miami gibt es solche »Talk Radio Stations« auf Englisch und Spanisch. Die Programme ähneln sich im Großen und Ganzen. Meist können sich Hörer zu einem vom Moderator gestellten Thema per Telefon äußern.

 Der Miami Herald liefert Tipps zu Nightlife, Shopping, Restaurants & Sehenswürdigkeiten **www.miami.com**

Links **Unfallstation** Mitte **Schattenplätze am Strand** Rechts **Rettungsschwimmerin**

TOP 10 Sicherheit & Gesundheit

Reise-Infos

1. Notfälle
In Notfällen erreichen Sie Polizei, Feuerwehr und Notarzt über die Rufnummer 911. Der Anruf ist gebührenfrei, auch von Münztelefonen *(siehe S. 144)*.

2. Vorsichtsmaßnahmen
Achten Sie stets auf mögliche Gefahren *(siehe S. 140)*. Parken Sie in gut beleuchteten Straßen und verriegeln Sie Autotüren und -fenster auch beim Fahren. Geben Sie sich zumindest den Anschein, als wüssten Sie genau, wohin Sie wollen. Meiden Sie nachts zwielichtige Viertel.

3. Straßenraub
Wenn Sie grundlegende Vorsichtsmaßnahmen ergreifen, ist es eher unwahrscheinlich, dass Sie ausgeraubt werden. Hüten Sie sich in größeren Menschenansammlungen vor Taschendieben und verwahren Sie Ihre Wertsachen sicher.

4. Medizinische Versorgung
Fast alle Krankenhäuser haben Unfallstationen, die rund um die Uhr besetzt sind. Ambulante Kliniken finden Sie in den Yellow Pages unter »Clinics«. In den meisten Vierteln gibt es Apotheken mit 24-Stunden-Service.

5. Sonnenbrand
Für Florida-Besucher kann die Sonne gefährlich werden. Verwenden Sie Sonnencreme mit hohem Lichtschutzfaktor und tragen Sie eine Kopfbedeckung. Beugen Sie einem Hitzschlag vor, indem Sie viel trinken und häufig den Schatten aufsuchen.

6. Insekten
Beißende und stechende Insekten, u.a. Sandmücken und Feuerameisen, stellen zwischen Juni und November eine echte Plage dar. Besuchen Sie deshalb keinen Park ohne Insektenschutzmittel.

7. Gefährliche Strömungen
An manchen Abschnitten der Atlantikküste ist die Brandung rau und die Strömung stark. Vor allem Kinder sollten nicht unbeaufsichtigt im Meer baden. Besser geeignet sind die seichten Gewässer der Keys.

8. Quallen, Haie & Stachelrochen
Hin und wieder kann man in Ufernähe Feuerquallen und der giftigen Portugiesischen Galeere begegnen. Meiden Sie den Kontakt auch, wenn die Qualle an Land geschwemmt wurde. Attacken von Haien oder Stachelrochen sind zum Glück äußerst selten.

9. Hurrikans
Falls während Ihres Aufenthalts ein Hurrikan angekündigt ist, befolgen Sie die Anweisungen in Rundfunk und Fernsehen. Informationen erteilt das National Hurricane Center in Miami.

10. Verlust & Diebstahl
Auch wenn die Chance, gestohlenes Eigentum wiederzuerhalten, sehr gering ist, sollten Sie Anzeige erstatten. Bewahren Sie die Kopie der Anzeige für Ihre Versicherung auf. Auch den Verlust von Kreditkarten oder Reiseschecks sollten Sie unverzüglich melden *(siehe S. 141)*. Wenn Sie Ihren Reisepass verloren haben, verständigen Sie Ihr Konsulat *(siehe S. 134)*.

Auf einen Blick

Ambulante Kliniken
- Miami Beach Medical Clinic: 1540 Washington Ave; 305-532-4122
- Today's Women Medical Center: 3250 S Dixie Hwy, Coconut Grove; 305-441-0304

Krankenhäuser
- Mount Sinai Medical Center: 4300 Alton Rd, Miami Beach; 305-674-2121
- Mercy Hospital: 3663 S Miami Ave, Coconut Grove; 305-854-4400
- Coral Gables Hospital: 3100 Douglas Rd; 305-445-8461

Zahnarztvermittlung
South Florida District Dental Association: 305-667-3647

National Hurricane Center
305-229-4470

Miami Airport, Fundbüro
305-876-7377

Hotlines & Notrufnummern **siehe S. 144**

Links **Schutz vor der sengenden Sonne** Mitte **Trinkgeld nicht vergessen!** Rechts **Polizei**

TOP 10 Vorsicht!

1 Gefährliche Viertel
In manche Stadtteile Miamis sollten Sie keinen Fuß setzen. Dazu gehören Overtown und Liberty City. Little Haiti, Opa-Locka und alle in der Nacht verlassenen Stadtgebiete wie z. B. Downtown sind mit Vorsicht zu genießen.

2 Intoleranz
In den ländlichen Gegenden außerhalb von Miami Beach, des Großraums von Miami und Key West sind die Einheimischen gegen alles, was in irgendeiner Art »alternativ« erscheint, häufig noch sehr voreingenommen.

3 Alkohol
Alkoholische Getränke werden nur an Gäste ab 21 Jahren ausgeschenkt. An öffentlichen Plätzen und am Strand ist Alkoholkonsum verboten. Als Autofahrer sollten Sie grundsätzlich nichts trinken. Alkoholvergehen am Steuer werden mit Geldbußen von Hunderten von Dollar, Führerschein- oder sogar Freiheitsentzug bestraft.

4 Rauchen
Personen unter 18 Jahren ist der Kauf von Tabak untersagt. In öffentlichen Gebäuden, Restaurants, Bussen, Zügen, Taxis und den Gemeinschaftsräumen der Hotels ist das Rauchen verboten. In der Zwischenzeit haben sich viele Hotels in Florida aus eigenen Stücken zur komplett rauchfreien Zone erklärt.

5 Trinkgeld
In den USA ist das Servicepersonal wegen des niedrigen oder auch fehlenden Gehalts auf Trinkgeld angewiesen. In Restaurants sollten Sie 15 bis 20 Prozent Trinkgeld geben. Taxifahrer erwarten ähnlich viel. Träger in Hotels erhalten meist einen Dollar pro Gepäckstück.

6 Als Urlauber erkennbar sein
Um Taschendieben oder der gelegentlichen Belästigung durch Bettler zu entgehen, versuchen Sie, nicht so zu wirken, als hätten Sie sich verirrt. Führen Sie auch nicht allzu viele Kameras, Taschen oder Landkarten mit. In Miami muss man eine besonderen Kleidervorschriften beachten. T-Shirts und Shorts gehören hier zum Straßenbild – in SoBe sind viele Männer sogar mit freiem Oberkörper auf den Straßen unterwegs. Verpönt sind jedoch Socken zu Sandalen.

7 Fehlender Sonnenschutz
Sonnenbrand ist in Florida das Gesundheitsrisiko Nummer eins, vor allem für Urlauber, die intensive Sonneneinstrahlung nicht gewöhnt sind. Benutzen Sie Sonnencreme mit hohem Lichtschutzfaktor und tragen Sie einen Hut. Achten Sie auch auf Ihre Kinder: Tragen Sie oft und reichlich Sonnenschutz auf. An Nacktbadestränden ist dies doppelt ratsam.

8 Warteschlangen vor Clubs
Vor einem beliebten Club in der Schlange zu stehen, kann lästig sein – und dann gelangt man vielleicht noch nicht einmal hinein. An Ihrer Hotelrezeption kann man Ihnen eventuell helfen, in die VIP-Lounge des Clubs Ihrer Wahl zu gelangen. Für etwas Extratrinkgeld können Sie sich Zeit und Enttäuschungen ersparen.

9 Gesetzesvertreter
Auch in Miami ist es keine gute Idee, sich mit der Polizei anzulegen. Hier gibts es die Stadtpolizei, die für die ländlichen Gebiete zuständigen Sheriffs und die Florida Highway Patrol für Autounfälle und Delikte außerhalb der Städte. In der Bemühung, Besucher anzuziehen und zu schützen, verhalten sich Polizeibeamte ihnen gegenüber sehr freundlich und hilfsbereit – solange sie selbst respektvoll und höflich behandelt werden.

10 Aids
Nach einer Studie aus dem Jahr 2002 ist Miami die US-amerikanische Stadt mit den meisten Aids-Erkrankungen. Ein Großteil der Bars und Schwulenbars stellt seinen Gästen Gratiskondome zur Verfügung. Das South Beach AIDS Project betreibt Aufklärung. Im Test-Center der Organisation (306 Lincoln Rd) kann man anonym einen HIV-Test durchführen lassen.

South Beach AIDS Project **www.sobeaids.org**

Links **Geldautomat** Mitte **Postdienst** Rechts **Telefonkarte**

TOP 10 Geld & Kommunikation

1 Geldwechsel
Geld können Sie in jeder Bank wechseln. Die niedrigsten Gebühren berechnen die großen Stadtbanken und die Filiale von American Express.
🚫 *American Express: 100 Biscayne Blvd • 305-358-7350 • Mo–Fr 9–17 Uhr*

2 Geldautomaten
In den meisten Banken Floridas stehen Geldautomaten (ATMs) zur Verfügung. Sie befinden sich entweder in der Vorhalle oder außerhalb des Gebäudes. An vielen Geldautomaten können Sie mit Maestro-/EC-Karte oder Kreditkarte plus PIN Geld abheben – meist 20-Dollar-Scheine.

3 Kreditkarten
In den USA ist man ohne gängige Kreditkarte wie von Visa, American Express, MasterCard oder Diners Club ziemlich verloren, vor allem im Hotel oder beim Autovermieter. Den Verlust Ihrer Kreditkarte sollten Sie unverzüglich melden *(siehe Kasten)*.

4 Reiseschecks
Reiseschecks können Sie in einigen Läden, Restaurants und Hotels wie Bargeld benutzen. Verlorene oder gestohlene Schecks werden erstattet.

5 Banken
Banken haben im Allgemeinen wochentags von 9 bis 15 oder 16 Uhr, manche auch samstagvormittags geöffnet.

6 Umsatzsteuer
Florida erhebt auf alle Waren außer auf Medikamente, Lebensmittel und Kinderkleidung eine Verkaufssteuer *(sales tax)* von üblicherweise sechs Prozent. Sie ist in den ausgezeichneten Preisen nicht enthalten, sondern wird – auch im Restaurant – auf die Rechnung aufgeschlagen. Bei Hotelzimmern wird zusätzlich eine *resort tax* berechnet, die je nach Ort zwei bis fünf Prozent betragen kann.

7 Telefon
In Städten gibt es überall öffentliche Telefone, andernorts vor allem in Tankstellen und Läden. Die Zahl der Kartentelefone steigt zwar, doch viele Apparate nehmen nur Münzen. Für ein Auslandsgespräch benötigen Sie etwa acht Dollar in 25-Cent-Münzen. Um mit der Kreditkarte zu telefonieren, wählen Sie 800 CALL-ATT und geben die Kreditkartennummer ein. Der Dienst Deutschland Direkt für R-Gespräche ins deutsche Festnetz hat die Nummer 1800 292 0049.

8 Handy
Europäische Mobiltelefone funktionieren nur, wenn es sich um Triband-Handys handelt. Falls Sie damit in den USA 1-800-Nummern kostenlos anwählen können (fragen Sie Ihren Provider), lässt sich dort in Verbindung mit einer US-Telefonkarte günstig mobil telefonieren.

9 Post
Postämter sind meist wochentags von 9 bis 17 Uhr, manche auch am Samstagvormittag geöffnet. Briefmarken erhält man auch in Drugstores oder Hotels. Inlandspost hat Vorrang und braucht einen bis fünf Tage. Briefe nach Europa kommen per Express Mail in der Regel innerhalb von zwei oder drei Tagen an.

10 Internet-Zugang
Einige Hotels bieten WLAN-Internet-Anschluss in den Gästezimmern, andere Hotels und Jugendherbergen betreiben Internet-Cafés. Solche Lokale gibt es in ganz Miami. Hier zahlt man für den Internet-Zugang pro (halbe) Stunde.

Kreditkartenverlust

Allgemeine Notrufnummer
- 01149 116 116
- www.116116.eu

American Express
- 1-800-528-4800

Diners Club
- 1-800-234-6377

MasterCard
- 1-636-722-7111

Visa
- 1-800-847-2911

Maestro-/EC-Karte
- 01149 69 74 09 87

Reisescheckverlust

American Express
- 1-800-221-7282

Die Vorwahl von Miami (305) muss auch bei Ortsgesprächen gewählt werden.

Links **Fremdenverkehrsbüro** Mitte **Günstig essen** Rechts **Radfahrer**

TOP 10 Miami & Keys für wenig Geld

1. Fly & Drive-Pauschalangebote
Ohne Auto lernt man Miami nicht richtig kennen. Mit »Fly & Drive«-Angeboten können Sie viel Geld sparen.

2. Vor- & Nachsaison
Ein Besuch in Miami und auf den Keys ist in der Nebensaison günstiger, die Hotelpreise können bis zu zwei Drittel niedriger sein. In Florida ist es zu dieser Zeit zwar schwüler, doch der Seewind sorgt am Strand für eine leichte Abkühlung. Zudem sind die meisten Innenräume klimatisiert. Fragen Sie in Ihrem Reisebüro nach Sonderangeboten oder stöbern Sie im Internet.

3. Rabatte
An vielen Fremdenverkehrs- oder Informationsschaltern sind kostenlose Gutscheinhefte erhältlich. Mit diesen Ermäßigungen können Reisegruppen und Familien die Urlaubskasse beträchtlich entlasten. Hin und wieder sind auch Coupons für Übernachtungen und ermäßigte Ausflüge enthalten.

4. Gratisattraktionen
Außer den meisten der grandiosen Strände ist hier kaum etwas kostenlos. Einige Parks verlangen keinen Eintritt. Auch wenn man durch die lebhaften Straßen schlendert, muss man nicht unbedingt Geld ausgeben. Ein schönes kostenloses Vergnügen ist, die großen Schiffe zu beobachten – entweder am South Pointe im Süden von Miami Beach oder auf dem Mallory Square in Key West.

5. Preiswert übernachten
Oft lohnt es sich, den Preis zu verhandeln: Spielraum nach unten gibt es fast immer. Besonders gut fährt man in vielen Hotels, wenn man für eine ganze Woche absteigt. Ist man beruflich unterwegs, kann man über einen Geschäftsrabatt verhandeln.

6. Preiswert essen
In Südflorida gibt es viele sehr teure Restaurants, aber noch mehr günstige Fast-Food-Ketten. Sind sie nicht nach Ihrem Geschmack, gibt es gute Lokale, die z. B. preisgünstige Sandwiches anbieten. In Restaurants und Bars sind Snacks während der Happy Hour oft gratis. Viele haben auch »Early-Bird«-Angebote für frühe Dinnergäste (17–18 Uhr).

7. Picknicken
Picknicken können Sie überall, solange es ein Schild nicht ausdrücklich untersagt. In vielen öffentlichen Parks gibt es Tische und Grillplätze, man kann seinen Snack aber auch am Strand genießen. Bedenken Sie dabei, dass es in den USA ganz und gar nicht gern gesehen wird, wenn man seinen Müll einfach liegen lässt. Entsorgen Sie Ihre Abfälle in Mülltonnen.

8. Barzahlung
In Läden kann man häufig einen Rabatt aushandeln, wenn man statt mit der Kreditkarte bar bezahlt. In diesem Fall spart der Ladeninhaber die Gebühr an das Kreditkartenunternehmen – in der Regel sind dies zwei bis fünf Prozent, und kann die Ersparnis mit Ihnen teilen.

9. Radfahren
Radfahren wird als Freizeit- und Fitness-Sport immer beliebter, als Verkehrsmittel haben sich Fahrräder jedoch noch nicht durchgesetzt. In der Tat ist Radfahren in Stadtgebieten mitunter sogar gefährlich, weil die Autofahrer nicht daran gewöhnt sind, die Straße mit Radfahrern zu teilen. Fahrradfreundliche Gegenden sind jedoch South Beach, Key Biscayne und Key West. Auch eine Radtour durch die Everglades kann ein einmaliges und preiswertes Erlebnis sein.

10. Klug einkaufen
Wie in jeder Stadt kann man auch in Miami Geld sparen, wenn man sich ein wenig Zeit nimmt und die Preise vergleicht. Toilettenartikel kauft man beispielsweise am besten in einem der großen Drugstores. Hier gibt es von der Kontaktlinsenlösung bis zum Mundwasser vieles auch als Nachahmerprodukt, das im Vergleich zur Markenware oft nur die Hälfte kostet.

Preiswerte Unterkünfte siehe S. 151f

Links **Hinweis für Behinderte** Rechts **Bus mit absenkbarem Einstieg**

TOP 10 Senioren & behinderte Reisende

1 Pensionäre
Jahrzehntelang war ganz Florida ein Rentnerparadies und wurde oft abfällig »Gottes Wartesaal« genannt. Auch wenn sich dies in den letzten Jahrzehnten geändert hat – hier gibt es noch immer zahlreiche Einrichtungen für Senioren.

2 Ältere Reisende
Südflorida ist ein attraktives Urlaubsziel für ältere Reisende. Veranstalter wie Elderhostel haben Angebote im Programm, die ganz speziell auf die Bedürfnisse von Senioren zugeschnitten sind.

3 Tipps für Senioren
Nutzen Sie das Mehr an Zeit, das Sie sich verdient haben, und lernen Sie Miami ausführlicher kennen als die Durchreisenden. Senioren, die besonders hitzeempfindlich sind, sollten sich vorwiegend in klimatisierten Räumen aufhalten oder »luftige« Beförderungsmittel nutzen, z. B. den Conch Tour Train in Key West (siehe S. 26).

4 Preisnachlässe & Freikarten
Florida ist ein Paradies für Senioren. Ab einem Alter von 65 Jahren (mancherorts gelten bereits 55-Jährige als Senioren) hat man Anspruch auf verschiedenste Ermäßigungen – bei Sehenswürdigkeiten, in Hotels und Restaurants, in öffentlichen Verkehrsmitteln und in fast allen Parks.

5 Behinderte Reisende
Miami ist auf behinderte Reisende gut eingestellt. Mobility International USA (MIUSA) und die Society for Accessible Travel & Hospitality (SATH) bieten weitere Informationen.

6 Zugang zu Gebäuden
Öffentliche Gebäude der USA müssen laut Gesetz für Rollstühle geeignet sein. Ältere Art-déco-Hotels und manche Pensionen haben eventuell nur ein Zimmer, das rollstuhltauglich ist.

7 Beförderung
Einige Autovermietungen verfügen über behindertengerechte Wagen, außerdem können viele Busse auch mit Rollstuhl bestiegen werden. Amtrak und Greyhound bieten Preisnachlässe für behinderte Reisende.

8 Tipps für behinderte Reisende
In SoBe oder Key West können Hitze und Luftfeuchtigkeit sehr strapaziös werden. In solchen Fällen ist es hilfreich, einen elektrischen Rollstuhl zu mieten, z. B. bei Care Medical Equipment.

9 Informationen in den USA
Behinderte Reisende können sich auf den Internetseiten von MIUSA, SATH und Access-Able informieren. Miami-Dade Disability Services und Miami Lighthouse for the Blind geben telefonisch Auskunft.

10 Informationen in Deutschland
Der Bundesverband Selbsthilfe Körperbehinderter (Altkrautheimer Str. 20, 74238 Krautheim; 06294-428150) informiert über barrierefreies Reisen.

Auf einen Blick

Miami-Dade Elder Helpline
305-670-4357

American Association of Retired Persons
1-888-687-2277
• www.aarp.org

Elderhostel/Exploritas
1-800-454-5768
• www.exploritas.org

Mobility International USA (MIUSA)
541-343-1284
• www.miusa.org

Society for Accessible Travel & Hospitality (SATH)
212-447-7284
• www.sath.org

Acces-Able
www.access-able.com

Miami-Dade Disability Services
305-547-5445

Miami Lighthouse for the Blind
305-856-2288

Care Medical Equipment
1-800-741-2282
• www.caremedicalequipment.com

Sunset Mobility vermietet Autos für behinderte Reisende: 8415 SW 129th Terrace; 1-800-240-9246; **www.buddyssunsetmobility.com**

Links **Polizisten** Mitte **Schildkröte – achten Sie auf verletzte Tiere** Rechts **Im schwulen Nachtklub**

TOP 10 Hotlines & Notrufnummern

Auf einen Blick

Allgemeiner Notruf
(Polizei, Feuerwehr & Notarzt)
911

First Call for Help
211

Fish & Wildlife Conservation Commission
1-888-404-3922

Florida KidCare
1-888-540-5437

Gay and Lesbian Anti-Violence Hotline
305-358-4357

Miami-Dade Advocates for Victims
305-758-2546

Miami-Dade Central Intake Unit
305-638-6540

Poison Control
1-800-222-1222

Rape Treatment Center Hotline
305-585-7273

Runaway Hotline (Miami Bridge)
305-635-8953

South Florida Time & Temperature Service
305-324-8811

Switchboard of Miami Helpline
305-358-4357

Teach More, Love More (24 Stunden)
305-631-8111

Teen Link Hotline
305-377-8336

Teen Talk Hotline
305-377-8255

1 Notruf 911
Im Notfall erreichen Sie Polizei, Feuerwehr und Notarzt über die kostenlose Rufnummer 911. Für Krisen anderer Art dienen die aufgeführten Hotlines.

2 Giftnotruf
Bei Vergiftungen, auch bei einer Lebensmittelvergiftung oder bei heftigen allergischen Reaktionen, sollten Sie die Hotline von Poison Control anrufen.

3 Schwulenhilfe
Die Gay and Lesbian Anti-Violence Hotline bietet Hilfe und Hilfsdienste für schwule und bisexuelle Opfer von Mobbing, häuslicher Gewalt, Vergewaltigung und Hassdelikten, die es im Großraum Miami leider häufig gibt.

4 Notruf bei persönlicher Krise
Miami bietet bei persönlichen Krisen aller Art die kostenlose First Call for Help Crisis Line.

5 Hilfe für Eltern & Kinder
Die Teen Link Hotline ist ein Dienst, bei dem Teenager Informationen zu Themen wie Eltern, Drogen, Beziehungen und Sexualität vom Band abrufen können, bei der Teen Talk Hotline antwortet ein Mitarbeiter. Eltern und Kinder können sich außerdem an Florida KidCare, die Runaway Hotline (Ausreißer) und Teach More, Love More (Familienberatung) wenden.

6 Vergewaltigung
Die Hotline des Rape Treatment Center bietet schnelle Hilfe bei jeglicher Art von sexuellem Missbrauch.

7 Drogen- & Alkoholberatung
Die Miami-Dade Central Intake Unit bietet jedem Anrufer Unterstützung bei Suchtproblemen an.

8 Rat & Hilfe
Die rund um die Uhr besetzte Helpline des Switchboard of Miami ist erster Anlaufpunkt für alle, die Hilfe benötigen, aber nicht wissen, an wen sie sich wenden können. Das Personal hilft entweder selbst oder vermittelt fachliche Unterstützung.

9 South Florida Time & Temperature Service
Wenn Sie Unternehmungen im Freien planen, können Sie die Wettervorhersage in der Zeitung oder im Internet erfahren. Aktuelle und detaillierte Informationen erhalten Sie beim South Florida Time & Temperature Service.

10 Verletzte Wildtiere
Wenn Sie auf Ihren Ausflügen in Südflorida – insbesondere an Stränden, Wasserstraßen oder in den Everglades – auf verletzte Wildtiere oder Vögel egal welcher Größe stoßen, dann sollten Sie dies umgehend der Fish & Wildlife Conservation Commission melden.

ADAC-Notruf in den USA **1-888-222-1373**

Links **Hotelfoyer** Mitte **Motel** Rechts **Parkplatz**

TOP 10 Hotel-Tipps

1 Auswahl
Südflorida hat eine große Auswahl an Unterkünften zu bieten: für jeden Geschmack und jede Brieftasche – vom Schlafsaal in einer Jugendherberge bis zur Luxusvilla auf einer eigenen Insel. Die meisten Hotels und Motels liegen an einem Gewässer, viele am oder zumindest nahe an einem Strand. Interessant sind Unterkünfte im lateinamerikanischen Viertel oder in einem idyllischen Ort in den Everglades.

2 Bedürfnisse & Wünsche
Miami bietet für viele Neigungen die passende Urlaubsgegend. Wer sich gern im Freien aufhält und sportlich aktiv sein möchte, sollte eine Unterkunft auf den Keys wählen. Wer dagegen Wert auf ein abwechslungsreiches Nachtleben legt, wird sich in South Beach wohlfühlen.

3 Preiskategorien
Die Hotelpreise variieren stark. Selbst in South Beach können Sie in der Hochsaison weit vom Strand ein Doppelzimmer mit Bad für 50 Dollar pro Nacht finden – die Penthouse-Suite im Art-déco-Juwel eine Straße weiter kostet dagegen 2500 Dollar pro Nacht.

4 Sonderangebote
Es lohnt sich immer, nach Sonderangeboten zu fragen. Man zahlt z. B. oft weniger für das Zimmer, wenn man im Hotel isst, länger als eine Woche bleibt, mit Familie reist oder Rentner ist.

5 Reservieren
Um in der Hochsaison im Hotel Ihrer Wahl ein Zimmer zu bekommen, sollten Sie – besonders in Miami – einige Monate vorher buchen. Lassen Sie sich die Reservierung per Fax oder E-Mail bestätigen. Mit Kreditkarte können Sie telefonisch reservieren (ggf. mit Kaution). Geben Sie dem Hotel Bescheid, wenn Sie nach 17 Uhr ankommen, sonst verfällt die Reservierung.

6 Auf gut Glück
Während der Hochsaison sollten Sie nicht versuchen, ohne Reservierung ein Zimmer zu bekommen. Die Chancen stehen denkbar schlecht. Außerhalb der Saison bekommen Sie auch kurzfristig etwas. In der Regel ist dann immer etwas frei, wenn auch nicht in Ihrem Traumhotel.

7 Trinkgeld
Hotelpagen erhalten bei An- wie bei der Abreise üblicherweise einen Dollar pro Gepäckstück. Trinkgeld ist auch üblich, wenn man das Gepäck in der Aufbewahrung lässt. Dem Fahrer des Hotelparkservice sollte man, wenn er den Wagen bringt, zwei Dollar geben. Hat Ihnen der Service generell zugesagt, freuen sich auch Rezeptionisten und Portiers über ein kleines Trinkgeld.

8 Versteckte Kosten
Auf die Zimmerpreise werden generell *sales tax* und *resort tax* aufgeschlagen (siehe S. 141). Telefonate vom Hotelzimmer sind teuer, benutzen Sie besser das günstigere öffentliche Telefon in der Lobby. Parken Sie Ihr Auto im Hotel, kann das pro Tag zwischen 15 und 20 Dollar kosten. Angesichts der oft überhöhten Preise für das Frühstück sind Sie mit einem Cafébesuch meist besser bedient. Fernsehen kann auch extra kosten: Informieren Sie sich, bevor Sie nach der Fernbedienung greifen.

9 Mit Kindern reisen
Für den Fremdenverkehr in Südflorida sind Familien das A und O. Jedes größere Hotel bietet eine Vielzahl an Aktivitäten und Services – so z. B. Spielbereiche mit Aufsicht, Babysitting, Spielzeug und Malbücher. Viele Hotels lassen Kinder unter zwölf Jahren umsonst im Zimmer der Eltern schlafen, manchmal gilt das sogar für Jugendliche bis 18 Jahre. Viele Lokale und Restaurants servieren preisgünstige Kindermenüs.

10 Parken
Ein Hotelparkservice ist bequem, aber oft recht teuer; eine Parkuhr rund um die Uhr zu füttern, ist unmöglich. Die einzige praktikable Lösung in der Stadt ist ein Parkhaus. Miami bietet Parkhäuser zu vernünftigen Preisen.

Hotels in jeder Preisklasse **siehe S. 146–153**

Links **Biltmore Hotel** Mitte **The Breakers** Rechts **Wyndham Grand Bay Hotel**

TOP 10 Luxushotels

1. Loews
SoBes mächtigster Art-déco-Turm steht an einem Sandstrand inmitten des Geschehens. Der gesamte Komplex umfasst ein altes Hotel (das umgebaute St. Moritz), sechs Restaurants und einen wunderschönen Mosaik-Swimmingpool am Meer. ✆ *1601 Collins Ave, South Beach • Karte S3 • 1-800-235-6397 • www.loews hotels.com • $$$$$*

2. Mandarin Oriental
Das Hotel auf Brickell Key (Claughton Island), unweit vom Hafen Miamis und der Downtown, hat eine geschwungene Form, so haben fast alle Zimmer Meerblick. Auf der Website findet man oft Sonderangebote. ✆ *500 Brickell Key Dr • Karte P3 • 305-913-8288 • www.mandarin oriental.com • $$$$$*

3. St. Regis Resort
Das Luxushotel liegt direkt am Meer und hat ein erstklassiges Restaurant zu bieten, dazu Butlerservice, ein Spa, kleine Läden und ein supermodernes Fitness-Center. ✆ *1 N Fort Lauderdale Beach Blvd, Fort Lauderdale • Karte D3 • 954-465-2300 • $$$$$*

4. InterContinental Miami
Das beste Hotel in Downtown Miami liegt direkt im Zentrum des Geschäftsviertels. Es verfügt über ein Gourmetrestaurant und bietet schöne Ausblicke. Eine riesige Plastik von Henry Moore ziert die eindrucksvolle Lobby. Die behaglichen, ruhigen Zimmer haben Marmorbäder. ✆ *100 Chopin Plaza, am Biscayne Blvd • Karte P2 • 305-577-1000 • www.ichotelsgroup.com • $$$$*

5. Biltmore Hotel
Der prächtige Bau (siehe S. 99) lässt Glanz und Glamour vergangener Tage aufleben, sein Restaurant Palme d'Or sorgt für Gaumenfreuden. Die Zimmer zeigen sich in alteuropäischem Prunk, der Hotelpool ist der größte der Welt. ✆ *1200 Anastasia Ave, Coral Gables • Karte F3 • 1-800-727-1926 • www.biltmorehotel.com • $$$$$*

6. Wyndham Grand Bay Hotel
Das Haus wirkt fast wie ein Aztekentempel und ist mit Luxus wie Perserteppichen, chinesischen Porzellan, Kristallkronleuchtern, Designermöbeln und Kunst angefüllt. Luciano Pavarotti hatte hier eine Suite. ✆ *2669 Bayshore Dr, Coconut Grove • Karte G3 • 1-800-996-3426 • www.wyndham.com • $$$*

7. Mayfair House
Die Suiten dieses Hotels auf dem Dach einer exklusiven Shopping Mall sind mit Mahagonimöbeln, Marmorbädern und Balkonen ausgestattet. Der Stil ist eine Mischung aus spanisch und fernöstlich, gespickt mit etwas Jugendstil. ✆ *3000 Florida Ave, Coconut Grove • Karte G3 • 1-800-433-4555 • www.mayfairhousehotel.com • $$$$$*

8. Four Seasons, Palm Beach
Der Service des Hauses ist unschlagbar: frisches Obst und Orchideen in riesigen Zimmern mit Meerblick, Limousinen-Shuttle ins Zentrum von Palm Beach und dazu eines der besten Restaurants Südfloridas. ✆ *2800 South Ocean Blvd • Karte D2 • 561-582-2800 • www.fourseasons.com • $$$$$*

9. The Breakers, Palm Beach
Das Wahrzeichen von Palm Beach zeigt sich im neospanischen Stil, den Flagler um 1890 nach Florida brachte. Die Tradition des Goldenen Zeitalters ist mit modernem Komfort kombiniert, z. B. in der Wellness-Anlage. ✆ *1 South County Rd • Karte D2 • 1-888-273-2537 • www.thebreakers.com • $$$$$*

10. Beachside Resort & Conference Center, Key West
Das neue Hotel bietet geräumige Zimmer mit moderner Ausstattung (z. B. Flachbild-TV), einen Pool und Zugang zum Meer. Im Haus befindet sich das Restaurant Tavern N Town des legendären Küchenchefs Norman van Aken. ✆ *3851 Roosevelt Blvd, Key West • Karte A6 • 305-296-3676 • www.stregis.com • $$$$$*

Hotels außerhalb Miamis **siehe S. 131**

Links **Delano** Rechts **Raleigh**

Preiskategorien

Preis für ein Doppelzimmer pro Nacht mit Frühstück (falls inklusive), Steuern und Service.	$	unter 100 $
	$$	100–200 $
	$$$	200–250 $
	$$$$	250–300 $
	$$$$$	über 300 $

Art-déco-Juwele in SoBe

1 Tides
Das Art-déco-Gebäude mit dem unverwechselbaren Korellenfels-Portal liegt inmitten aller SoBe-Attraktionen. In den Zimmern finden Sie kühles weißes Leinen, gemütliche Sofas und Sessel vor. Der Service ist hervorragend.
1220 Ocean Dr • Karte S3 • 305-604-5070 • www.tidessouthbeach.com • $$$$$

2 Delano
Das Hotel zeigt sich als flippiges, luxuriöses Wunder der Postmoderne. Die nüchtern weiße Originalfassade wurde ohne Schnörkel restauriert, doch innen trifft man auf die verrückten Ideen Philippe Starcks und ein von Dalí und Gaudí inspiriertes Design. Madonna ist Mitbesitzerin des gewagten Restaurants Blue Door.
1685 Collins Ave • Karte S2 • 305-672-2000 • www.morganshotelgroup.com • $$$$$

3 Raleigh
Der Aufenthalt hier ist nicht billig, aber sicher unvergesslich. Die Einrichtung, darunter viele antike Stücke, hat Eleganz und Stil. Der herrliche Pool ist bereits in einigen Esther-Williams-Filmen verewigt.
1775 Collins Ave • Karte S2 • 305-534-6300 • www.raleighhotel.com • $$$$$

4 The Hotel of South Beach
»Tiffany«, so wie es am Neonturm steht, war der ursprüngliche Name des Hotels – bis die berühmte Juwelierfirma klagte. Das von Todd Oldham gestaltete Haus, Inbegriff von stilvollem Komfort, ist für sich ein Kunstwerk.
801 Collins Ave • Karte R4 • 1-877-843-4683 • www.thehotelofsouthbeach.com • $$$$

5 Nash
Eines der nüchterneren Art-déco-Gebäude von 1938 wurde tadellos und mit allem Komfort restauriert. Die Zimmer wurden von dem Designer Peter Page in geschmackvoll gemäßigtem postmodernen Stil ausgestattet.
1120 Collins Ave • Karte S4 • 305-674-7800 • www.hotelnash.com • $$$

6 Avalon
Das Art-déco-Schmuckstück in perfekter Lage besteht eigentlich aus zwei Hotels, die einander an der Ecke der 7th Street gegenüberstehen. Man wohnt hier sehr komfortabel im beliebtesten Teil von SoBe, das Frühstück ist inklusive, der Preis durchaus angemessen.
700 Ocean Dr • Karte S4 • 1-800-933-3306 • www.avalonhotel.com • $$$

7 Albion
Gemessen am extremen Schick dieses großen, schön restaurierten Art-déco-Originals ist der Aufenthalt hier wirklich preiswert.
1650 James Ave, Höhe Lincoln Rd • Karte S2 • 305-913-1000 • www.rubellhotels.com • $$

8 National Hotel
Das vor Kurzem renovierte Art-déco-Juwel befindet sich genau dort, wo es ums Sehen und Gesehenwerden geht, und gehört wohl zu den coolsten Plätzen in South Beach. Der Swimmingpool ist einer der längsten in ganz Florida.
1677 Collins Ave • Karte S2 • 305-523-2311 • www.nationalhotel.com • $$$$

9 Best Western South Beach
Zum Namen des Hotels ist nicht viel zu sagen, aber der Komplex besteht aus vier wunderschönen Art-déco-Gebäuden aus den 1930er Jahren – Kenmore, Taft, Bel Aire und Davis –, die sich über den ganzen Block zwischen 10th und 11th Street erstrecken. Die Häuser sind frisch restauriert und von großzügigen Gärten umgeben.
1050 Washington Ave • Karte R4 • 305-674-1930 • www.bestwestern.com • $$

10 Casa Grande Suite Hotel
Dieses kleine, aber äußerst luxuriöse Hotel liegt mitten im trendigen und lebhaften South Beach, zu den angesagtesten Nachtclubs sind es folglich nur ein paar Schritte. Die erst kürzlich renovierten Suiten sind verschwenderisch ausgestattet und verfügen sogar über eine Küche.
834 Ocean Drive • Karte S4 • 305-672-1220 • www.casagrandesuitehotel.com • $$$$$

Reise-Infos

→ *Mehr über die Art-déco-Wahrzeichen von SoBe* **siehe S. 10–13**

Links **Ritz Carlton Hotel, Key Biscayne** Rechts **Boca Raton Resort**

TOP 10 Resorts & Wellness-Hotels

1 The Fisher Island Club
Die Millionäre, die in diesem sehr privaten Insel-Refugium absteigen, lieben die Exklusivität, die seine Lage garantiert. Die Gäste bewegen sich nahezu lautlos in Golfcarts zwischen den Stränden, Restaurants und Clubs hin und her. ◎ *Fisher Island Dr (abseits des MacArthur Causeway, kostenlose Autofähre alle 15 Min.) • Karte H3 • 1-800-537-3708 • $$$$$*

2 Fontainebleau Resort & Towers, Miami Beach
Eines der größten Miami-Beach-Hotels stammt aus den 1950er Jahren und ist perfekt restauriert. Zum Strand hin befindet sich ein riesiges Spa. ◎ *4441 Collins Ave • Karte H3 • 1-800-548-8886 • www.fontainebleau.com • $$$$*

3 Ritz Carlton, Key Biscayne
Das Ritz Carlton in Key Biscaynes exklusiver Grand-Bay-Gemeinde ist der Inbegriff eines Grandhotels: wunderschönes Interieur, zwei Pools und ein Restaurant, das zu den 50 besten der gesamten USA gehört. ◎ *455 Grand Bay Dr, Key Biscayne • Karte H4 • 305-365-4500 • www.ritzcarlton.com • $$$$$*

4 Trump International Sonesta Beach Resort
Das herrliche 32-stöckige Hotel am Meer veranstaltet zahlreiche Programme für Kinder und Erwachsene und bietet eine Fülle von Annehmlichkeiten wie 24-Stunden-Service, Spa und Business-Center. ◎ *18001 Collins Ave, Sunny Isles • Karte H3 • 305-692-5600 • www.trumpsonesta.com • $$$$$*

5 Fairmont Turnberry Isle, Aventura
In freundlicher, überaus wohlhabender Clubatmosphäre genießt man das mit Orientteppichen und Marmor luxuriös gestaltete Interieur und die weiten Flächen mit Wasserwegen und Inseln, Golfplatz, Tennisplätzen, Wellness-Bereich, Privatstrand und eigenem Hafen. ◎ *19999 W Country Club Dr, Aventura • Karte H1 • 1-800-327-7028 • www.fairmont.com • $$$$$*

6 Doral Golf Resort & Spa
Der Meisterschafts-Golfplatz ist international berühmt. Insgesamt gibt es hier sieben Golfplätze, dazu 15 Tennisplätze, Wasserpark, Fitness-Club sowie ein Weltklasse-Wellness-Center. ◎ *4400 NW 87th Ave • Karte F3 • 1-800-713-6725 • www.doralresort.com • $$$$$*

7 Boca Raton Resort & Club
Die ersten Gebäude dieser Anlage wurden 1926 von Addison Mizner, einem der frühen Visionäre Floridas, errichtet. Der Mix aus mediterranen Stilen wurde beibehalten, der unwahrscheinliche Luxus macht sich bis zu den Marmorbädern mit echten Messingarmaturen überall bemerkbar. ◎ *501 East Camino Real, Boca Raton • Karte D3 • 561-395-3000 • www.bocaresort.com • $$$$*

8 Cheeca Lodge, Islamorada
Die Anlage mit dem herrlichen Strand, mehreren Pools, Golf- und Tennisplätzen, Wanderwegen, Gelegenheiten zum Angeln, Surfen, Schnorcheln und mehr ist eine tropische Inselwelt für sich. ◎ *81801 Overseas Hwy, Islamorada • Karte C5 • 305-664-4651 • www.cheeca.com • $$*

9 Hawk's Cay Resort, Duck Key
Die exklusive Hotelanlage bietet Gelegenheit zum Angeln, Segeln, Tauchen, Parasailing, Wasserski- und Kajakfahren etc. Sogar ein Treffen mit Delfinen ist möglich. ◎ *61 Hawks Cay Blvd, Duck Key • Karte B6 • 305-743-7000 • www.hawkscay.com • $$$*

10 Casa Marina Resort, Key West
Das erste Grandhotel von Key West zeigt stolz seine vornehmen Wurzeln. Hier herrscht – ganz untypisch für die Insel – Beschaulichkeit. Die dezent-luxuriösen Zimmer haben meist Meerblick, es gibt einen Privatstrand. ◎ *1500 Reynolds St, Key West • Karte A6 • 1-800-626-0777 • www.casamarinakeywest.com • $$$$*

Wenn nicht anders angegeben, akzeptieren die Hotels Kreditkarten und bieten Zimmer mit Bad und Klimaanlage.

Shelborne Resort

Strandhotels

1. Shelborne Resort, South Beach
Das hoch aufragende Artdéco-Hotel im Herzen von South Beach liegt direkt am Meer. Es ist frisch restauriert und wieder recht elegant – dafür sind die Preise überraschend niedrig. Besondere Erwähnung verdient der ultraschicke Pool. ✆ *1801 Collins Ave • Karte S2 • 1-800-327-8757 • www.shelborne.com • $$*

2. Ritz Carlton, South Beach
Das charakteristische Gebäude im historischen Art Deco District wurde 1953 von Morris Lapidus entworfen. Es steht nur wenige Schritte von den Restaurants und Läden der Lincoln Road entfernt und bietet 80 Zimmer auf der Pool- sowie 40 Suiten auf der Strandseite. ✆ *1 Lincoln Rd • Karte S2 • 786-276-4000 • www.ritzcarlton.com • $$$$$*

3. Betsy Ross Hotel, South Beach
Der Kolonialstil des Hotels scheint nicht so recht zu South Beach zu passen, dabei wurde es zur selben Zeit gebaut wie seine Artdéco-Nachbarn. ✆ *1440 Ocean Drive • Karte S3 • 305-531-3934 • www.betsyrosshotel.com • $$*

4. Ocean Surf Hotel, Miami Beach
Dieses 1997 restaurierte Boutiquehotel im Stil der Nautischen Moderne von 1940 befindet sich nördlich von SoBe direkt am Meer. Die gut ausgestatteten Zimmer bieten Minibars, Safes und Kabel-TV. ✆ *7436 Ocean Terrace • Karte H2 • 305-866-1648 • www.oceansurf.com • $$*

5. Lago Mar, Fort Lauderdale
Hier genießen Gäste tropischen Luxus am hoteleigenen, makellosen Strand. Dazu gibt es zwei Pools, Tennisplätze, Shuffleboard und ein komplett ausgestattetes Spa. Die großen Zimmer bieten meist schönen Ausblick. Man speist italienisch im Acquario oder Black-Angus-Steaks im Chops – und in beiden Fällen exzellent. Das Haus ist bei Familien sehr beliebt, man sollte also früh buchen! ✆ *1700 S Ocean Lane, Fort Lauderdale • Karte D3 • 954-523-6511 • www.lagomar.com • $$$*

6. Pier House & Caribbean Spa, Key West
Das Hotel im Herzen des historischen Seaport District ist von tropischen Gärten umgeben. Es bietet seinen Gästen vier Bars und ausgezeichnete Restaurants. ✆ *1 Duval St, Key West • Karte A6 • 305-296-4600 • www.pierhouse.com • $$$$$*

7. Kona Kai Resort, Key Largo
Das zauberhafte Refugium liegt in einem hübschen Park. Jedes der Zimmer ist im erfrischenden Inselstil einfach-elegant mit tropischen Stoffen und ein paar Kunstwerken gestaltet. Außer dem Privatstrand gibt es auch Pool und Jacuzzi. ✆ *97802 Overseas Hwy, Key Largo • Karte D3 • 1-800-365-7829 • www.konakairesort.com • $$*

8. The Atlantic, Fort Lauderdale
Das neue Luxusresort hat nicht nur eine großartige Lage, Spa und Fitness-Center, sondern auch das tolle Trina Restaurant. ✆ *601 N Fort Lauderdale Beach Blvd, Fort Lauderdale • Karte D3 • 954-567-8020 • www.starwood.com/luxury • $$$$*

9. Old Town Resorts, Key West
Zu der fantastischen Anlage gehören Southernmost Hotel, Southernmost on the Beach, La Mer House und Dewey House. Jedes Haus hat seinen eigenen Charakter, aber alle sind sie Oasen heiterer Gelassenheit inmitten des Inseltrubels. ✆ *1319 Duval St, Key West • Karte A6 • 305-296-6577 • www.southernmostresorts.com • $$*

10. Doubletree Grand Key Resort, Key West
Das familienfreundliche Hotel ist perfekt für Leute, die zwar hie und da, aber nicht pausenlos Party machen wollen. Der wunderbare Smathers Beach liegt ganz in der Nähe. ✆ *3990 S Roosevelt Blvd, Key West • Karte A6 • 1-888-310-1540 • www.doubletreekeywest.com • $$$$*

Preiskategorien

Preis für ein Doppelzimmer pro Nacht mit Frühstück (falls inklusive), Steuern und Service.	
$	unter 100 $
$$	100–200 $
$$$	200–250 $
$$$$	250–300 $
$$$$$	über 300 $

Reise-Infos

➤ *Weitere Hotels am Strand siehe S. 131*

Links **South Beach Plaza Villas** Mitte **Hotel Place St. Michel** Rechts **Marquesa Hotel**

Charmante Pensionen

1 South Beach Plaza Villas
Die freundliche und ruhige Pension ist eine echte Entdeckung im so exaltierten SoBe. Nur einen Block vom Strandleben entfernt wähnt man sich hier auf einer fernen Insel. Die Zimmer haben Charakter, im friedlichen Garten kann man herrlich entspannen. Buchen Sie rechtzeitig! ✆ *1411 Collins Ave • Karte S3 • 305-531-1331 • www.southbeachplazavillas.com • $$$$*

2 Hotel Leon, South Beach
Das unprätentiöse, aber sehr komfortable Hotel (1929) wurde geschmackvoll renoviert und ist ein behaglicher Rückzugsort mit europäischem Flair. ✆ *841 Collins Ave • Karte S4 • 305-673-3767 • www.hotelleon.com • $$$*

3 Villa Paradiso Guesthouse, South Beach
Alle Zimmer haben eine Küche und große Fenster zum sonnigen Hof mit Garten. Sie sind schön renoviert und mit hübschen, schmiedeeisernen Polstermöbeln ausgestattet. ✆ *1415 Collins Ave • Karte S3 • 305-532-0616 • www.villaparadisohotel.com • $$*

4 Hotel Place St. Michel, Coral Gables
Das Gasthaus im europäischen Stil wurde 1926 zu Merricks Glanzzeit erbaut. Jedes der Zimmer ist sehr persönlich gestaltet und liebevoll mit Antiquitäten geschmückt. ✆ *162 Alcazar Ave, Ponce de Leon Blvd • Karte G3 • 1-800-848-4683 • www.hotelplacestmichel.com • $$*

5 Sea Lord, Lauderdale-by-the-Sea
Von dem zauberhaften kleinen Hotel am Strand ist es gar nicht weit zu den Restaurants und Läden des Orts. Die meisten der frisch renovierten 48 Zimmer und Suiten verfügen über eine kleine Küche. ✆ *4140 Elmar Dr • Karte D3 • 954-776-1505 • www.sealordhotel.com • $$*

6 A Little Inn by the Sea, Lauderdale-by-the-Sea
Die charmante, preiswerte Pension mit grünen Höfen samt Brunnen liegt direkt am Strand. Gäste genießen hier einen Pool, bequeme Liegen, Grillplatz, Tennisplätze, Fahrradverleih und kostenlose Parkplätze. ✆ *4546 El Mar Dr • Karte D3 • 1-800-492-0311 • www.alittleinn.com • $$*

7 Barnacle Bed & Breakfast, Big Pine Key
Zwischen riesigen Palmen am weißen Sandstrand ist dieses karibisch inspirierte Haus stets von einer sanften Brise umweht. Jedes Zimmer ist individuell gestaltet, das Frühstück wird im schönen Atrium mit Meerblick serviert. ✆ *1557 Long Beach Dr • Karte B6 • 1-800-465-9100 • $$*

8 The Gardens Hotel, Key West
Das prachtvolle Anwesen im Plantagenstil, von botanischen Gärten beschattet, ist wohl die Grande Dame unter Key Wests Pensionen. Es besteht aus fünf Gebäuden, darunter ist ein bahamaisches »Augenbrauen«-Cottage. Die luxuriösen Zimmer, viele mit Jacuzzis, haben Blick auf den Garten. ✆ *526 Angela St • Karte A6 • 1-800-526-2664 • www.gardenshotel.com • $$$$*

9 Marquesa Hotel, Key West
Die 1884 erbaute, extravagante Anlage besteht aus vier wunderschön restaurierten »Conch«-Häusern, die von üppigem Grün umgeben sind. Alle Zimmer und Suiten verfügen über Marmorbäder. ✆ *600 Fleming St • Karte A6 • 1-800-869-4631 • www.marquesa.com • $$$$$*

10 The Mermaid & The Alligator, Key West
Eine bauliche Schönheit, 1904 im karibischen Kolonialstil errichtet, birgt eine der schönsten Pensionen Key Wests. Es gibt einen herrlichen Garten, die behaglichen Zimmer sind mit Stilmöbeln individuell gestaltet. Das Frühstück wird am Pool serviert, wo man gegen Abend auch bei einem Glas Wein sitzen kann. ✆ *726 Truman Ave • Karte A6 • 305-294-1894 • www.kwmermaid.com • $$$*

Wenn nicht anders angegeben, akzeptieren die Hotels Kreditkarten und bieten Zimmer mit Bad und Klimaanlage.

Preiskategorien		
Preis für ein Doppel-	$	unter 100 $
zimmer pro Nacht	$$	100–200 $
mit Frühstück (falls	$$$	200–250 $
inklusive), Steuern	$$$$	250–300 $
und Service.	$$$$$	über 300 $

Southwind Motel

🔟 Preiswerte Unterkünfte mit Flair

1 Hotel Astor, South Beach
Nur ein paar Blocks vom Strand entfernt steht dieses Art-déco-Juwel von 1936. Die großen Zimmer sind schallisoliert und verfügen über Marmorbäder, der Pool ist von blühenden Hecken umgeben. ᴓ *956 Washington Ave • Karte R4 • 1-800-270-4981 • www.hotelastor.com • $$*

2 Cadet Hotel, South Beach
Diese kleine Perle mit der fröhlichen Art-déco-Fassade steht an einem der schönsten Plätze in South Beach. In einem der behaglich eleganten Zimmer hat schon Clark Gable gewohnt und den äußerst professionellen Service genossen. ᴓ *1701 James Ave • Karte S2 • 1-800-432-2338 • www.cadethotel.com • $$*

3 James Hotel, South Beach
Wohin der Blick in diesem Hotel auch fällt, trifft er auf leuchtend bunte Fliesen, Wandbilder oder drollige Details wie die fünf verschiedenen »Welcome«-Schilder. Reservieren Sie lange im Voraus – die tolle Lage macht das Haus zu einem wahren Renner. ᴓ *1680 James Ave • Karte S2 • 305-531-1125 • $*

4 Tide Vacation Apartments, Hollywood Beach
Das Haus mit Meerblick liegt direkt am Broadwalk von Hollywood Beach. Es bietet geräumige und gut ausgestattete Ein-Zimmer-Apartments für Selbstversorger. ᴓ *2800 N Surf Rd • Karte D3 • 954-923-3864 • www.tideapartments.com • $$*

5 Beachcomber, Pompano Beach
Hier genießt man Exklusivität zu sehr vernünftigen Preisen. Die Unterkünfte reichen von Zimmern mit oder ohne Küche über Ferienhäuser bis zu Penthouse-Suiten. Die augenfälligen Rundum-Balkone verleihen dem Ganzen etwas Vornehmes. ᴓ *1200 S Ocean Blvd • Karte D3 • 954-941-7830 • www.beachcomber.com • $$*

6 Kon Tiki Resort, Islamorada
Die Anlage ist überhaupt nicht schick, sondern eher etwas ungeschliffen, vermittelt aber Behaglichkeit und eine Art »Olde-Keys-Erlebnis«, das man nicht so schnell vergisst. Sie bietet Garten, beheizten Pool, Sandstrand, Bootssteg und eine geschützte Lagune an der Florida Bay. ᴓ *81200 Overseas Hwy, MM 82 • Karte C5 • 305-664-4702 • www.kontikiresort.com • $$*

7 Duval House, Key West
Die beiden anmutigen viktorianischen Zwillingshäuser hinter dem weißen Lattenzaun werden sicher Ihr Herz gewinnen: Die Zimmer sind schön dekoriert, die Atmosphäre ist überaus freundlich und auch an Komfort ist das Haus nicht so leicht zu übertreffen. ᴓ *815 Duval St • Karte A6 • 1-800-223-8825 • www.duvalhousekeywest.com • $$$*

8 Best Western Hibiscus Motel, Key West
Dieses kleine Motel ist ein echtes Key-West-Schnäppchen. Unweit der Duval Street bietet es große Zimmer mit Kühlschrank, Mikrowelle und Kaffeemaschine. Das Frühstück ist im Preis inbegriffen, Senioren erhalten Ermäßigungen. ᴓ *1313 Simonton St • Karte A6 • 305-294-3763 • www.bwhibiscusmotel.com • $$$$*

9 Abaco Inn, Key West
Das Haus liegt in einer stillen Gasse im florierenden Kern der Altstadt. Hinter dem Gebäude befindet sich ein friedlicher Tropengarten. Die Zimmer sind in kühlen und ruhigen Farben gehalten. ᴓ *415 Julia St • Karte A6 • 1-800-358-6307 • www.abaco-inn.com • $$*

10 Southwind Motel, Key West
Das altmodische, schlichte Motel hat einen schönen tropischen Garten mit Süßwasserpool und Sonnenterrasse. Einige Zimmer bieten Kochnischen, für Gäste stehen Parkplätze bereit. ᴓ *1321 Simonton St • Karte A6 • 305-296-2215 • www.keywestsouthwind.com • $$*

Miami & Keys für wenig Geld **siehe S. 142**

Links **Clay Hotel & Youth Hostel** Rechts **Peter Miller Hotel**

TOP 10 Hostels & Herbergen

1 Clay Hotel & Youth Hostel, South Beach
Das 1925 im spanischen Stil erbaute Haus wurde wunderbar restauriert und ist vermutlich das beste Schnäppchen in der westlichen Welt. Da es hier von internationaler Jugend nur so wimmelt, muss man lange im Voraus buchen.
◉ *1438 Washington Ave • Karte S3 • 305-534-2988 • www.clayhotel.com • $*

2 Floyd's Youth Hostel, Fort Lauderdale
In dieser Jugendherberge mit freundlich entspanntem Flair gibt es Vierbettzimmer, Apartments mit zwei Schlafzimmern und ein paar Doppelzimmer. Falls Sie lieber am Strand wohnen, fragen Sie nach der Filiale am Meer.
◉ *445 SE 16th St • Karte D3 • 954-462-0631 • www.floydshostel.com • $*

3 Miami Beach Travelers' Hostel
Das Jugendhotel ist eine preisgünstige Möglichkeit, mitten im SoBe-Trubel zu wohnen. Es wirkt etwas schäbig, ist aber nett und kameradschaftlich. Es gibt Internet-Zugang, Küche und Waschmaschinen.
◉ *236 9th St • Karte R4 • 1-800-978-6787 • www.sobehostel.com • $*

4 Tropics Hotel & Hostel, South Beach
In einem echten Art-déco-Gebäude samt Neonvordach in bester SoBe-Lage findet sich diese gemütliche Unterkunft. Bei dieser Lage und dem erfreulichen Preis muss man entsprechend früh buchen.
◉ *1550 Collins Ave • Karte S3 • 305-531-0361 • www.tropicshotel.com • $*

5 Peter Miller Hotel, South Beach
Das Hotel in einem originalen, wenn auch etwas heruntergekommenen Art-déco-Haus aus den 1930er Jahren bezeichnet sich selbst als »das beste Schnäppchen in South Beach«. Die Preise sind besonders günstig, wenn man mindestens eine Woche bleibt. Die Zimmer sind groß und bequem, die Gäste eher etwas älter.
◉ *1900 Collins Ave • Karte S2 • 305-531-7611 • $*

6 Berkeley Shore Hotel, South Beach
Mit der kunstvollen Fassade und der Farborgie im Inneren ist dies ganz entschieden eines der tollsten Art-déco-Gebäude der Gegend. Besitzer und Personal sind hauptsächlich Kubaner – die Lebhaftigkeit des Hauses hat etwas Karibisches. Die einfachen Zimmer sind groß, viele bieten eine Kochnische.
◉ *610 Collins Ave • Karte S3 • 305-531-5731 • $*

7 Green Island Inn, Fort Lauderdale
Dieses Gästehaus ist so einladend und weiträumig wie ein Ferienresort und dabei erstaunlich preiswert. Jedes der gemütlichen Zimmer hat sein eigenes tropisches Flair und dazu eine komplett ausgestattete Küche. Buchen Sie besser sehr früh!
◉ *3300 NE 27th St • Karte D3 • 954-566-8951 • www.greenislandinn.com • $*

8 Florida Beach Hostel, Fort Lauderdale
Das frische strandnahe Hostel besitzt einen netten Dach-Patio. Der tropische Garten im Innenhof lädt zum Picknicken ein. Parkplätze und auch so manche Snacks sind gratis.
◉ *2115 N Ocean Blvd • Karte D3 • 954-567-7275 • www.fortlauderdalehostel.com • $*

9 Budget Key West
Hier findet sich keine Lobby, kein Pool und kein Schnickschnack, aber die Unterkunft ist ordentlich, bequem, hell, sicher und nahe der Altstadt. Jedes Zimmer hat eine Kochnische, die Architektur ist gefällig. ◉ *1031 Eaton St, Key West • Karte A6 • 1-800-403-2866 • www.budgetkeywest.com • $$*

10 Key West Youth Hostel
Die Herberge bietet Tauchunterricht, Schnorcheltrips, Leihfahrräder und ein Picknickareal, aber leider nur zehn Zimmer – also rechtzeitig buchen! ◉ *718 South St, Key West • Karte A6 • 305-296-5719 • www.keywesthostel.com • $*

Wenn nicht anders angegeben, akzeptieren die Hotels Kreditkarten und bieten Zimmer mit Bad und Klimaanlage.

Royal Palms Resort

Preiskategorien	
Preis für ein Doppelzimmer pro Nacht mit Frühstück (falls inklusive), Steuern und Service.	$ unter 100 $
	$$ 100 – 200 $
	$$$ 200 – 250 $
	$$$$ 250 – 300 $
	$$$$$ über 300 $

TOP 10 Hotels für Schwule & Lesben

1 Island House, South Beach & Haulover Beach
Die beiden Anlagen für Männer bieten eine große Vielfalt an Zimmern – alle zu sehr vernünftigen Preisen. ✆ *1428 Collins Ave, South Beach & 715 82nd St, Höhe Harding Ave, Surfside, Haulover Beach • Karte S3 • 1-800-382-2422 • www.islandhousesouthbeach.com • nicht alle Zimmer mit eigenem Bad • $*

2 Jefferson House, South Beach
Fünf Blocks vom Strand entfernt liegt eine der besten schwul-lesbischen Pensionen Miamis, zu deren Attraktionen ein Sonnendeck, ein Pool sowie das dort servierte Feinschmeckerfrühstück zählen. ✆ *1018 Jefferson Ave, Höhe 10th St • Karte R4 • 1-877-599-5247 • www.jeffersonhouse.com • $$*

3 Hotel St. Augustine, Miami Beach
Das kleine, schicke Boutiquehotel ist stilvoll und freundlich. Alle Bäder verfügen über eine Dampfdusche, dort stehen auch selbst gemachte Seifen und Massageöle bereit. ✆ *347 Washington Ave • Karte R5 • 305-523-0570 • www.hotelstaugustine.com • $$*

4 Pineapple Point, Fort Lauderdale
Fort Lauderdales erste Adresse für schwule Männer ist wie ein tropischer Regenwald gestaltet, dazu gibt es einen Pool ohne Kleiderzwang. In den Zimmern ist für jeglichen Komfort gesorgt. ✆ *315 NE 16 Terrace • Karte D3 • 1-888-844-7295 • www.pineapplepoint.com • $$$$*

5 The Flamingo, Fort Lauderdale
Das äußerst angenehme Gay-Hotel zeigt zurückhaltenden kolonialen Charme und liegt nur zwei Blocks vom Strand entfernt. Hier finden Sie im gepflegten Garten sanft plätschernde Brunnen vor, einen Pool ohne Kleiderzwang und in den hübschen Zimmern Himmelbetten mit Damastlaken. ✆ *2727 Terramar St • Karte D3 • 1-800-283-4786 • www.theflamingoresort.com • $$$*

6 Royal Palms Resort, Fort Lauderdale
Ausschließlich Gays finden Aufnahme in diesem luxuriös-tropischen Ambiente mit Nacktpool. Die Zimmer und Suiten verfügen über ISDN-Telefone, CD-Player und DSL-Internet-Zugang. ✆ *2901 Terramar, Fort Lauderdale Beach • Karte D3 • 1-800-237-7256 • www.royalpalms.com • $$$$*

7 Island House for Men, Key West
Dieses schöne Hotel für schwule Jungs ist extrem lässig. Für Spaß sorgen ein Café am Pool, Sauna und Dampfbad, eine Bar, ein Gym, eine Erotik-Video-Lounge und vor allem der fehlende Kleiderzwang. ✆ *1129 Fleming St • Karte A6 • 1-800-890-6284 • www.islandhousekeywest.com • $$*

8 Hobart Resorts, Key West
Das preisgekrönte Gay-Resort vereint drei Gästehäuser – Coconut Grove, Coral Tree Inn und Oasis – und ist die größte Unterkunft in einem äußerst schwulen Viertel. Das Anwesen birgt schöne Altbauten mit Pools, Jacuzzis und dem Charme, für den Key West so berühmt ist. ✆ *822/823 Fleming St • Karte A6 • 1-800-362-7477 • www.keywest-allmale.com • $$*

9 Lighthouse Court Guesthouse Resort, Key West
In diesem »Erlebnisresort« für Schwule, das aus zehn hübsch restaurierten Gästehäusern besteht, gibt es keinen Kleiderzwang. Es liegt nur einen Block von der Duval Street entfernt. ✆ *902 Whitehead St • Karte A6 • 305-294-9588 • www.lighthousecourt.com • $$*

10 Pearl's Rainbow, Key West
Die einzige Frauenpension Key Wests liegt nicht weit weg vom Strand. Sie bietet große Sonnendecks und schattige Terrassen, zwei Pools, zwei Whirlpools und vor allem Pearl's Patio, eine sehr beliebte Poolbar. ✆ *525 United St • Karte A6 • 1-800-749-6696 • www.pearlsrainbow.com • $$*

Schwulen- & Lesbentreffs **siehe S. 52f & S. 123**

Textregister

11th Street Diner 22

A
A & B Lobster House 125
Abaco Inn (Key West) 151
Abstecher **126–131**
ADAC-Notruf 144
Addict 94
Adrienne Arsht Center for the Performing Arts 38
Agustin Gainza Gallery 85, 88
Ah-Tah-Thi-Ki Museum 29, 41, 43
AIDS Memorial (Key West) 123
Albion 147
Alfajores 61
Alhambra Water Tower (Coral Gables) 48
Alice's at La-Te-Da (Key West) 130
Alligator Alley (I-75) 63, 127
Ambrosino Gallery 43
Amelia Earhart Park 66
Americanoom (Chryssa) 21
Anhinga Trail 29
Anis, Albert 13
Annual Conch-Blowing Contest 121
Anokha Fine Indian Cuisine 105
Anreise **136**
Anthropologie (Miami Beach) 75
Aqua Night Club 123
Arch Creek Park & Museum 93
Archeo 122
Architekturwunder **46f**
Arnie's & Richie's Deli 51, 78
Art and Antique District (Dania Beach) 56
Art By God 94
Art Deco District 6, **10–13**, 46, 62, 71, 73
Art Deco District Welcome Center 10, 75
Art of Shaving, The 94
ArtSouth 110
Artspace / Virginia Miller Gallery 43
Atabey 110
Atlantic, The (Fort Lauderdale) 149
Atlantis Condominium 46
Attraktionen für Kinder **66f**
Audubon House & Tropical Gardens (Key West) 27
Audubon, John James 27
Avalon 147
Aviary, The 110

B
B.E.D. 58, 77
Bacardi-Gebäude 47
Bahama Village (Key West) 26, 47
Bahia Honda State Park 31, 117, 118
Bal Harbour 92
Balans 76
Baleen 105
Banken 141
Barbacle Bed & Breakfast (Big Pine Key) 150
Barbara Capitman 13, 45
Barbara Gillman Gallery 43
Barnacle Historic State Park 100, 101, 103
Barnacle House, The 44, 100
Barnes & Noble Booksellers 101, 104
Bars & Clubs 58f, 76, 77, 123, 124
Barton G – The Restaurant 79
Basketball 35
Bayfront Park 83, 86
Bayside Marketplace 50, 56, 83, 86, 87, 88
Beachcomber (Pompano Beach) 151
Beachside Resort & Conference Center (Key West) 146
Beacon Hotel 10, 147
Bedrohte Arten 119
Behinderte Reisende **143**
Berkeley Shore Hotel (South Beach) 152
Berlin's Cigar & Cocktail Bar 124
Bernice Steinbaum Gallery 43
Best Western Hibiscus Motel (Key West) 151
Best Western South Beach 147
Betsy Ross Hotel (South Beach) 149
Bice 95
Big Cypress Reservation 28, 130, 131
Big Cypress Swamp 28
Bill Baggs Cape Florida State Park 31, 72f
Billie Swamp Safari Wildlife Park (Everglades) 29, 41, 131
Biltmore Hotel 18, 46, 99, 103, 146
Biscayne National Underwater Park 32, 108
Bishop O'Connell 49
Bistro Mezzaluna 24
Bizcaya Grill 105
Black Grove 103
Blue Club 77
Blue Heaven Restaurant 26, 125
Bluemarine 79
Boardwalk (Fort Lauderdale) 53
Boca Raton Resort & Club 148
Bongos Cuban Café 58, 77
Bonnet House (Fort Lauderdale) 25
Books & Books 51
in Coral Gables 18, 102, 104
in Miami Beach 75
Boot- & Kajakfahren 34, 120
Botánica El Aguila Vidente 15, 85, 88
Botschaften & Konsulate 134
Bourbon Street Complex (Key West) 123
Boy Bar 76
Breakers (Palm Beach) 146
Breakwater Hotel 11
Brickell, William 45
Brigade 2506, Denkmal der 14, 44, 85
Brigham Gardens (South Beach) 150
Broadwalk, The (Hollywood) 24, 51
Broward, Governor N. B. 45
Buck 15 Lounge 76
Budget Key West 152
Buffett, Jimmy 27, 124
Bull, The 117, 124

C
Cadet Hotel (South Beach) 151
Café Abbraci 60
Café Cubano 61
Café Protegé (West Palm Beach) 130
Café Tu Tu Tango (Coconut Grove) 51, 61, 105
Cafés **51**, 78
Calle Ocho 6, **14f**, 63, 86
Calle Ocho Walk of Fame 15
Cameo 58, 77
Cancun Grill (Miami Lakes) 61, 89
Cape Florida Lighthouse 73
Captain Tony's Saloon 124
Captiva Island 129
Captiva Island Inn 131
Cardozo Hotel 11, 147
Carl Fisher 45
Carlyle Hotel 73
Casa Casuarina 8
Casa Juancho 87
Casa Marina Resort (Key West) 148
Casa Panza 87, 89
Catch, The 125
Cavalier Hotel 11, 147
CAVB (Convention and Visitors Bureaus) 135
Cernuda Arte 43
Charles Deering Estate 107, 109
Cheeca Lodge (Islamorada) 148
Cheesecake Factory 105
Chef Allen's 95
Cher 39
Chief Jim Billie 45
China Grill 79
Chinese Village 18

Christie's 105
Clay Hotel & Youth Hostel
  (South Beach) 51, 152
Clevelander Hotel
  11, 50, 78, 147
Clewiston Inn 131
Club Tropigale 87
Cobblestone Antiques 110
Cocktails **59**
Coconut Grove Arts Festival
  40, 102
Coconut Grove Playhouse 101
Coconut Grove Village 103
CocoWalk 50, 100, 102
Collins Avenue 9, 54, 73 75
Colonial Dining Room
  (Clewiston) 130
Colony Hotel 10, 147
Colony Theater 38
Columbus Day Regatta 102
Commodore Plaza 51, 102
Conch Republic Cigar Factory
  122
Conch Tour Train 26, 121
Conch-Blowing Contest 121
Conch-Republik 26
Congregational Church
  (Coral Gables) 19, 103
Coral Castle 44, 48, 107
Coral Gables 6, **18f**
Coral Gables & Coconut Grove
  98–105
Coral Gables City Hall 47
Coral Gables Merrick House
  44, 103
Corkscrew Swamp 51, 102
Crab House Seafood
  Restaurant 95
Crandon Beach 31, 72
Crandon Park 72
Crane Point Hammock
  Nature Center 118
Crowne Plaza La Concha
  (Key West) 131
Cuba! Cuba! 122
Cuban American Heritage
  Festival 121
Cultura del Lobo 87

D

Da Emanno Ristorante 95
Dania Beach 52, 56
Dave Barry 39
Deco District
  siehe Art Deco District
Deering, Charles 16, 17, 45
Deering, James 45
Dek 23 76
Delano Hotel 73, 147
Denkmal der Brigade 2506
  14, 44
Design District 47, 92, 95
Deutschland Direkt 141
Dewey, John 27
Dinner Key 101
Divine Trash 94
Dixon, L. Murray 13
Dock at Crayton Cove, The
  (Naples) 130
Dolphin Cove 115

Dolphin Mall 56
Dolphin Research Center 116
Domino Park 14, 15, 85
Doral Golf Resort & Spa 148
Doubletree Grand Key Resort
  149
Downtown & Little Havana
  82–89
Drachensteigen 74
Dry Tortugas 121, 129
Dry Tortugas National Park
  32, 129
Dutch South African Village 19
Duval House (Key West) 151
Duval Street (Key West) 26
D'Ester 110

E

Einkaufen *siehe* Shopping
Einreise 134
Eishockey 35
El Atlakat 89
El Crédito 14, 85, 88
El Crucero 89
El Nuevo Herald 138
El Siboney 125
Elemente des Tropical Deco **12**
Eleventh Street Diner 22
Elian Gonzalez 49
Entertainer **39**
Ermita de la Caridad
  (Coconut Grove) 48
Escopazzo
  (South Beach) 60, 79
Espanola Way 9, 57
Española Way Market
  (South Beach) 57
Estefan Enterprises 47
Estefan, Gloria
  11, 15, 39, 49, 58
Ethnische Attraktionen **41**
Everglades 7, **28f**, 63, 127
Everglades National Park 28
Ewige Flamme (Cuban
  Memorial Boulevard) 14
Expertees Golf Shop 104
Exquisito 85, 89

F

Fairchild Tropical Garden
  36, 107
Fairmont Turnberry Isle
  (Aventura) 148
Fairvilla Megastore 123
Fakahatchee Strand 29
Falls, The 54, 110
Fantasy Fest (Key West)
  40, 121
Fashionista 105
Festival of Haitian Art 102
Festivals **40f**, 102, 121
Fillmore Miami Beach at the
  Jackie Gleason Theater of
  the Performing Arts, The 38
Fischen 35, 74, 120
Fisher Island Club 148
Fitness-Training 74
FIU Frost Art Museum 109
Flagler Museum (Palm Beach)
  25, 63

Flagler Street 84, 86
Flagler, Henry M. 27, 45
Flamingo (Everglades) 29
Flamingo Gardens 37
Flamingo Hotel
  (Fort Lauderdale) 153
Flora & Fauna der Keys
  114, **119**
Floribische Speisen
  & Getränke **61**
Florida Beach Hostel
  (Fort Lauderdale) 152
Florida Grand Opera 39
Florida Keys National Marine
  Sanctuary 118
Florida Keys Wild Bird Center
  118
Florida Pioneer Village 19
Floyd's Youth Hostel
  (Fort Lauderdale) 152
Flughäfen 135
Fontainebleau Resort & Towers
  148
Football 35
Football Player (Duane Hanson)
  21
Forge, The 50f
Fort Lauderdale 24f, 32, 39, 45,
  52f, 55, 130, 131, 135, 136,
  137, 149, 152f
  Gewässer 25
Fort Lauderdale-Hollywood
  International Airport 136
Fort Myers 128
Fort Zachary Taylor Historic
  State Park 26
Four Seasons (Palm Beach)
  146
France, Robert F. 13
Fratelli la Bufala 79
Fredric Snitzer Gallery 43
Freedom Tower 46, 83
French City Village 19
French Country Village 19
French Normandy Village 19
Fritz's Skate Shop 75
Front Porch Café 78
Frost, Robert 27
Fruit & Spice Park 36f, 109

G

Gallery at the Kona Kai Resort
  122
Garcia's Seafood Grille
  & Fish Market 89
Garden of Eden, The
  (Key West) 49, 117, 124
Gardens Hotel (Key West) 150
Gay and Lesbian Community
  Center of Key West 53, 123
Gay and Lesbian Community
  Center of South Forida
  (Fort Lauderdale) 52
Geld & Kommunikation **141**
Gesu Church 84f
Gesundheit **139**
Giralda Café 105
Gleason, Jackie 39, 74
Gold Coast Highway A1A
  7, **24f**, 127

Textregister

Textregister

Gold Coast Railroad Museum 108
Golfspielen 35, 74, 120
Goombay Celebration (Key West) 123
Graffiti (Key West) 123
Granada Gate (Coral Gables) 46
Grand Vin 122
Green Island Inn (Fort Lauderdale) 152
Green Parrot Bar 117, 124
Green Street Café 51, 102
Greynolds Park 93
Guadalajara 111
Guayacan 89
Gulfstream Park 35, 90, 93
Gumbo Limbo (Baum) 119
Gumbo Limbo Nature Center (Boca Raton) 25
Gumbo Limbo Trail 25, 29
Gusman Center for the Performing Arts 39, 84, 87

H
Halo Lounge 76
Handy 141
Harbor Drive 72
HarbourView Café 125
Haulover Park Beach 30, 74
Havana Shirt 94
Havana To Go 88
Hawk's Cay Resort (Duck Key) 148
Heart and Soul 75
Hemingway Days 121
Hemingway House (Key West) 27, 117
Hemingway, Ernest 27, 117
Herons 119
Hialeah Park 41
Hialeah-Flohmarkt (Opa-Locka) 57
Hibiscus Hill 104
Hibiscus House (West Palm Beach) 131
Hispanic Heritage Festival 41
Historic Homestead Museum 41
Historical Museum of Southern Florida 42f, 67, 83
Historische Persönlichkeiten **45**
Historische Stätten & Denkmäler **44f**
Hobart Resorts (Key West) 153
Hobie House 66
Hobie Island Beach 30f
Hog's Breath Saloon 124
Hohauser, Henry 13
Hollywood Broadwalk 24, 51
Homestead Main Street 110
Hotel Astor (South Beach) 151
Hotel Leon (South Beach) 150
Hotel of South Beach, The 147
Hotel Place St. Michel (Coral Gables) 150
Hotel St. Augustine 153
Hotels 131, **146–153**
Art-déco-Juwele in SoBe 147
Charmante Pensionen 150
Hostels & Herbergen 152

Hotels für Schwule & Lesben 152
Luxushotels 146
Preiswerte Unterkünfte mit Flair 151
Resorts & Wellness-Hotels 131, 148
Strandhotels 149
Hotel-Tipps **145**
Hotlines & Notrufnummern **144**
Hunderennen 35
Hurrikans 19, 49, 108, 129
Hurrikan Andrew 31, 45, 64, 106, 108, 109
Hyatt Regency Pier 66 (Fort Lauderdale) 131

I
IGFA Fishing Hall of Fame & Museum 24
Improv Comedy Club 102
In Miami unterwegs **137**
In Touch (Key West) 123
Indian Key Historic State Park 115f
Indianische Kunst & Kultur 15, 21, 29, 41, 42, 93, 115, 117, 126–129
Information **135**
Ingraham Building 46, 85
Inlineskating 34, 75
Inn on Fifth (Naples) 131
InterContinental Miami 146
Intermix 94
International Mango Festival 41
International Villages (Coral Gables) 18f, 99, 103
Internet 141
Island Colors 110
Island Houses for Men 153
Italian Village 19

J
Jackie Gleason Theater 38
Jai Alai 35
James Hotel (SoBe) 151
Jay's Antiques & Collectibles 110
Jazid 77
Jerry's Famous Deli 73
Jet-Skifahren 34, 74, 120
Joe's Stone Crab 61, 79
John Pennekamp Coral Reef State Park 32, 115, 118
John U. Lloyd Beach State Park 24, 52
Johnny Rockets 101, 102
Johnson, Don 39
José Martí Park 15, 86
Jungle Island 36, 66, 71
Jupiter Beach Resort 131

K
Kafka's Used Book Store & Cyber Café 75
Kajakfahren 34, 120
Kevin Bruk Gallery 43
Key Deer (Zwerghirsch) 119
Key Largo Hammock Botanical State Park 118

Key Lime Bistro (Captiva) 130
Keys **114–125**
Key West 7, **26f**, 31, 114, 117
Key West Aloe 122
Key West Aquarium 67
Key West Butterfly & Nature Conservatory, The 67
Key West Cemetery 27
Key West Hand Print 122
Key West Museum of Art & History 27
Key West Old Town 26f. 47
Key West Youth Hostel 152
Key West (Zeitung) 138
Keys **114–125**
Kichnell & Elliot 13
Kinder
Attraktionen 66f
Hilfe für Eltern & Kinder 144
Mit Kindern reisen 145
King Mango Strut 41, 102
Kirchen
Coral Gables Congregational Church 19, 46, 99, 103
Ermita de la Caridad (Coconut Grove) 48
Gesù Church 84, 85
Plymouth Congregational Church (Coconut Grove) 47, 101
St. Paul's Episcopal Church (Key West) 117
Klima 134
Kommunikation **141**
Kon Tiki Resort (Islamorada) 151
Kona Kai Resort (Key Largo) 149
Konsulate 134
Korallen 119
Kormorane 119
Kreditkarten 141
Kubaner in Miami 14f, 40, 48, 82–85
Kubanische Kulturimporte **15**
Kunstgalerien **43**
Kuriositäten **48f**
KWEST (Key West) 123

L
La Careta I 89
La Casa de los Trucos 85, 88
La Paloma 95
La Porteña 111
Lago Mar (Fort Lauderdale) 149
Lake Okeechobee 129
Larios on the Beach 78
Laroche, John 49
Las Olas Boulevard (Fort Lauderdale) 25, 55
Las Olas Café 24
La-Te-Da (Key West) 123
Latino-kubanische Läden **88**
Latino-kubanische Restaurants **89**
Latino-Theater, -Kunst & -Musik **87**
Le Bouchon du Grove 61
Le Café de Paris (Fort Lauderdale) 130

Le Neveu de Rameau
(Frank Stella) 21
Leben in SoBe **8f**
Lechon Asado 61
Leslie Hotel 11, 147
Liberty City 41
Lighthouse Museum
(Key West) **27**, 117
Lignumvitae Key
Botanical State Park 118
Lincoln Road Mall 9, 50, 57
Lincoln Road Markets 57
Lincoln Theater 39
Lion Country Safari 36
Little Haiti 41, 91
Little Havana 6, **14f**
siehe auch
Downtown & Little Havana
Little Inn by the Sea
(Lauderdale-by-the-Sea) 150
Little Managua (Calle Ocho) 41
Locust Projects 43
Loews Hotel 146
Long Key State Park 118
Looe Key National
Marine Sanctuary 32
Los Pinareños Fruteria
(Little Havana) 57, 85, 88
Los Ranchos of Bayside 87
Louie's Backyard 125
Lowe Art Museum
7, **20f**, 99, 103
Loxahatchee National
Wildlife Refuge 127
Lummus Park Beach 8, 30
Lyric Theater 41

M
Madonna 39
Mahogony Hammock 29
Mallory Square (Key West)
26, 51, 65
Malls & Märkte **56f**
Mandarin Oriental 146
Mangia Mangia Pasta Café 125
Mangoes (Key West)
51, 117, 125
Mango's Tropical Café 51, 78
Mansion 58, 77
Manuel Artime Theater 87
Margaritaville 124
Margulies Collection 43
Marjory Stoneman Douglas
Biscayne Nature Center
(Crandon Park) 72
Mark's South Beach 60, 79
Marlin Hotel Bar 8
Marquesa Hotel (Key West)
150
Martí, Jose 27
Martin, Ricky 39, 50
Matheson Hammock
Park Beach 31
Mayfair House 46
Mediterranean Gallery 88
Mel Fisher Maritime Heritage
Society 117
Mel Fisher Maritime Museum
(Key West) 27, 43, 117
Meller-Jensen, Barbara 49

Melting Pot, The 111
Mermaid & The Alligator, The
(Key West) 150
Merrick, George
6, 7, 18f, 20, 44, 45, 46, 48,
54, 64, 99, 100, 103
Merrick House (Coral Gables)
44, 103
Merricks Traum
von Coral Gables **18f**
Merrick Villages 18f, 99, 103
Metrobus 136
Metrorail & Metromover 137
Miami & Keys für wenig Geld
142
Miami Art Museum 42, 87
Miami Beach & Key Biscayne
70–79
Miami Beach Post Office 47
Miami Beach Travelers' Hostel
(SoBe) 152
Miami Children's Museum 67
Miami City Ballet 38
Miami Herald 138
Miami International
Orchid Show 102
Miami International Airport
135
Miami Metrozoo 36, 66f, 107
Miami New Times 138
Miami Seaquarium 66, 72
Miami Symphony Orchestra 38
Miami-Bahamas Goombay
Festival 41, 102
Miami-Dade County
Auditorium 39
Miami-Dade County Fair
& Exposition 40
Miami-Dade Cultural Center 83
Miccosukee Indian Village 41
Michael's Genuine Food &
Drink 95
Michaels Restaurant 125
Midori Gallery 101, 104
Mietwagen 136, 137
Mini Oxygene 94
Miracle Mile 99, 103
Miracle Theater 38
Miss Cleo 49
Moderne Kunstsammlungen
43
Modernism Gallery 104
Modular Painting in Four Panels
(Roy Lichtenstein) 21
Monkey Jungle 36, 107
Montage Handcrafted
Decorative Signs 122
Morikami Museum &
Japanese Gardens 37, 65
Museen **42f**
Ah-Tah-Thi-Ki Museum
29, 41, 43
Bass Museum of Art 42, 71
Cuban Museum
of the Americas 15, 42
FIU Frost Art Museum 109
Flagler Museum
(Palm Beach) 25, 63
Gold Coast Railroad
Museum 108

Graves Museum of
Archaeology & Natural
History (Dania) 24
Historic Homestead
Museum 41
Historical Museum of
Southern Florida 42f
Jewish Museum
of Florida 43
Key West Museum of
Art & History 27
Lighthouse Museum 117
Lowe Art Museum 7, **20f**, 42
Maritime Museum of
the Florida Keys 43, 115
Mel Fisher Maritime Museum
(Key West) 27, 43, 117
Miami Art Museum 42, 87
Miami Children's Museum 91
Museum of Contemporary
Art 92
Museum of Natural History
of the Florida Keys 116
Museum of Science &
Planetarium 67
Norton Museum of Art
(Palm Beach) 25
Wolfsonian-FIU Museum
7, **22f**, 42
Wreckers' Museum
(Key West) 117
Mynt 59, 77

N
Nachtleben **58f**
Keys 123, 124
Miami Beach 76, 77
Nancy's Secret Garden
(Key West) 37, 49
Naples 128
Nash Hotel 147
National Hotel 147
National Key Deer Refuge 118
Naturschutzgebiete (Keys) 118
siehe auch
Staats- & Nationalparks
Neil, Freddie 27
Nelson, Henry O. 13
News Café 8, 51, 78
Noodles Panini 24
Nördlich von Downtown
90–95
Norton Museum of Art
(Palm Beach) 25
Notrufnummern **139**

O
Ocean Drive
8, 10, 50, 63, 73, 78
Ocean Drive (Magazin) 138
Ocean Surf Hotel 149
Oceanfront Auditorium 10
O'Donnell, Rosie 39, 49
Old City Hall 9
Old Island Days 121
Old Lisbon 89
Old Town Ghost Walk
(Key West) 121
Old Town Resorts
(Key West) 149

Textregister

Old Town Trolley Tour (Key West) 121
Opa-Locka 45, 48, 90f
Opa-Locka/Hialeah-Flohmarkt 57
Opium Garden 77
Orsini 105
Ortanique On The Mile 105
Out of Africa 104
Overtown Historic Village 41

P
P. F. Chang's China Bistro 95
Palace Bar & Grill 76
Palm Beach 25, 63
Palm Produce Resortwear 104
Palmen 119
Pancoast, Russell 13
Paninoteca 51
Paquito's Mexican Restaurant 93, 95
Parasailing 34
Park Central 10, 147
Parken 8, 145
Parks, Gärten & Zoos **36f**
Peacock Park (Coconut Grove) 101
Pearl's Rainbow (Key West) 153
Pearl's Rainbow Patio Bar 123
Pelican Café 78
Pennekamp Coral Reef State Park 115, 118
Penrod's Complex 59, 77
Peppers of Key West 122
Perkey's Bat Tower (Sugarloaf Key) 49
Peter Miller Hotel (South Beach) 152
Pferderennen 35
Pier House & Caribbean Spa (Key West) 149
Pigeon Key 116
Pineapple Point (Fort Lauderdale) 153
Plaza de la Cubanidad 15
Plymouth Congregational Church (Coconut Grove) 47
Polevitsky, Igor 13
Polo 35
Porcão 87
Präsidentschaftswahl 49
Prezzo Martini Bar & Grill 95
Prime 112 79
Public House (South Beach) 75
Puente, Jr., Tito 39

R
Radfahren 35, 74, 120
Radio & Fernsehen 138
Raleigh 73, 147
Ramrod (Fort Lauderdale) 53
Rasool Sportswear 94
Rebel 94
Red Fish Grill 65, 111
Red Reef Park (Boca Raton) 33, 37
Reiher 119
Reiseschecks 141

Reisevorbereitung **134**
Restaurant Place St. Michel 105
Restaurants **60f**
  Abstecher 130
  Coral Gables & Coconut Grove 105
  Downtown & Little Havana 89
  Keys 125
  Miami Beach & Key Biscayne 79
  Nördlich von Downtown 95
  Südlich von Coconut Grove 111
Rex (Deborah Butterfield) 21
Rick's Dirty Harry's Entertainment Complex 124
Ritmo Latino 88
Ritz Carlton, Key Biscayne 148
Ritz Carlton, South Beach 149
Ritz Plaza 73
Rod & Gun Club (Everglades City) 130
Rod & Gun Lodge (Everglades City) 131
Romantische Orte **64f**
Royal Palms Resort (Fort Lauderdale) 153
Rubell Family Collection 43

S
San Carlos Opera House 117
Sanibel Harbour Resort & Spa 131
Sanibel Island 129
Santeria 15, 48
Sarabeth's 125
Sawgrass Mills Mall 56
Schicke Shopping-Meilen **54f**
Schildkröten 119
Schnorcheln & Tauchen **32f**, 120
Schwimmen 74, 120
Schwimmen mit Delfinen 34, 115, 116
Schwule & Lesben
  Clubs 76
  Hotels 153
  Orte auf den Keys 123
  Schwulenhilfe 144
  Treffs 52f, 123
Schwulen- & Lesbentreffs **52f**
Score 76
Sea Lord (Fort Lauderdale) 150
Segeln 120
Sehen & Gesehenwerden **50f**
Seminolen 21, 41, 127
Senioren & behinderte Reisende **143**
Seven-Mile Bridge 26, 121
Seven-Mile Bridge Run 121
Seybold Building 56, 88
Shark Valley 28
Shelborne Resort (SoBe) 149
Sheraton Bal Harbour Resort 146
Shopping **54f**, **56f**
  Coral Gables & Coconut Grove 104

Downtown & Little Havana 88
Keys 122
Miami Beach & Key Biscayne 75
Nördlich von Downtown 94
Südlich von Coconut Grove 110
Shula's Steak House 111
Siam Lotus Room 109, 111
Sicherheit & Gesundheit **139**
Sinclair's Ocean Grill (Jupiter) 130
Skandale **49**
Skislewicz, Anton 13
Sloppy Joe's Bar 117, 124
SoBe *siehe* South Beach
SoBe & Art Deco District 71
SoBe You 153
Society of the Four Arts (Palm Beach) 47
South Beach
  Nachtleben 77
  SoBe, Leben **8f**
  SoBe & Art Deco District 71
  Schwulen- & Lesbenclubs 76
  Straßenleben in SoBe 63
South Beach Local Bus 137
South Beach Plaza Villas 150
South Beach Wine & Food 41
South Pointe Park Beach 30
Southwinds Motel (Key West) 151
Soyka 95
Spanisches Kloster 44, 91
Spaziergänge *siehe* Touren & Spaziergänge
Spaziergänge, Fahrten & Blicke **86**
Sport & Aktivurlaub **32f**, **34f**, 74
  Keys 120
Sportarten **35**
Sprache 134
Square Shopping Center (Key Biscayne) 75
St. Moritz Hotel 73
St. Paul's Episcopal Church (Key West) 117
St. Regis Resort (Fort Lauderdale) 146
Staats- & Nationalparks
  Bahia Honda State Park 31, 117, 118
  Bill Baggs Cape Florida State Park 31
  Biscayne National Underwater Park 32
  Crandon Park 72
  Crane Point Hammock Nature Center 118
  Dolphin Research Center 116
  Dry Tortugas National Park 32, 129
  Florida Keys National Marine Sanctuary 118
  Florida Keys Wild Bird Center 118

Fort Zachary Taylor
 Historic State Park 26
Indian Key
 Historic State Park 116
John Pennekamp Coral Reef
 State Park 32, 115, 118
Key Largo Hammocks
 Botanical State Park 118
Key West Butterfly &
 Nature Conservatory 67
Lignumvitae Key
 Botanical State Park 118
John U. Lloyd Beach
 State Park 24
Looe Key National
 Marine Sanctuary 32
Long Key State Park 118
Loxahatchee National
 Wildlife Refuge 127
National Key Deer Refuge
 118
Pigeon Key 116
Red Reef Park
 (Boca Raton) 33
Windley Key Fossil Reef
 State Geological Site 118
Stiltsville (Key Biscayne) 49
Stockcar-Rennen 35
Stoneman Douglas, Marjory
 45
Strände **30f**
Strandwächterhäuschen
 11, 48, 80f
Straßencafés **78**
Straßenleben in SoBe 63
Straßenverkehr 137
Streets of Mayfair Mall
 (Coconut Grove) 101, 104
Studio 76
Südlich von Coconut Grove
 106–111
Sunny Isles Beach 30
SuperShuttle 135
Surfen & Windsurfen
 34, 74, 120
Sushi Maki 111
Swamp Water Café
 (Everglades) 28, 130
Swap Shop
 (Fort Lauderdale) 57
Swartburg, Robert 13

T
Tamiami Trail (US 41) 28, 127
Tantra 59
Tap Tap 60, 79
Tavern N Town 125
Teatro de Bellas Artes 87
Teatro Ocho 87
Telefon 141
Tennis 35, 74, 120
Terrace at the Tides 50, 78
The Art of Shaving 94

The Atlantic (Fort Lauderdale)
 149
The Barnacle House 44, 100
The Breakers (Palm Beach) 25
The Broadwalk
 (Fort Lauderdale) 24, 51
The Bull 117, 124
The Catch 125
The Dock at Crayton Cove
 (Naples) 130
The Fillmore Miami Beach at
 the Jackie Gleason Theater
 of the Performing Arts 38
The Forge
 (Miami Beach) 50f, 60
The Key West Butterfly &
 Nature Conservatory 67
The Netherland 47
Theater & Musik **38f**, 87
Theater of the Sea 115
Tide Vacation Apartments
 (Hollywood Beach) 151
Tides Hotel 147
Titanic Brewing Company
 20, 105
Today's Collectibles 110
Top Lounge 124
Torpedo (Fort Lauderdale) 52
Touren & Spaziergänge
 62f, 86, 103, 121,
 Ausflug zum
 Spanischen Kloster 93
 Bummel durch SoBes
 Art Deco District 73
 Deering-Estate-Tour 109
 Die A1A nach Norden
 entlang der Gold Coast
 127
 Die A1A nach Norden
 entlang der Treasure Coast
 128
 Durch die Everglades
 auf dem Tamiami Trail 127
 Durch die Everglades
 auf der Alligator Alley 127
 Spaziergang durch
 Coconut Grove 101
 Spaziergang durch
 die Calle Ocho 85
 Tagestour durch
 Key West 117
Touristeninformation
 135, 142, 145
Trattoria Sole 111
Treasure Village 122
Tropical Chinese 111
Tropical Deco **12f**
Tropics Hotel & Hostel
 (South Beach) 152
Truman, Harry S. 27
Trump International
 Sonesta Beach Resort 148
Tuttle, Julia 45

Twist 76
Two Chefs 111

U
Underdog Denim 94
Unicorn Creations 110
Unterkünfte *siehe* Hotels
Urban Garden 94
US Federal Courthouse 83

V
Van Dyke Café 51, 78
Venetian Pool 18, 64, 99, 103
Venevision 87
Veranda (Fort Myers) 130
Versace, Gianni 8, 49
Versailles Bakery 88
Versailles (Restaurant)
 14, 15, 60f, 88
Versicherung 134
Vierge Miracle &
 Saint Philippe Botánica 94
Villa Paradiso (SoBe) 150
Villa Vizcaya 6, **16f**, 44, 100, 103
Virginia Key Beach 30f
Vodou Botánicas 48
Volleyball 34, 74
Vorsicht! **140**

W
Waldorf Towers 10, 147
Wandbilder & Mosaiken **47**
Washington Avenue 9
Wasserskifahren 120
Wet Willie's 78
White House Shop 104
White Party 40
Williams, Tennessee 27
Windley Key Fossil Reef
 State Geological Site 118
Wings Over Miami 108
Winter Party 40
Wolfson, Mitchell Jr. 22
Wolfsonian-FIU Museum 7, **22f**
Woodlawn Park Cemetery 15
World Erotic Art Museum 42
Worth Avenue (Palm Beach) 25
Wreckers' Museum 117
Wrestler, The 23
Wyland Whaling Walls
 (Key West) 47
Wyndham Grand Bay Hotel
 146

Y
Yuca 79

Z
Zeitungen, TV & Radio **138**
Zigarren 14
Zoll 134
Züge & Busse 135

Danksagung & Bildnachweis

Autor
Jeffrey Kennedy ist Reiseschriftsteller. Er lebt auf der Iberischen Halbinsel und in den USA.

Weitere Autoren
Phyllis and Arvin Steinberg leben in Florida. Für ihre Beiträge zu den Dorling-Kindersley-Reiseführern haben sie den Staat ausgiebig bereist.

BEI BLUE ISLAND PUBLISHING:
Editorial Director Rosalyn Thiro
Art Director Stephen Bere
Associate Editor Michael Ellis
Layout Lee Redmond
Bildredaktion Ellen Root
Assistenz Bildredaktion Amaia Allende
Korrektur, Überprüfung der Fakten & Textregister Mary Sutherland
Fotografien Peter Wilson
Zusätzliche Fotografien Max Alexander, Dave King, Neil Mersh, Paolo Pulga, Phyllis and Arvin Steinberg, Clive Streeter, Stephen Whitehorn, Linda Whitwam

Kartografie Encompass Graphics

BEI DORLING KINDERSLEY
Publisher Douglas Amrine
Publishing Managers Fay Franklin, Jane Ewart
Senior Art Editor Marisa Renzullo
Kartografische Redaktion Caspar Morris
DTP Jason Little, Conrad van Dyk
Produktion Melanie Dowland
Weitere Mitarbeiter Mark Bailey, Naftali Farber, Rhiannon Furbear, Jo Gardner, Esther Labi, Maite Lantaron, Sam Merrell, Catherine Palmi, Quadrum Solutions, Mani Ramaswamy, Collette Sadler, Ros Walford

Bildnachweis
Dorling Kindersley bedankt sich bei allen in diesem Buch aufgeführten Unternehmen für ihre Unterstützung und die freundliche Erlaubnis zum Fotografieren.

o=oben; ol=oben links; or=oben rechts; om=oben Mitte; oml=oben Mitte links; m=Mitte; ml=Mitte links; mr=Mitte rechts; u=unten; ul=unten links; ur=unten rechts.

AFP: 49ur; ALAMY IMAGES: Peter Treanor 75or; CARNAVAL MIAMI: 40u; THE ART OF SHAVING: 94ur; COCONUT GROVE ARTS FESTIVAL: 40ol; CORBIS: 39mr; Tony Arruza 112f; Bettmann 39or; Mitchell Gerber 49or; Reuters/Fred Prouser 39ur; EVERGLADES NATIONAL PARK: 119ol; THE FALLS: 54ul; FLORIDA GRAND OPERA: Photo Debra Hesser 38or; FLORIDA KEYS NEWS BUREAU: Andy Newman 26or, 41ul; Tom J. Franks 40m;
BARBARA GILLMAN GALLERY: 43ur; GREATER MIAMI CONVENTION AND VISITORS BUREAU: 8f, 14mr, 28o, 35 alle, 38m, 64m, 66m, 70oml, 72o, 74ol, 74or, 115u, 136ol; GULFSTREAM PARK RACETRACK: 90or;
HISPANIC HERITAGE FESTIVAL: 41ul; HISTORICAL MUSEUM OF SOUTHERN FLORIDA: 42or; INTERMIX: 90ol; MONTE VERDE DRESS: Catherine Malandrina 90m; INTERNATIONAL MANGO FESTIVAL: Suzanne Kores 40or;
LOS RANCHOS: 87ol; LINCOLN THEATER: 38om; LOWE ART MUSEUM, UNIVERSITY OF MIAMI: 20o/20u/21 alle, 21u Duane Hanson/ VAGA, New York and DACS, London 2002, 42ol;
MANGOES: Havana Inc 125ol; MARQUESA HOTEL: Dan Faver 150or; MIAMI-DADE COUNTY FAIR AND EXPOSITION: 40om; MIAMI DESIGN DISTRICT: Craig Robins (Besitzer), Rosario Marquardt und Roberto Behar (Künstler): Freskendetail, Buick Building 46om; MORIKAMI MUSEUM FLORIDA: 36or; NHPA: Trevor McDonald 32u; Tom & Therisa Stack 33o;
STUART NEWMAN ASSOCIATES: 121or; NORTON MUSEUM OF ART: 42ur; THE OPIUM GROUP: 77or; Simon Hore Photography 58ur;
PALM BEACH COUNTY CONVENTION AND VISITORS BUREAU: 32o; PENROD'S COMPLEX: 58or, 59ol; PICTURES COLOUR LIBRARY: 128u, 129u; RITZ-CARLTON, Key Biscayne: 148ol;
SOUTH BEACH GAY MEN'S CHORUS: Roberto Ferreira 38ol; TARA, INK.: Seth Browarnik 58ol, 70or, 77m; THEATER OF THE SEA: 116o; WOLFSONIAN MUSEUM – FLORIDA INTERNATIONAL UNIVERSITY: 7or, 22r, 22u, 22l, 23m, 23u, 23o, 42om, 42m.

Umschlag:
Vorderseite: ALAMY IMAGES Robert Harding World Imagery Hauptbild; CORBIS Joseph Sohm ml; DK IMAGES Linda Whitwam ul; Buchrücken: DK IMAGES Steve Guyapy Rückseite: DK IMAGES Max Alexander om, or; Peter Wilson ol.

Alle anderen Bilder © Dorling Kindersley. Weitere Informationen unter
www.dkimages.com

Kartografische Angaben
Martin Darlison (Encompass Graphics Ltd.)